本报告的出版得到国家重点文物保护专项补助经费资助

荥经高山庙西汉墓

四川省文物考古研究院
雅 安 市 博 物 馆 编著
荥 经 县 博 物 馆

文物出版社

图书在版编目（CIP）数据

荥经高山庙西汉墓／四川省文物考古研究院，雅安
市博物馆，荥经县博物馆编著. —北京：文
物出版社，2017. 12

ISBN 978 – 7 – 5010 – 5256 – 1

Ⅰ. ①荥…　Ⅱ. ①四… ②雅… ③荥…　Ⅲ. ①汉墓 –
研究 – 荥经县 – 西汉时代　Ⅳ. ①K878. 84

中国版本图书馆 CIP 数据核字（2017）第 240428 号

荥经高山庙西汉墓

编　　著：四川省文物考古研究院　雅安市博物馆　荥经县博物馆

责任编辑：陈　峰
封面设计：刘　远
责任印制：陈　杰

出版发行：文物出版社
地　　址：北京市东直门内北小街 2 号楼
邮　　编：100007
网　　址：http://www.wenwu.com
邮　　箱：web@ wenwu.com
经　　销：新华书店
印　　刷：北京鹏润伟业印刷有限公司
开　　本：889mm×1194mm　1/16
印　　张：24. 25
插　　页：1
版　　次：2017 年 12 月第 1 版
印　　次：2017 年 12 月第 1 次印刷
书　　号：ISBN 978 – 7 – 5010 – 5256 – 1
定　　价：490. 00 元

目　　录

插图目录

图版目录

第一章　前言

一　地理位置与地理环境

荣经县隶属雅安市，位于四川省雅安市的东北部，是四川盆地与青藏高原的过渡地带，属盆周山区。地理坐标为北纬29°29′~29°56′，东经102°20′~102°56′。荣经县距省会成都市192千米，距雅安市45公里。整个县域东西长61公里，南北宽53公里，面积1799平方千米。地势西南高，东北低。县境内四面群山环抱，其中中高山山区占84%，低山丘陵区占县域面积12%，阶地河谷平坝占县域面积4%。关于县名"荣经"称谓的由来有二说。其一，当地清末同治举人汪元藻在民国版《荣经县志序》中提出"荣经即若水"。但终未说明为何若水乃得以名为"荣经"。其二，为缘于当地域内的荣、经二水。此说具有广泛影响，如《辞海》、《辞源》、《中华大字典》、《中国地名大辞典》等辞书、字典皆用是说。清乾隆十一年版《荣经县志》石杰《序》说："荣、经二水合而邑以名，其来久矣。"据此表明，至少在清中早期乃至更早就有此说（《"荣经"名称考释——兼论邛崃山所在和"邛水"一名的变迁》，《荣经县志·文存附录》第689页，西南师范大学出版社1998年）不过"荣经"一词最早出现是在隋代，据记载隋炀帝大业三年（607年）在今荣经县城设"荣经水口戍"隶属严道县，"荣经"一名始现（《荣经县志·大事记述》第15页，西南师范大学出版社1998年）

荣经境东北紧接雅安市，东南邻洪雅县，西与泸定县相交，西南与汉源县相连，北依天全县。今天的荣经是先秦时期秦在蜀郡所设严道县的中心，是秦在蜀地最早设置的道县之一。《史记·正义》载："盖封蜀郡严道县，因号严君，疾，名也。"这位"疾"就是《史记·樗里子甘茂列传》所记载，秦惠文王的异母弟樗里疾。《史记·索引》载："严君是爵邑之号，当时封之严道。"严君疾在秦昭襄王元年（前306年）成为"相"，这在《史记·秦本纪》中有载。因此，荣经作为蜀郡严道县的中心，在先秦史上是秦楚两国必争之地，也是通往西南边地必经之地，是入滇进藏的交汇处，是重要的边关重镇。历史上曾经繁荣、辉煌过的严道古城遗址，衰落废弃后的遗存就位于今荣经县城严道镇西1.5公里处的中峻山下荣河南岸第三级阶地的平台上。

荣经县域境内地势西南高、东北低。地貌的类型就成因主要是褶皱、断层作用形成的构造地貌，在构造地貌中也夹杂着风化地貌、重力地貌（崩塌和滑坡）、古冰川地貌、岩溶地貌等。由于地壳内部的运动产生褶皱、断层形成南北走向、北西走向、北东走向和弧形构造等多种山岭。南北走向的山岭在地质构造上属大渡河复背斜，有野牛山（海拔3666米）、光头山（海拔3478米）、大矿山（海拔3330米），出露岩石以元古界钾长花岗岩石和流纹岩为主。瓦屋山（海拔2800米）、云雾山（海拔3042米）、马耳山（海拔1800米），在地质构造单元上均属峨眉断块，瓦屋山在地层上主要由二系峨眉玄武岩、斑状玄武岩组成。云雾山在地层结构层上，东坡多玄武岩，西坡多石灰岩，西坡谷地岩层为湖相沉积。北西走向的山岭有大相岭，大相岭即古时的邛崃山。大相岭南段东北延入荥经境内的山岭无名峰（海拔3142米）地质构造上属相岭背斜，山顶多第四纪沉积物。弧形构造山岭主要是香炉山（海拔2533.6米），地质构造上断面皆倾向弧内，弧内侧岩层为推覆体，外侧的弧形褶曲如三合向斜、谷坪背斜、新沟向斜及新庙向斜等是因弧内地块外推所派生，因而断层两侧形成一系列褶皱山和断块山。北东走向的山岭有连顶山（海拔1714米）、羊子岭（海拔1938米）、麂子岗（海拔137米）。地质构造上是属天凤背斜，羊子岭背斜，羊子岭山间有二迭统沉积铜、铁矿。而麂子岗是荥经县唯一的河流夺袭地貌。荥经的低山丘陵与河谷平坝主要分布在荥经河及其较大支流的两岸，由于新构造运动阶段性隆起，冰川萎缩不断下切，形成河谷两侧的三级阶地。冰川和冰水沉积泥沙石砾覆盖的第四纪沉积物，形成河漫滩、洪积扇、河谷平坝。

（一）河流

境内溪河纵横，以荥河、经水最负盛名。荥河、经河在县城东北以90°相交汇合后称为荥经河，而两大支流的二级支流如荥河的代黄沟、头道水、桥溪、小河子、相岭河均已90°汇入荥河，形成网状水系类型。

荥河，发源于荥经县与泸定县的大矿山东麓，野牛山西麓。在它流经不同地点的上、中游即今荥经县三合乡域内有着不同的称谓，流入荥经县新庙乡后称为"荥河"，长77公里。流域面积1103平方公里。经河，发源于县域内的云雾山南大垭口东面的黑石河与西面的白石河，因流向由南而北为子午方向，因名经河。当东边的黑石河与西边的白石河两支流汇合于石宰乡后，始称经河，长53公里。流域面积219.85平方公里。

荥经河古称邛水，为荥河、经河两大支流在荥经县城东北，以90°交汇，折而向北经天凤乡凤槐村北土栗岗入天全境，在天全县的两河口汇入天全河，是青衣江二级支流。河长105公里，流域面积1958公里。

（二）气候与降水

荥经县全境在北纬30°以南，属接近中纬度的低纬度区域，属亚热带气温区受季风控制的以亚热带季风气候为基带的山地气候。因此气候随海拔高程、季节的不同温差大。县城所在地严道镇海拔763米，1月均温5.3℃，7月均温24.2℃，年温差18.9℃，年均15.3℃；海拔1120米的凤仪乡，1月均温2.6℃，7月均温21.2℃，年温差18.6℃，年均12.4℃；低山浅丘，河谷平坝冬无严寒，夏无酷暑，干湿季节明显，春冬时节稍有干旱、低温，夏秋潮湿，无高温酷热现。依据县气象资料记载，最低温极值出现在1961年1月16日，为－4.9℃，最高温极值出现在1959年7月14日，达34.7℃。对四季的划分，通过气候"候平均气温"统计为标准，以严道镇为例，春季初日为 3 月 6 日，终日为 6 月 20 日，共 107 天，夏季初日为 6 月 21 日，终日为 9 月 5 日，共 77 天，秋季初日为 9 月 6 日，终日为 11 月 25 日，共 81 天，冬季初日为 11 月 26 日，终日为 3 月 5 日，共 100 天。以上数据表明，荥经县春夏秋冬四季的分配是，冬春二季时节偏长，夏秋时节偏短。

由于荥经县地势呈西南高、东北低的地貌特征，降水有从东北向西南随地势抬高而逐渐增多现象。东北部的严道镇年均降水量 1232.9 毫米，西南的凤仪乡则达 2409.1 毫米，是我国内地降水最为丰沛的地区之一。

（三）土壤

荥经县土壤除受地貌、地质构造影响制约外，同时也受到植被生物气候的影响，土壤成土土类一般因母质类型而异。分布依据海拔高程的不同似有垂直分布的现状。平坝、河谷阶地多为潮土土类，海拔 1400 米以下的低、中山多为酸性紫色土类，由于人工长期种植水稻，形成耕地的特殊土壤——水稻土土类；海拔 1400 米以上是为黄壤土类，海拔 2100～2600 米，是为暗棕壤，海拔 2600～3666 米，是为高山土和亚高山草甸土。

（四）植被

由于荥经县地处青藏高原的过渡地带，属盆周山区。其植被也呈现垂直分布的现象。海拔 3100～3666 米的高寒山区主要有耐寒、耐旱的冷箭竹、小叶杜鹃、莎草、山桧柏、苔藓；海拔 2600～3100 米主要有冷杉、山樱花、悬钩子、小叶杜鹃等；海拔 2100～2600 米主要有铁杉、云杉、冷杉、栎树、红桦、姜朴、枫树等；海拔 1800～2100 米主要有栲、栎、桦、柃木、樟及野核桃等；海拔 1800 米以下主要有珙桐、楠、木荷、枇杷、猕猴桃、马桑等灌木、藤本和草本植物等；海拔 1200～1400 米多辟为农耕地，主要农作物有小麦、水稻、玉米、油菜、薯类等农作物以及桉树、柏杨、杉树和桃、杏、李、梨、竹、桑、茶等经济林木果树。

（五）野生动物

野生动物有大熊猫、小熊猫、牛羚、苏门羚、四川猴、红面短尾猴、盘羊岩羊、林麝、灵猫、水鹿、黑熊、金钱豹、豺、狼、赤狐、果子狸、野猪、豪猪、竹鼠、壁虎、蜥蜴、锦鸡、杜鹃、鱼鸥、猫头鹰、啄木鸟、赤练蛇、乌梢蛇、蟒、蛙、角蟾、大鲵、羌活鱼、重口裂腹鱼、桃花鱼等。

（六）矿产资源

矿产资源主要有铁矿、铜矿、铅锌矿、锰矿等金属矿，无烟煤矿、炼焦煤矿、花岗岩矿、石灰岩矿、第三系泥炭矿、第四系牛轭沉积陶土和耐火黏土等非金属矿。

（七）行政区划

清初全县分上、下两乡，上乡称钦仁乡，下乡称青化乡。清末分东、西、南、北四棚，四棚之下共辖 34 坝。

民国四年（1915 年）设区，全县分东、西、南、北、中 5 区，区下辖坝。民国二十八年（1939 年）废区。次年（1940 年）行"新县制"改联保为乡（镇）。全县分设 2 镇 10 乡，至民国三十七年（1948 年）将原荥河乡划分荥河西乡、荥河北乡，至此全县共 2 镇 12 乡。

1950 年初沿用原乡镇建制，只将荥河西、北二乡合并为荥河乡，全县共 2 镇 11 乡，新设 5 区分辖。1958 年初，人民公社化时，乡、村体制易为政社合一体制，全县共建 22 个人民公社，仍隶辖 4 个区。1983 年，全县人民公社一律改为乡，大队改为村。［全县为 1 镇（严道镇）、25 乡、105 个村。全县总面积 1781 平方千米，总人口数 150400 人，其中农业人口 112100 人（2008 年末）］。

二 建制与历史沿革

荥经虽地处山区，但历史悠久，建置古远。荥经在得此县名以前就已置县，其县名为"严道"。这是在秦惠王更元十三年（前 312 年）发生的史实，荥经当时称为"严道"县，隶属蜀郡，距今已逾 2300 年。"严道"一名沿袭至现在，今荥经县政府所在地依然称之为严道镇。

西汉武帝天汉四年（前 97 年），严道辖于蜀郡西部都尉。

新莽始建元年至更始三年（前 9 年～25 年），改严道为严治。

东汉延光二年（122 年），严道县改隶蜀郡蜀国。

蜀汉昭烈章武元年（221 年），严道县隶属汉嘉郡辖。

隋炀帝大业三年（607 年），在今荥经县城设荥经水口戍，隶属严道县，"荥经"一名始见。

唐高祖武德三年（620 年），设荥经县，隶属雅州。

元世祖三年（1226 年），荥经省入严道县，置巡检。

明太祖洪武十三年（1380 年），复置荥经县，隶雅州。宪宗成化年间（1465～1487 年），知县陈经改筑石城，建四门。思宗崇祯二年（1629 年），知县张维斗首创编撰《荥经县志》。

清康熙四十一年（1702 年），设荥经驿。乾隆九年（1744 年），重修《荥经县志》。

民国三年（1914 年），设局开馆，张赵才主持重修《荥经县志》。民国十九年（1930 年）3 月 1 日，改县知事公署为县政府，县知事改称县长，并办团防。民国二十八年（1939 年），荥经县由四川省划归西康省。

1950 年 2 月 9 日，中国人民解放军六十二军五五三团进驻荥经，宣告荥经解放。9 日，中共荥经县委、县人民政府成立。荥经县隶属雅安专区公署所辖，1955 年西康省撤销，荥经县隶属的雅安专区划归四川省辖。

三 历次工作情况与主要收获

荥经县六合乡位于东经 102°50′41″，北纬 29°47′32″。地处荥经县城西郊，荥河南岸。东与严道镇接壤，南与五宪乡交界，西与花滩镇毗邻，北与烈太乡隔荥河相望。距荥经县城 5 千米。境内据传有"鹿鹤水池"，并有鹿角坝等，清属钦仁乡所辖。民国十九年（1930 年）改鹿角坝为鹿鹤坝，

1951 年建立鹿鹤乡。后将"鹿鹤"写为"六合"而得名。1959 年设六合人民公社。六合乡古城村境内，拥有两千余年的悠久历史。秦惠文王更元十三年（前 312 年）置县名"严道"，治所在今六合乡古城村。严道古城遗址 1980 年被列为四川省文物保护单位，2006 年 5 月被国务院公布为全国重点文物保护单位。遗址北傍荥河，在高出荥河 40 米的中俊山麓、荥河南岸第三级阶地的"古城坪"上。经过历年实地考古调查踏勘，可知城池由主城和子城组成，主城平面呈方形，东西长 4030 米，南北宽 375 米。版筑城墙，夯层厚 20～30 厘米。夯层内夹杂陶罐、钵、筒瓦、板瓦碎片。现存东北角墙高 3.5 米，宽 5.2 米；南墙高 2～3 米，宽 5～8 米。子城筑在主城西北的第二阶地的平台上，平面呈长方形，东西长 300 米，南北宽 200～270 米。城墙亦为版筑夯成，现存东墙残高 1.2 米，宽 1.5 米（图一）。（四川省荥经县地方志编撰委员会《荥经县志》第 570 页）

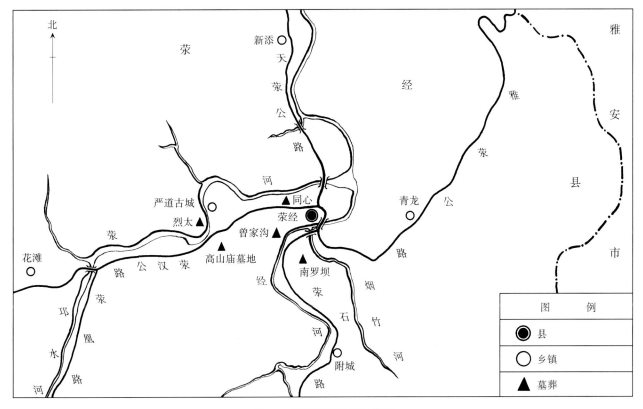

图一　墓葬地理位置示意图

（一）古城坪曾家沟秦汉墓

1977 年荥经县城关镇在修建砖瓦窑时取土发现，共发掘 3 座木椁墓，这是首次在荥经开展的田野考古工作。墓葬位于荥河南岸的一处平缓阶地上，墓地所在阶地的西南部就是"高山庙"。三座墓葬均为长方形土坑木椁墓，无封土堆，无墓道。一棺一椁，棺椁结构基本相同，墓圹长超过 5 米，宽约 4 米，深超过 3 米。木椁长约 3.5 米，宽 1.4 米，高超过 1 米。三座墓葬出土随葬品 41 件。以出土漆器为主，超过随葬品总数的一半，达 27 件。另有少量铜器，陶器、竹木器等。漆器主要器形有：漆圆盒、奁盒、耳杯、双耳长杯、漆匕、耳杯盒、扁壶。铜器：铜釜、铜鍪、铜镜、铜铃。陶器有罐、瓮以及木梳、木篦和八铢半两钱币等。（荥经古墓发掘小组：《四川荥经古城坪秦汉墓葬》，《文物资料丛刊》第 4 集 70 页，文物出版社 1981 年）

（二）曾家沟战国墓

曾家沟战国墓群位于古城东约 0.5 千米，与高山庙墓地一沟之隔。1981 年 10 月和 1982 年 3 月为配合当地砖厂取土进行两次发掘，清理墓葬 6 座。墓葬均为长方形土坑墓，墓圹长 2.8～3.7 米，宽 1.64～2.46 米，深 1.82～2.48 米。无封土堆，无墓道。墓葬有一棺一椁一头箱，一棺一椁，有椁无棺，有棺无椁四种形制。六座墓葬出土器物计 50 余件，以出土的漆器、竹木器为主，陶器次之。漆器、竹木器的器形主要有：漆奁盒、耳杯、木杖、木棒、撬棒等。陶器主要有平底罐、圜底罐、陶釜等。值得关注的是：编号 M16：1 漆奁盒上刻划有"成草"二字，表明漆器的制作产地应是在当时的成都，关于这批墓葬的年代，经过中国社会科学院考古研究所实验室对墓葬编号 M11 棺下横垫木标本做碳十四年代测定，其年代为公元前 475±60 年，树轮校正为公元前 505±70 年；M12 木椁底板测定为公元前 630±75 年，树轮校正为公元前 690±125 年。据此推测这批墓葬年代相当于春秋战国之际或在战国早期。（四川省文管会、雅安地区文化馆、荥经县文化馆：《四川荥经曾家沟战国墓群第一、二次发掘》，《考古》1984 年第 12 期）

（三）烈太乡战国土坑墓

烈太乡战国土坑墓东距严道古城 1.5 公里，位于荥河北岸烈太乡的太平坝，与严道古城隔河相望。1981 年当地村民在取土时发现。墓葬为竖穴土坑墓，长 2.4 米，宽 1.5 米，距地表深 1.8 米。墓葬出土器物主要有铜器和陶器，以铜器数量居多，有 40 余件。陶器主要器形有平底和圜底的釜、罐类器物，保存状况不好。铜器器形有铜牌饰（有柄铜镜）、铜泡、扣饰、铜铃、巴蜀符号铜印、盖弓帽、铜削刀等。这里虽然只清理一座墓葬，但墓内出土器物有多种文化因素的现象得以呈现出来：铜牌饰（有柄铜镜）、铜铃、不同形状的铜泡是北方草原青铜文化因素南下在此的留存；数枚带巴蜀符号的铜印是巴蜀文化在墓内强烈表现；盖弓帽、汉文字铜印、铜环首刀削则是汉文化因素，是该墓葬主人对汉文化的接受与融入。（李小鸥、刘继铭：《四川荥经县烈太战国土坑墓》，《考古》1984 年第 7 期）

（四）附城乡南罗坝村战国土坑墓

南罗坝战国墓地位于严道古城遗址东南面，两处遗存相距 2.5 公里，处于经河与烟竹河交汇二级阶地上，墓地北面隔经河与荥经县严道镇相望。1988 年 1 月，荥经县塔子山茶厂在进行基建施工中发现，在 200 平方米范围清理墓葬 11 座，11 座墓葬均为长方形竖穴土坑墓，墓葬排列密集，墓葬方向一致，这种排列密集、方向一致的墓葬现象，似为当时的人们有意为之。墓圹长 3～4 米，宽 0.8～1.2 米，距地表深 0.31～1.33 米。墓葬显得狭窄长方。11 座墓葬出土随葬物品 330 余件，包括有陶器、铜器、漆器（残存痕迹）和骨器料珠等。陶器器形有陶豆、圜底罐、平底罐、釜、甑、钵、盆、鍪、盂、罍、盒、盏、器盖等计 270 余件，占随葬器物总数的 80%，其中陶豆数量最多，达 104 件，很有特点。铜器器形有戈、矛、剑、钺、斧、斤、凿、削等兵器和生产工具，还有釜、鍪、铜印、铜镯和铜饰等生活品计 54 件。从出土器物数量、组合、种类观察，南罗坝战国墓地是以巴蜀本土文化因素为主的墓地。出土极少的铜泡、双耳罐等又能隐约见到大石墓或石棺葬的文化因素。（荥经严道古城遗址博物馆：《四川荥经南罗坝村战国墓》，《考古学报》1994 年第 3 期）

（五）城关镇同心村战国土坑墓

同心村战国巴蜀墓地西距严道古城约 1.5 公里，北距荥河 500 米，处于国道 318 线北侧的荥河二级阶地上。1984 年底至 1987 年初，先后在此三次清理发掘战国时期的土坑墓葬 37 座。1984 年底至 1985 年初，当地修建广电局大楼施工发现，清理墓葬 6 座，1985 年 11 月至 1985 年 5 月，当地在修建政府宿舍的基建施工中，发掘清理 26 座；1987 年 1 月，同心村二社在建综合楼时清理墓葬 5 座。观察 37 座墓葬的平面分布，墓葬排列有序，方向基本一致，有一定的分布规律，似为当时的人们有意规划安排。墓葬形制为狭长方形土坑竖穴墓，墓圹长在 2.15～6.7 米，宽 0.8～1.2 米，深 0.3～1.66 米。37 座墓葬有 19 座墓葬葬具不明，1985 年 11 月至 1986 年 1 月第二次发掘的 26 座墓葬中有 18 座用船棺做葬具。三次发掘清理的 37 座墓葬共出土器物 855 件，包括陶器、铜器、铁器玉石器和漆器（残存痕迹）等。陶器器形有豆、盘、平底罐、圜底罐、釜、瓮、圜底钵、平底钵、盆、罍、盒、器盖等计 507 件。铜器包括容器、兵器、工具、印章和饰品。主要器形有铜釜、甑、鍪、盆、匜、钵、罍；敦、戈、矛、剑、剑鞘、戟、钺、镦、镞；斧、斤、凿、雕刀、环首刀、削；带钩、铜镯、泡、扣饰、桥形饰、瓶形饰、鸟形饰、铜铃；文字印、巴蜀符号印等计 300 件。铁器包括容器和工具。主要器形有釜、鍪；斧、削、刀等计 25 件。玉石器等杂件和漆器（残存痕迹）的主要器形有玉环、玉珠、料珠、琉璃珠、尖状器、斧形器、刮削器、锛形器和漆圆盒、长盒、奁盒、耳杯等（残存痕迹）计 23 件。观察同心村战国巴蜀墓葬所出土器物的质地、数量可知，陶器占多数，铜器次之。从器物种类、组合特别是铜兵器中戈、矛、剑、钺和数量众多的符号铜印章等，可以看出墓主人是战国时期本土的巴蜀人。这批墓葬不仅保留了自身固有的器物组合，表现出浓烈的巴蜀文化因素。墓内出土的铜泡饰、镯、扣饰等应是川西高原民族青铜文化因素的融入。而编号 M1 墓内出土的"七年卢氏命韩岁"戈则是具有中原三晋文化因素的铜兵器在巴蜀文化因素墓葬中的遗留。（四川省文物管理委员会、荥经严道古城遗址博物馆：《四川荥经同心村巴蜀墓发掘简报》，《考古》1988 年第 1 期。荥经严道古城遗址博物馆：《四川荥经县同心村巴蜀墓的清理》，《考古》1996 年第 7 期。四川省文物考古研究所、荥经严道古城遗址博物馆：《荥经县同心村巴蜀船棺葬发掘报告》，四川省文物考古研究所：《四川考古报告集》，第 212 页，文物出版社 1998 年）

四　发掘经过

（一）墓地概况

荥经县六合乡古城村地处四川盆地与青藏高原的过渡地带，属盆周山区。地势西南高、东北低。西南部为低山、丘陵区，东北部荥河河谷一带为阶地和河谷平坝。主要山脉有黄岗顶，位于宝积村，海拔 1560 米，最低点星星工业园区位于星星村，海拔 793 米（图版一）。

六合乡古城村的古城坪，古称"严道"。关于"严道"的记载，见于《史记索隐》上说："严君是为爵邑之号，当时封之为严道"；严君，即《史记·樗里子甘茂列传》记载，在秦惠文王后元十三年（前 312 年）因秦取楚汉中地而封爵"号严君"。严君是为爵邑之号，秦惠文王的异母弟樗里疾。故"严道"一名早在先秦时期就已经存在，是秦在蜀地设置的最早道县之一，严道就是古蜀国边境贸易大集市，商贸十分繁荣，同时也是先秦时期古蜀国通向西南边陲各民族间道路上的重镇和军事要冲。严道古城遗址位于今荥经县严道镇西约 2 公里，由主城和子城组成，主城城垣现存东西长 400 米，南北宽 375 米；城垣为黏土版筑，现存南垣宽 6～8 米，高 2～3 米，南垣中段有城门遗迹，东北角现存城垣残高 3.5 米，宽 5.2 米，北垣在农田改土损毁，西垣因与荥河接已垮塌入荥河。在主城西北与主城北垣相接的是子城，子城东西长约 300 米，南北宽约 200 米。在主城、子城的城址范围内能采集到的秦汉时期的筒瓦、板瓦、瓦当等建筑材料的碎片。荥经的"严道"建县至今已逾 2300 年。高山庙墓地在严道古城遗址南面，与城址紧密相连，因国道 108 线径直穿过墓地与城址边沿，将墓地与城址人为分隔。自 1977 年以来，文物考古工作者对城址的考古调查、勘探和从当地发掘的春秋战国至秦汉墓葬的出土文物可相互印证。不仅如此，据《荥经县志》记载，早在新石器时代，我们的先民在此生息繁衍。

（二）施工发现

2008 年 5 月 12 日，四川汶川发生强烈地震，荥经县在本次地震中同样受到地震带来的灾害，在荥经县城附近重要的交通干线——国道 108 线遭遇不同程度的破坏。2010 年初，当地交通部门在 G108 线荥经县城附近段改线重建施工中发现古代墓葬，当地文物部门马上赶到古墓发现地点，通知施工方立即停止施工，同时逐级上报上级文物行政主管部门。四川省文物局指派四川省文物考古研究院组织市县文物管理单位的专业人员组成抢救发掘队，迅速赶到古墓露出现场开展工作（图版二～五）。

（三）抢救发掘

2010 年 1 月下旬，四川省文物考古研究院郑建国、黄家祥前往发现古墓的施工现场勘查，随后与荥经县博物馆（原荥经严道古城遗址博物馆）高俊刚前往县文广新局汇报，张斌局长通知施工方负责人到场共同商议，相互沟通，确定施工方暂停在发现古代墓葬的范围内施工，文物部门抓紧时间制定工作方案，开展抢救发掘工作。由于此时临近春节，经过商议，决定先期对在施工中已经揭露的编号为 M1 的墓葬开展发掘清理。正式的发掘清理从 1 月 28 日至 2 月 4 日，历时 8 天完成对 M1 的清理工作，其他墓葬的发掘清理待节后进行。在 M1 发掘期间，周科华副院长、陈显丹副院长亲临现场指导发掘，文保中心的韦荃、王冲、任俊峰在现场提取漆木器回实验室脱水保护。雅安市博物馆副馆长潘红兵来到工地指导工作。参加发掘的人员有：雅安市博物馆考古部的代强，荥经县博物馆的高俊刚、黄强、汪华，四川省文物考古研究院黄家祥。

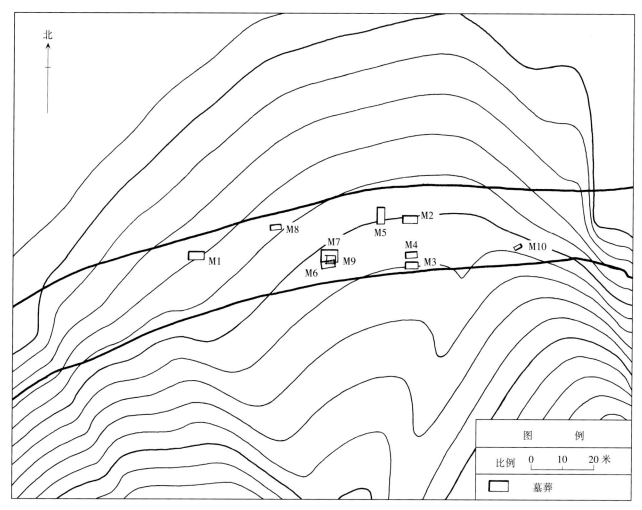

图二 荥经县古城村新建公路内的墓葬分布图

高山庙墓地的发掘，黄家祥领队主持，四川省文物考古研究院江聪、黄家全，雅安市博物馆考古部代强，荥经县博物馆高俊刚、黄强、汪华自始至终参加了墓葬的发掘。

过完春节，由省、市、县文博单位的专业人员再次进入发掘工地，开始发掘清理工作。从2月25日至5月27日历时92天。发掘期间，四川省文物考古研究院高大伦院长、孙智彬队长，雅安市博物馆李炳中馆长、潘红兵书记等多次来工地指导工作。荥经县文广新局、交通局、公安局等单位在发掘期间协助解决许多具体困难和发掘现场的维安工作。

在此，向所有参加荥经高山庙墓地发掘以及对发掘工作给予关心和大力支持的各级领导、专家学者和公安民警表示诚挚谢意（图版六～八）。

高山庙墓地北面即为严道古城遗址，G108从中穿过，把城址与墓地彼此分隔。高山庙墓地处于浅丘平缓的坡地，墓地的土壤为紫色红壤，这种土壤遇淋雨即成胶泥，黏性较强，被太阳照射晒干后又异常坚硬。墓地没有封土和其他标示，地表长期被人类活动扰乱，使得土壤的颜色十分繁杂，墓圹内的填土与墓圹外土壤区分带来一定难度。在野外实际发掘清理工作中，不断探索、总结，依据土色的细微差别，土质软硬、松紧，潮润、干湿和手感，分辨出墓圹、墓内填土、扰土和原生土堆积。清理的 11 座墓葬中，包括 1 座清代砖瓦墓（M10，不在本报告内），1 座东汉残砖室墓（M9），9 座土坑竖穴墓。土坑竖穴墓中 M6、M7 不见葬具，其余墓葬为带棺椁的土坑竖穴木椁墓，M11 位于严道镇青仁村一组，是在清理完高山庙墓葬后发现并清理的，紧邻高山庙墓地。一并纳入本次高山庙墓葬资料的整理，并统一编号。由于 M11 墓葬与高山庙墓地有一段距离，在墓葬平面分布图中没有标示，在此做出说明（图三）。

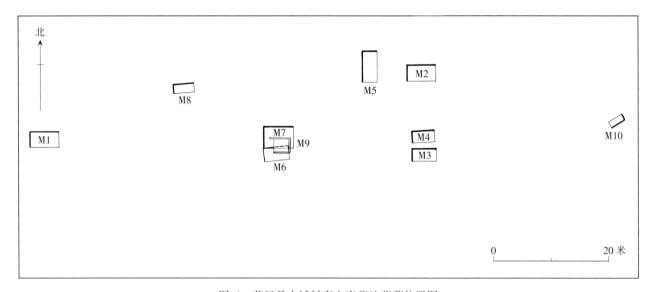

图三　荥经县古城村高山庙墓地墓葬位置图

五　资料整理与报告编写

高山庙墓地发掘结束后，因应其他考古工作之需，墓葬出土器物暂存荥经县博物馆文物库房。后又遇荥经县博物馆办公地点、文物库房搬迁，墓葬资料整理暂停。至 2012 年 5 月启动荥经高山庙墓葬发掘资料的整理，其间还兼有其他工作。由于墓葬出土漆木器长期浸泡在水中与墓葬淤泥内，多数墓葬早年被盗和扰乱，有的墓葬的棺木、部分随葬品在密闭的椁室内因地下水的渗入浸泡发生漂移（M3 内木棺移位，M5 内的竹笥漂移至木棺之下）。在整理出土器物时花费大量时间对漆木器进行清洗，清洗时还得十分小心，尽量保护好器物，以利于这些器物在进入实验室时脱水加固的保护。

高山庙墓地经过抢救性发掘，共清理 11 座墓葬，其中 1 座清代砖瓦墓葬（M10）资料不在本报告内。10 座墓葬中多数墓葬早年被盗，通过发掘和较为全面的揭露，墓地反映出墓葬规模有大小的差别，墓葬分布有一定规律及墓葬朝向也有一定的讲究，构成了高山庙西汉墓地的自身特点，为四川西汉初年的墓葬记录和研究增添一批新的墓葬考古资料。为了客观、真实、系统和较为全面地发表这批墓葬资料，本报告在整理编写时各墓分别采用分墓整理、统计，报告按墓葬分类和墓号顺序依次叙述的体例撰写，以供学界同仁的进一步讨论、研究。

　　10座墓葬中属土坑竖穴木椁墓类的M3、M4未曾被盗，其他墓葬保存状况不好，有的墓葬无法复原，整理期间，对已经腐朽坍塌、能看清的棺椁遗痕尽可能地客观记录和恢复。这批墓葬尽管多数墓早年被盗，但各墓葬仍出土数量不等、不同质地的随葬遗物，10座墓葬出各类随葬遗物计449件（套），半两钱币774枚，所出遗物包含陶、石、银、铜、铁、玉、漆、木、棕、竹等质地和植物果核、粮食、木炭、人牙遗骸等。

　　高山庙墓葬出土器物不多，完整器少。能清楚辨认出器形和材质，绝大多数器物均是过去四川已经发掘的西汉墓中曾经出土过的器物，其功能用途清楚。本报告的叙述中，将所有器物按材质划分，再按形制、功能叙述。出土器物编号，各墓葬出土器物按各墓葬分别采用流水号编列，一器一号。器物号多数沿用田野发掘时的原编号，整理资料时，少数器物的编号进行调整、合号，空缺的号进行了补编。随葬器物的统计，一器一件，一个个体一件。少数器物为了客观说明，分了多个层级。如M5漆圆盒内出土半两钱币编号，首先是漆圆盒编号，其次是钱币分类号，分类号后才是钱币序号如秦半两钱币编号"M5：18－1（1）"，有的同类器物在墓葬号之后是为器物号，接下来是每件器物序号，如三号墓出土木璧"M3：8－1"，漆圆盒内出土木梳、木篦等器物，如木梳编号"M3：12－1"。

第二章 墓葬分类

高山庙墓地 10 座墓葬，依据墓室结构、形制和使用葬具等特点，可分三类：（1）土坑竖穴木椁墓七座（M1、M2、M3、M4、M5、M8、M11）。（2）土坑竖穴墓二座（M6、M7）。（3）砖室墓一座（M9）。以下按墓葬分类分别叙述。

壹 土坑木椁墓

一号墓葬（M1）

M1 位于高山庙墓地本次发掘范围的西端，紧邻 G108。方向 270°。与东面的 M8 相距 10 余米，发掘清理前已被灾后重建工程 G108 改道施工取土挖残并发现。当考古发掘工作人员到达现场时，墓葬墓圹的上部及其填土已经揭去 1 米多厚，墓葬西端椁板、椁箱已经损毁。椁箱内随葬的漆彩绘陶壶等器物碎片与墓葬填土混在一起，同时开始对墓葬进行有序的发掘清理（图版九~二二）。

一 墓葬形制

（一）墓圹与填土

1. 墓圹

墓圹呈长方形，墓圹四壁竖直。东西长 5.1 米，南北宽 2.7 米，墓坑深 2.6 米。

2. 填土

墓坑内填土为褐色黏土，土质细密、紧实。填土内无其他包含物。清理墓圹内填土时，墓圹壁与填土能自然分开剥离。墓圹填土厚 1.4 米。其下是葬具木椁。木椁椁板已在早年盗墓时坍塌，可以观察到椁板顶面与墓圹四壁铺填有 0.02 ~ 0.06 米厚薄不等的白（青）色膏泥，这是筑墓者想用这种方式将墓主人棺椁封护密闭，已达到防潮、防水延长保护遗骸的目的。

（二）葬具

1. 木椁

木椁顶部盖板因墓葬早年被盗坍塌与朽坏，不清楚椁箱顶板使用数和尺寸规格，椁箱西端箱板因工程施工损毁，东段箱板上下2块。箱板长2.42米，宽分别是0.5米、0.52米，厚0.08米。椁箱箱底使用底板7块，长2.42～2.56米之间，宽0.64～0.8米之间，厚0.08～0.16米。据此可知椁箱外椁长4.86米，宽2.6米，残高不低于1.24米，椁箱内壁净空残长4.52米，宽1.85米，高1.02米。

椁箱是在墓圹挖成后，把椁箱底板平铺，东、西两端挡板挖有宽约0.25米的弧形凹槽，并安装好，再把南、北两边箱板沿箱端挡板凹槽挤压下去形成椁体。在墓圹壁与木椁之间形成的缝隙中填充白（青）色膏泥已达到封护箱体的目的。待椁内放妥木棺、随葬器物后，盖上椁箱顶板铺上竹编席后覆盖一层0.02～0.06米厚的膏泥，一椁一棺一足箱的墓室即成。

在木椁体内由东往西3.15米处用木板南北纵向隔出足箱，因工程施工损毁，但在足箱残存出尚保留有隔出足箱的残木板和足箱内残存的随葬物（图四、五）。

2. 木棺

木棺位于椁箱中偏北，棺西端抵近足箱隔板。由于墓葬早年被盗，木棺损坏，棺底板已经变形翘搭在椁箱北壁上。依据残存木棺底板、挡板、边板可知长2.18米，宽0.98米，高0.68米（图六）。

（三）葬式

椁箱内的木棺早年被盗墓者损坏、移位，在清理残存棺内堆积时没有发现有墓主人遗骸的残存痕迹，但棺内出土的带髹黑漆鞘剑的青铜剑，玉剑珌、剑首的位置被扰动。从墓主使用木棺的墓葬现象观察，墓主的葬式似为仰身直肢葬的可能性大。

二 随葬器物分布

由于墓葬早年被盗，发掘清理中发现椁顶板坍塌、残缺，木棺损坏，再则施工中挖损墓葬西部的棺椁、足箱和置放于这些部位的随葬器物，加之棺椁内积满淤泥。经过清理，墓葬东端部分随葬器物未被扰动外，棺椁室内其他部位和足箱内的随葬器物均有损坏和移位，有的甚至压在木棺底板之下。椁室东端部位出土的器物有漆圆盒、双耳长盒、漆绘木块、方孔木板、髹黑漆陶壶、铁斧等，木棺内出土有带髹黑漆剑鞘的青铜剑、玉剑珌、玉剑首等，足箱残存有彩绘漆壶壶盖、漆樽盖等；木棺底板下出土有木博具、木案、铜扣漆樽、漆圆盒盖底、错银铜带钩、髹黑漆陶壶、彩绘漆陶壶、木棍、木梳、木篦等。

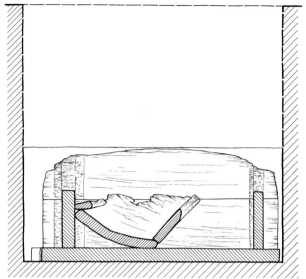

图四　M1 土坑木椁墓平面、剖面及器物位置图 1

1、21. 漆彩绘带盖陶壶　2. 铜扣带盖漆樽　3. 漆耳杯
4. 铜印章　5、8. 双耳长盒　6. 青铜剑　7. 漆圆盒
9. 铁斧　10、20. 鬃黑漆陶壶　11. 漆绘木块　12. 方
孔木板　13. 玉剑珌　14. 玉剑首　15. 带棱木棍
16. 漆圆盒盖底　17. 漆圆盒盖　18. 木案　19. 木博
具　22. 木梳　23. 木篦　24. 错银铜带钩　25. 铁小
刀　26～28. 扁方形木棍　29. 木杵　30. 束颈罐
31. 直口罐　32. 撇口罐

0　　　　　　　80 厘米

北 ←

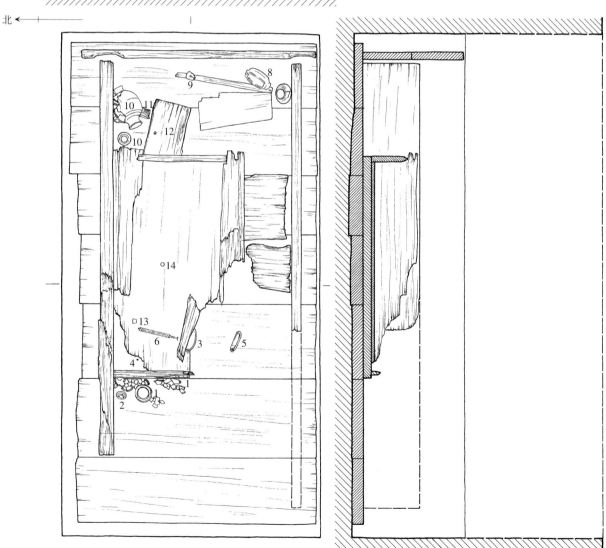

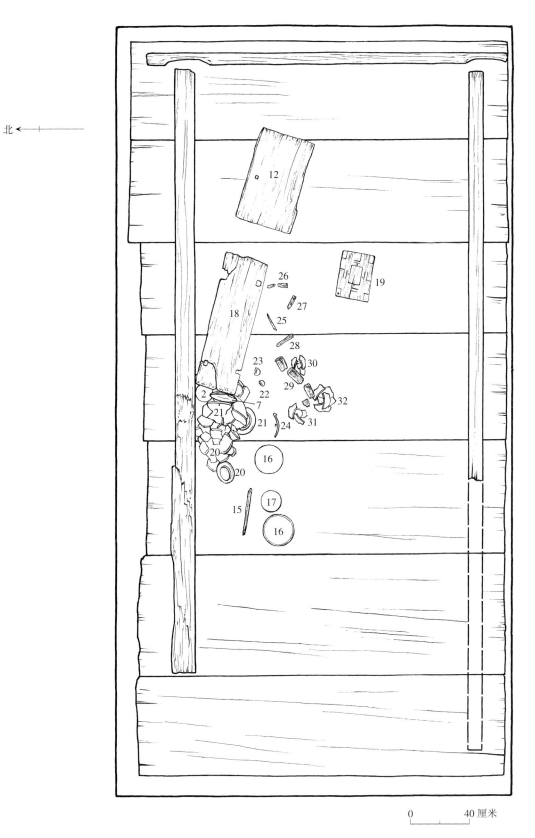

北 ←

0　　　　40厘米

图五　M1 土坑木椁墓平面及器物位置图2

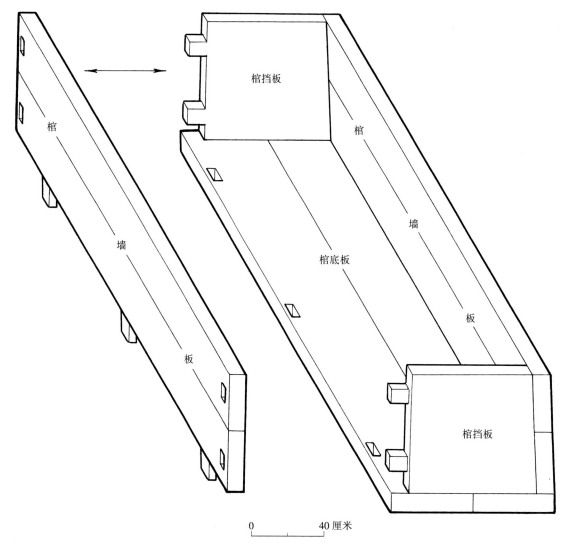

棺挡板

棺

棺

墙

墙

棺底板

板

板

棺挡板

0   40 厘米

图六　M1 木棺结构分解复原图

三　随葬器物

随葬器物共计 32 件，按质地可分陶器、玉器、铜器、铁器、漆器、木器六类。其中陶器 7 件，玉器 2 件，铁器 2 件，铜器 3 件，漆器 7 件，木器 11 件。

1. 陶器

7 件。出土于椁室东端，足箱和木棺底板之下等部位。计有：漆彩绘带盖陶壶 2 件，髹黑漆陶壶 2 件，侈口陶罐 1 件，束颈陶罐 1 件，直口陶罐 1 件。

漆彩绘带盖陶壶　2 件。M1：1，泥质灰陶。由壶盖、壶身组成。弧形顶壶盖。尖唇，平沿，壶口外撇，束颈，圆肩，鼓弧腹下收，圜平底，圈足外撇。壶盖、壶身均髹以黑漆作底色，再在其上以朱色绘以纹饰。壶盖顶面以朱绘的弧线三角组合图案，十字状分布，组成一圆形纹饰，

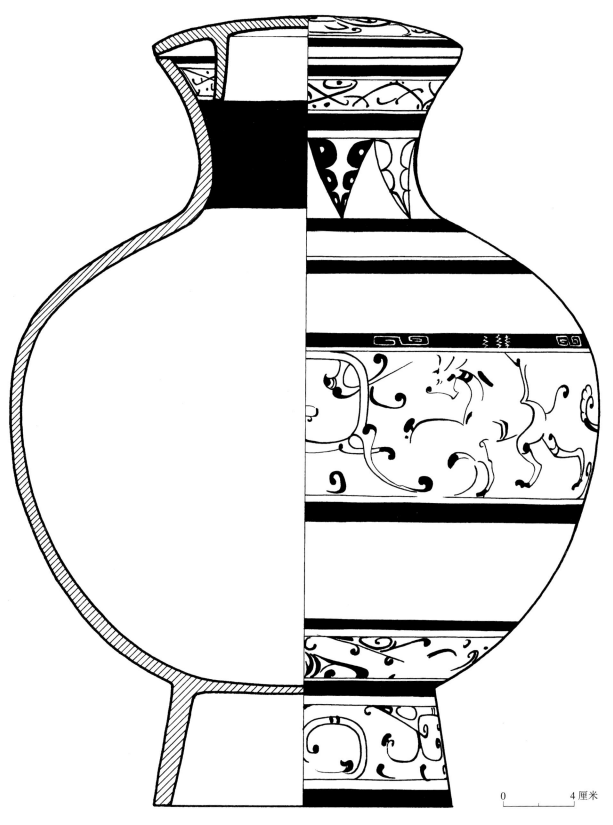

0　　　　　4厘米

图七　M1 出土陶器
M1∶1 漆彩绘带盖陶壶

1

0   4 厘米

2

图八　M1 出土陶器

1. M1∶1 漆彩绘带盖陶壶器盖纹饰　2. M1∶1 漆彩绘带盖陶壶器盖纹饰

环绕圆形纹饰朱绘三只变形凤鸟，凤鸟间以夸张的足、尾演变成的勾连弧线相连，这是壶盖装饰的主体纹饰。环绕凤鸟施绘一周朱色细弦线，壶盖边沿以朱色绘一周宽带（图版二三）。壶身口部内颈壁涂饰朱红色，在近口壁处饰一周带赭的朱色作底色，再绘点、线，交叉的弧线三角、弦线和带状纹（图版二四）。壶身外壁口与颈上部间饰二周条带，在条带间绘饰以点、线、交叉弧线的纹饰，颈与肩上部施朱绘弦线、宽带，宽带间饰八组倒三角，倒三角内涂绘半圆状纹饰，腹部的宽带、弦线间施绘一周变形凤鸟纹，腹上部宽带上剔划有曲折并间以横置的"S"纹，腹下部与圈足均施绘宽带、弦线间以点、线和勾连弧线纹。器盖直径17.4厘米，高4.6厘米，口径17厘米，腹径33厘米，足径16.8厘米，通高43.1厘米（图七，1；图八，1、2；图版二五）。M1：21，陶质、陶色，器形同上。壶身同样髹以黑漆作底色，在其上施绘朱色纹饰，纹饰略有区别。口沿下部与颈肩上部的宽带、弦线之间施绘的是网纹格内点彩，腹部施绘人物、牲畜，似在放牧，腹下部和圈足上部施绘弧线勾连纹。壶盖直径17.4厘米，高5.3厘米，壶口径17.2厘米，腹径33厘米，足径16.1厘米，通高44.1厘米（图九，1；图版二六）。

髹黑漆陶壶 2件。M1：10，泥质灰陶。由壶盖、壶身组成。弧形顶器盖。尖唇，平沿，壶口外撇，束颈，圆肩，鼓腹下收，圜平底，圈足外撇。颈肩处有二周凸棱。素面，通体髹黑漆装饰。盖径14.9厘米，高4厘米，口径14.2厘米，腹径28.3厘米，足径15.2厘米，通高40.3厘米（图九，2；图版二七）。M1：20，陶质陶色，器形同上，素面，颈肩处无凸棱，通体髹黑漆装饰。盖径15厘米，高5厘米，口径15.3厘米，腹径29厘米，足径16厘米，通高40.9厘米（图九，3；图版二八）。

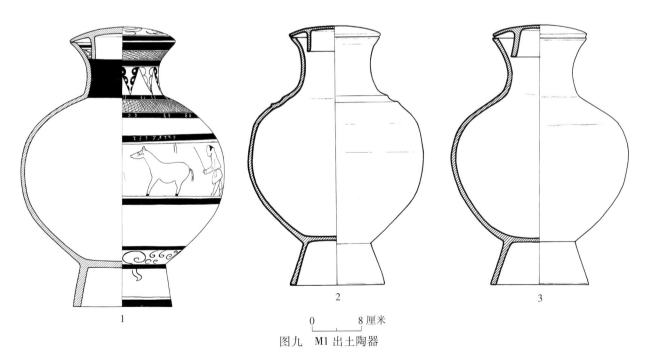

图九　M1 出土陶器
1. M1：21 漆彩绘带盖陶壶　2. M1：10 髹黑漆陶壶　3. M1：20 髹黑漆陶壶

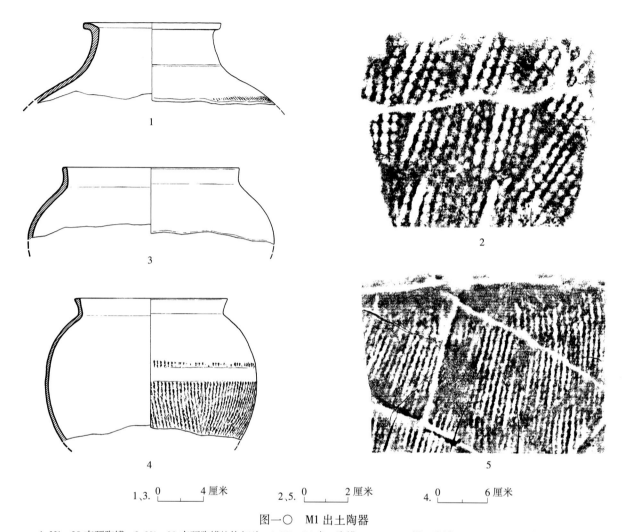

图一○ M1 出土陶器

1. M1：30 束颈陶罐 2. M1：30 束颈陶罐纹饰拓片 3. M1：31 直口陶罐 4. M1：32 撇口陶罐 5. M1：32 撇口陶罐纹饰拓片

束颈罐　1 件。M1：30，泥质灰陶。方唇，折沿，口微敛，颈肩处有一周凹弦线，肩部施细绳纹。残。口径 12 厘米（图一○，1、2）。

直口罐　1 件。M1：31，夹砂灰陶。圆唇，直口，溜肩。素面。残。口径 14.8 厘米（图一○，3）。

撇口罐　1 件。M1：32，夹砂灰黑陶。尖唇，平沿，束颈，溜肩，鼓腹。腹部施拍印粗绳纹。残。口径 18.9 厘米（图一○，4、5）。

2. 玉器

2 件。出土在木棺内。有玉剑珌，玉剑首。

玉剑珌　1 件。M1：13，青玉质。倒梯形，收腰。中间还厚，两边渐薄，横端面呈菱形。素面。一端面钻圆孔，未穿。孔口径 0.6 ~ 0.7 厘米，孔深 0.9 厘米。剑珌长 5.8 厘米，宽 4.8 厘米，厚 1.3 ~ 1.45 厘米（图一一，2；图版二九）。

玉剑首　1 件。M1：14，青玉质。圆形，剑首外平，内有斜面上凸，形成二层圆形台面。素

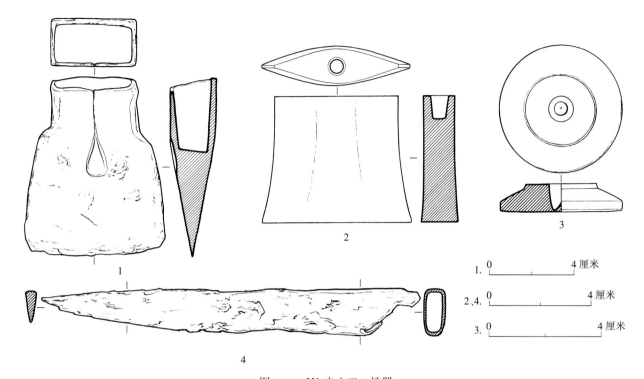

图一一 M1 出土玉、铁器

1. M1∶9 铁斧 2. M1∶13 玉剑珌 3. M1∶14 玉剑首 4. M1∶25 铁小刀

面。二层圆形台面上钻有一圆孔，未穿。孔径 0.4～0.9 厘米，深 0.9 厘米，剑首直径 2.5～4.4 厘米，高 1 厘米（图一一，3；图版三〇）。

3. 铁器

2 件。出土在木椁东端和棺底板下。有铁斧，铁小刀。

铁斧 1 件。M1∶9，直刃微弧，有斜肩，带长方形銎孔，正面呈梯形，纵剖面呈上宽下尖形。从斧銎孔上残留的缝隙观察，铁斧是为锻打包卷形成銎孔。斧长 8.2 厘米，宽 6.6 厘米，厚 2.2 厘米（图一一，1；图版三一）。

铁小刀 1 件。M1∶25，长条状，直背，直刃微弧上收形成刀尖。背厚刃薄，刀身剖面呈倒三角形，刀身后部剖面呈圆角长方形。残。长 14.6 厘米，宽 1.75 厘米，厚 0.9 厘米（图一一，4；图版三二）。

4. 铜器

3 件。出土于木棺和棺底板下。有青铜剑、错银铜带钩、铜印章。

青铜剑 1 柄。M1∶6，出土时尚有髹黑漆的木质剑鞘包装，惜木质剑鞘已朽坏不存，只存很薄的一层剑鞘的漆皮。玉剑珌与剑鞘已脱离，玉剑首与铜剑也分离他处。剑锋，双刃，锋、刃锋利。剑身中部起脊，机身横剖面呈菱形。有格。柄部为实心圆柱茎，茎上有双箍。剑首为圆形空首。长 42.3 厘米，宽 4.6 厘米，剑首直径 3.25 厘米（图一二，1、2；图版三三）。

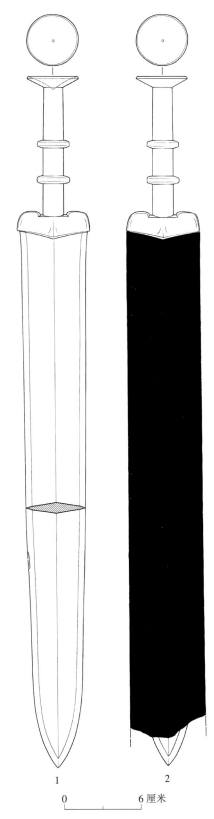

图一二　M1 出土铜器
1. M1：6 青铜剑
2. M1：6 青铜剑出土时的状况

错银铜带钩　1 件。M1：24，钩头似兽首，竖耳，杏眼，回首仰面。圆柱状钩身呈弓形。钩身背面中部有一纽扣形圆柱。钩身正面用银箔片和银丝镶嵌六个大小不同的圆形漩涡状纹，背面用银丝镶嵌成漩涡状弧线勾连交叉纹饰。长 17.2 厘米，直径 1.3 厘米（图一三，1；图版三四）。

铜印章　1 枚。M1：4，长方形，阶梯级印台，环状纽。银面款格与印文为白文，从錾凿的"日"格款式和银文"王当"的笔道观察，"王"的横笔，"日"字格的横笔和"当"字下的"田"部件的笔道，一笔中有粗有细，有的横笔能明显看到錾凿工具使用时锤打錾子的轻重、起錾收錾情状，如"王"字的三横笔，使用錾凿时捶打用力的轻重都表现出来了。另外"日"字格"王当"印文整体风格自然、随意，没有刻意修整和加工。因此是印印文为錾凿形成无疑。印长 1.95 厘米，宽 0.9 厘米，高 1.55 厘米（图一三，2；图版三五、三六）。

5. 漆器

7 件。出土于椁室东端、木棺底板下和足箱等部位。

铜扣带盖漆樽　1 件。M1：2，木胎。斜面盖，弧形盖顶。方唇，平沿，直口，直腹，平底，底部有三足。盖与器身通体髹以黑漆作底色，再在其上施绘纹饰。盖顶面从内向外绘三周宽带间以弦线，盖顶中心绘以三瓣花，并以此三等分内圈，在等分的圈内朱绘粗细不同勾连的卷线并间以三花瓣，外圈内以朱绘细线的连续弧线三角间以点彩和勾连卷线纹装饰，线条规矩细致。连续的弧线三角与粗细不等的勾连卷线的搭配、组合与构图，使盖顶面的纹饰规矩而不失灵动，恰到好处。樽身从口沿至下分别不等距的用朱绘五周宽带状纹饰。樽的内壁通体涂朱。从盖顶残的三个等距离的孔观察，应是安装有三铜盖纽，樽身中上部的铜指錾直接插穿樽壁并在内壁闩稳固定（图一四，1；图版三七~三九），底部扣有一周铜圈并与三足连为一体。器盖直径 11.6 厘米，高 2.3 厘米，口径 11.2 厘米，通高 15.2 厘米（图一四，2、3）。

漆耳杯　1 件。M1：3，木胎。双耳上翘，椭圆形杯身，平底。外壁、双耳、器身口沿内壁髹黑漆，内壁底髹涂朱色。残长 12.2 厘米，宽 11.2 厘米，高 4.1 厘米（图一五，1；图版四〇）。

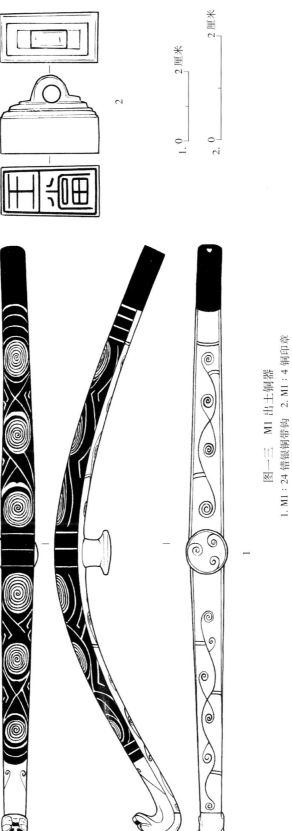

图一三　M1 出土铜器
1. M1：24 错银铜带钩　2. M1：4 铜印章

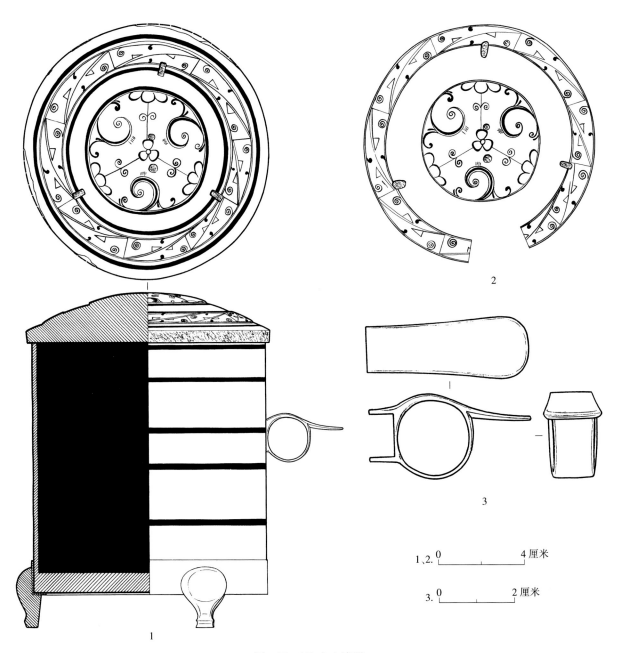

图一四　M1 出土漆器

1. M1：2 铜扣带盖漆樽　2. M1：2 铜扣带盖漆樽纹饰展开图　3. M1：2 铜扣带盖漆樽配件

　　双耳长盒　2 件。M1：5，木胎。圆角长方形，双耳位于两端，一端耳残。圜平底，底部有圈状矮足。器身外壁和内壁口沿髹黑漆，内壁底髹涂朱色。残长 23.6 厘米，残宽 6.4 厘米，残高 4.9 厘米（图一五，2）。M1：8，质地，形状，髹漆色彩，部位同上。残长 26 厘米，宽 9 厘米，高 5.8 厘米（图一五，3；图版四一）。

　　漆圆盒　1 件。M1：7，木胎。由盖、盒两部分组成，圆形，盖顶有环状圈，盒口有子口，盒底部残。盖顶环状圈内残存朱绘的凤鸟纹，圈外朱绘连续状勾连 "S" 纹间以点彩和 "谷纹"。盖与盒身分别各有三周凹弦纹。器身髹黑漆，在外壁口沿处用朱绘勾连弧线间以点彩纹。器内壁髹涂

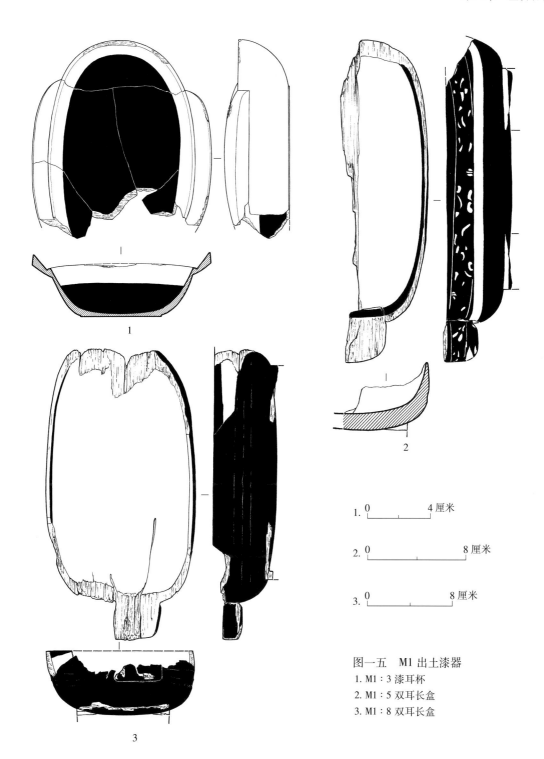

1. 0   4 厘米

2. 0   8 厘米

3. 0   8 厘米

图一五　M1 出土漆器
1. M1∶3 漆耳杯
2. M1∶5 双耳长盒
3. M1∶8 双耳长盒

朱色。直径 22.3 厘米，残高 15 厘米（图一六，1、2；图版四二）。

　　漆圆盒盖底　1 件。M1∶16，木胎。盒身毁损，仅存盖顶和盒底板。盒盖斜面平顶，有二周凸棱，盖底板斜收平顶。盖面与盒底板底面髹黑漆，盖面上再以朱绘纹饰。盖顶中心绘四蒂纹，四周绘四变形凤鸟纹环绕并间以点彩，其外以朱绘二周宽带间以弦线环绕，在宽带、弦线之间朱绘曲折纹间以点彩。盒盖直径 21 厘米，厚 2 厘米，盒底板直径 19.8 厘米，厚 1.4 厘米（图一七，1；图版四三）。

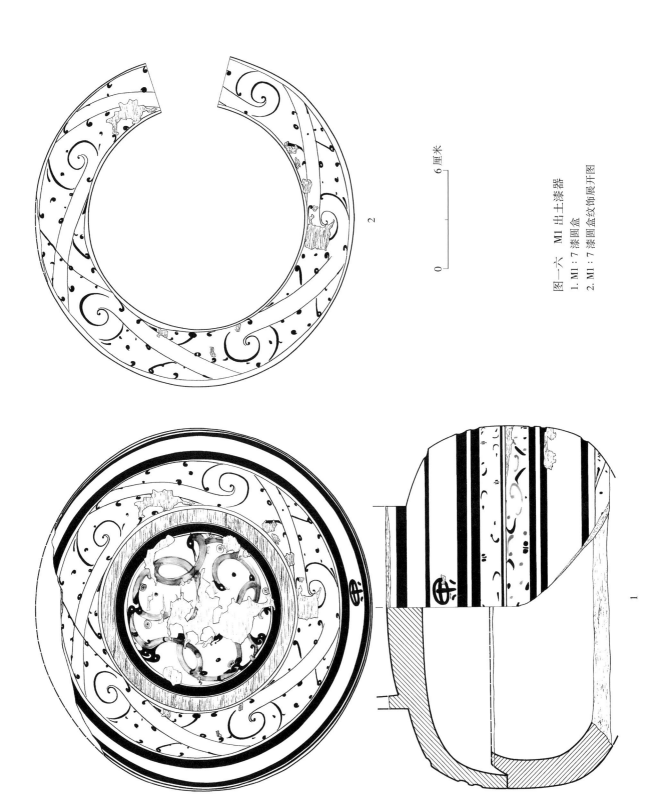

图一六 M1 出土漆器

1. M1:7 漆圆盒

2. M1:7 漆圆盒纹饰展开图

0 _____ 6 厘米

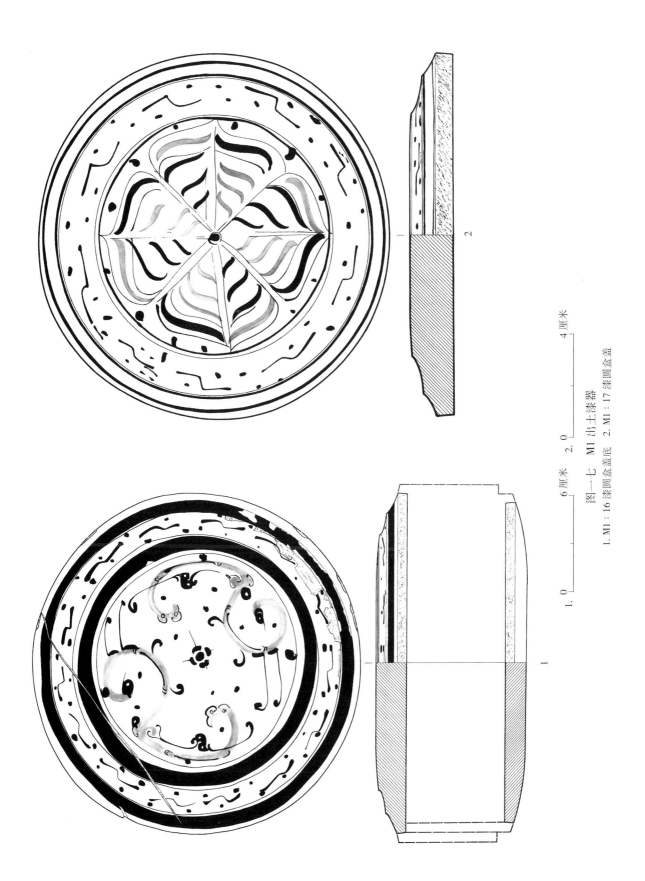

图一七 M1 出土漆器
1. M1 : 16 漆圆盒盖盖底 2. M1 : 17 漆圆盒盖盖

图一八　M1 出土漆器

M1：17 漆圆盒盖

　　漆圆盒盖　1 件。M1：17，木胎。斜面平顶，有二凸棱。髹黑漆底，再以朱绘纹饰。盖中心绘四蒂纹间以点彩一周，其外朱绘宽带和弦线三周环绕，宽带和弦线间绘曲折纹和点彩装饰。直径14.3 厘米，厚 1.8 厘米（图一七，2；图一八；图版四四）。

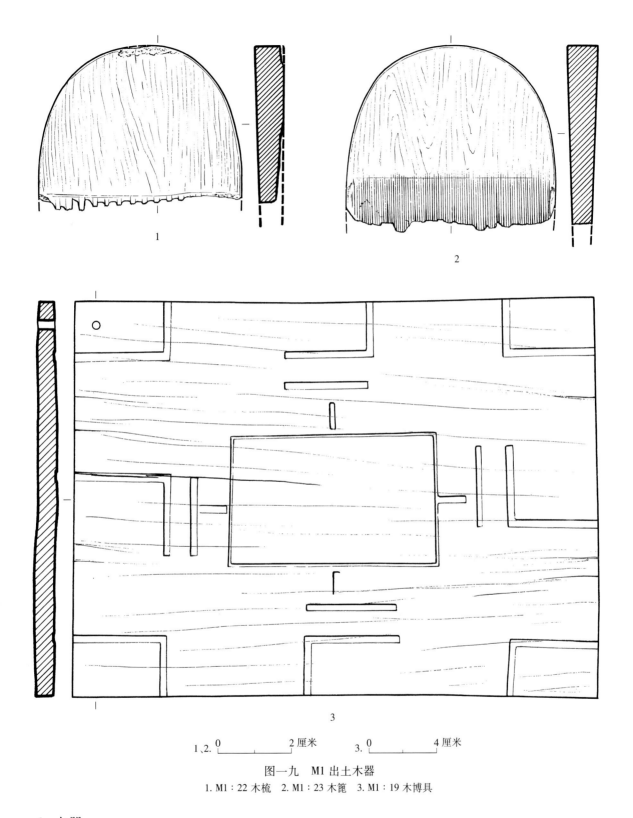

1、2. $\underset{0}{\vdash}\underset{\quad}{\underline{\qquad}}\underset{2厘米}{\quad}$　　3. $\underset{0}{\vdash}\underset{\quad}{\underline{\qquad}}\underset{4厘米}{\quad}$

图一九　M1 出土木器

1. M1：22 木梳　2. M1：23 木篦　3. M1：19 木博具

6. 木器

12 件。

木梳　1 件。M1：22，圆弧形梳背，上厚下薄。木梳齿间有间距，齿残。残高 5.5 厘米，宽 4.3

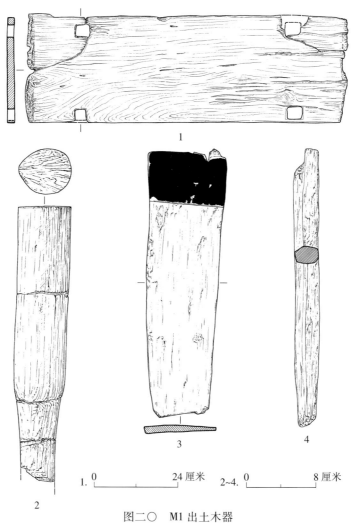

图二○　M1 出土木器
1. M1：18 木案　2. M1：29 木杵　3. M1：11 漆绘木块　4. M1：15 带棱木棍

厘米，厚 0.5 ~ 0.85 厘米（图一九，1）。

木篦　1 件。M1：23，圆弧形篦背，上厚下薄。篦齿较密，齿间距较小，齿残。残高 5.8 厘米，宽 5 厘米，厚 0.5 ~ 0.9 厘米（图一九，2）。

木博具　1 件。M1：19，长方形，木板中央阴刻一边长约 12.2 厘米，宽 3.3 厘米的长方形框，周边则阴刻 I 形或近似 T 形、L 形的凹下去的线条，左上角有一圆形穿孔，孔径 0.2 厘米。这种刻有规矩纹的木板即是战国秦汉时期流行的六博棋局（棋盘），上面阴刻的线条名为"曲道"，中央的长方形框称为"水"。博具边长 30.6 厘米，宽 22.6 厘米，厚 1.2 厘米（图一九，3；图版四五）。

漆绘木块　1 件。M1：11，长方形，一端髹黑漆，一端残。残长 30 厘米，宽 8.4 厘米，厚 0.4 ~ 0.8 厘米（图二○，3；图版四六）。

木案　1 件。M1：18，长方形，两端斜削，案面近端头出有四个近似方形的穿孔，孔的边长 2.8 ~ 4.4 厘米，案面长 92 厘米，宽 30 厘米，厚 2 ~ 2.4 厘米（图二○，1；图版四七、四八）。

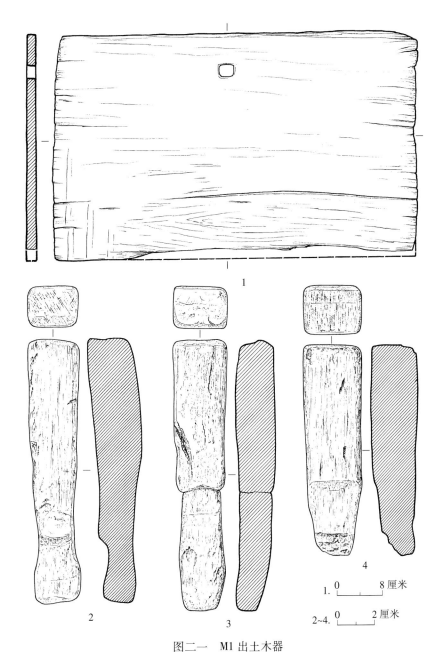

图二一 M1 出土木器

1. M1：12 方孔木板　2. M1：28 扁方形木棍　3. M1：26 扁方形木棍　4. M1：27 扁方形木棍

木杵　1 件。M1：29，圆柱状，一端面较平，另一端残，手握处较细。残长 30.8，直径 6 厘米（图二〇，2；图版四九）。

方孔木板　1 件。M1：12，长方形。模板上部中央有一边长 0.6 厘米的近似方孔。下沿略残。长 63 厘米，宽 38 厘米，厚 2～1.6 厘米（图二一，1；图版五〇）。

带棱木棍　1 件。M1：15，下端磨损，横剖面不规则圆角长方形。长 31.3 厘米，宽 2.9 厘米，厚 2.2 厘米（图二〇，4；图版五一）。

扁方形木棍　3 件。M1：28，上大下小，西部有掏挖痕。长 13.8 厘米，宽 2.8 厘米，厚 2.2 厘米（图二一，2）。M1：26 形制同上，断为二节。长 14.1 厘米，宽 2.9 厘米，厚 2.2 厘米（图二一，3）。M1：27，上大下小，下部残。残长 10.8 厘米，宽 3.1 厘米，厚 2.5 厘米（图二一，4；图版五二）。

二号墓葬（M2）

M2 位于墓地的东端北部，西距 M5 为 6.5 米，南距 M4 为 8.1 米。墓向 270°。发掘清理时墓圹上约 2 米厚的填土已被施工单位挖去。

一 墓葬形制

（一）墓圹与填土

1. 墓圹

墓圹呈长方形，墓圹四壁竖直，凸凹不平，上大下小，有生土二层台。墓口（残）东西长 5.3 米，南北宽 2.8 米，墓口（残）至椁箱板处深 2.6 米。墓底东西长 4.6 米，南北宽 2.8 米，墓口至底深 3 米。

2. 填土

墓坑内填土为褐色黏土，土质细密、紧实。填土内无其他包含物。清理墓圹内填土时，墓圹壁与填土能自然分开剥离。墓圹填土厚 1.4 米。其下是葬具木椁。木椁椁板已在早年盗墓时坍塌，在接近木椁底板面上的覆土还能辨认出残留有早年的盗洞痕迹，盗洞近似圆形，上大下小，直径 120～172 厘米（图二二）。可以观察到椁板顶面与墓圹四壁铺填有 0.04～0.06 米厚薄不等的白（青）色膏泥封护密闭，达到防潮、防水延长保护遗骸的目的。

（二）葬具

1. 木椁

木椁顶部盖板、四周壁板因早年墓葬被盗严重，基本不存，因此不清楚椁箱顶板、四周壁板使用的准确数和尺寸，只在椁箱底板南边残存一块不完整的椁室边板，长 3.8 米，最宽处 0.36 米，厚 0.06 米。椁箱底使用木板 8 块，长 1.96～2.62 米之间，宽 0.48～0.72 米之间，厚 0.05～0.16 米。据残存椁箱边板高度和墓圹生土二层台距墓底的深度，似可推测：椁箱外椁长 4.46 米，宽 2.62 米，残高不低于 0.8 米。

椁箱是在墓圹挖成后，把椁箱底板平铺，再安装四壁边箱板成椁箱体。在墓圹壁与木椁之间形成的缝隙中填充白（青）色膏泥以达到封护箱体的目的。待椁内放妥木棺、随葬器物后，盖上椁箱顶板铺上竹编席后覆盖一层 0.02～0.04 米厚的膏泥，一椁一棺墓室即成（图版五三～五六）。

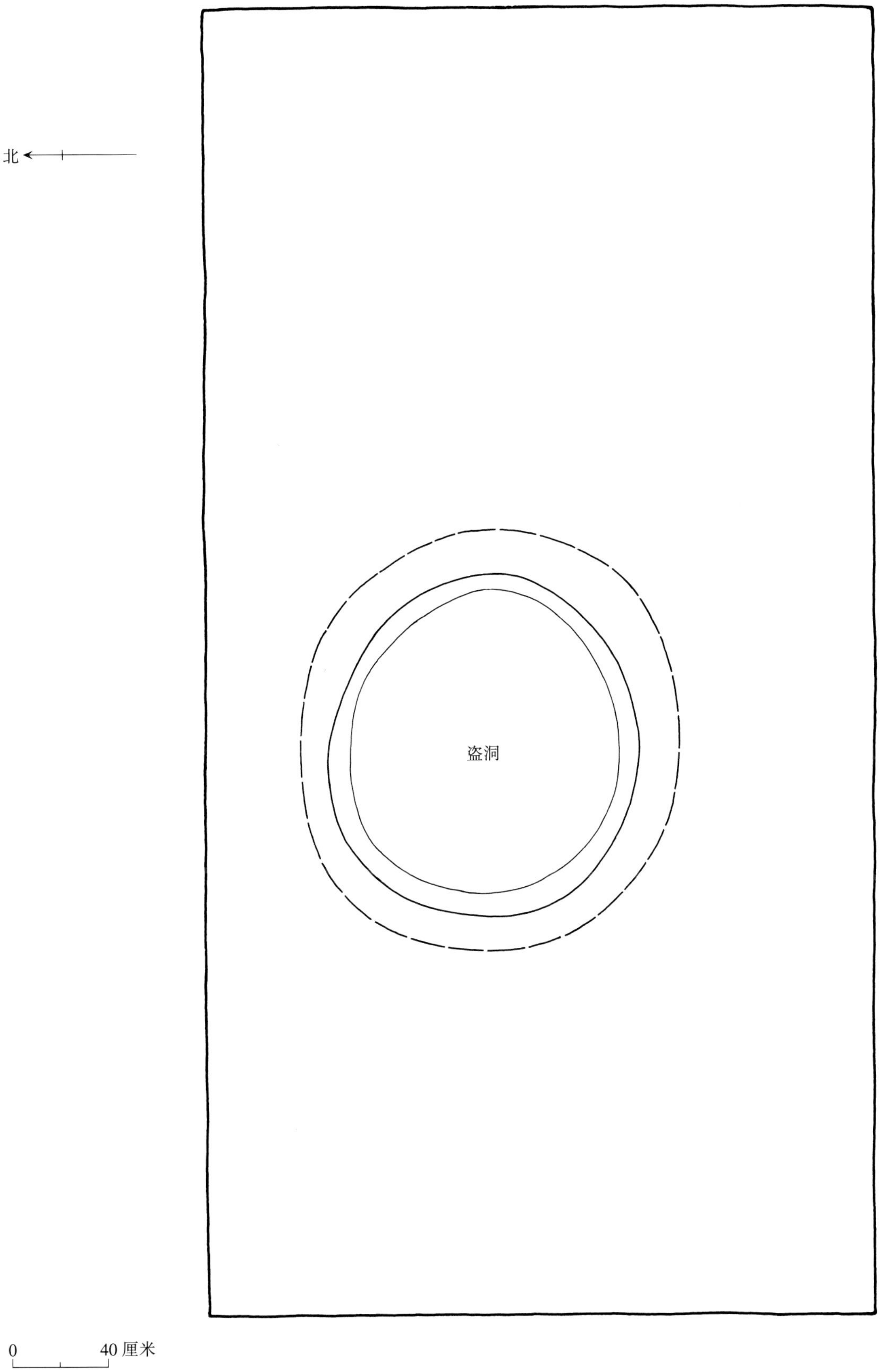

北 ←———┤

盗洞

0　　　40 厘米

图二二　M2 土坑木椁墓平面及盗洞位置图

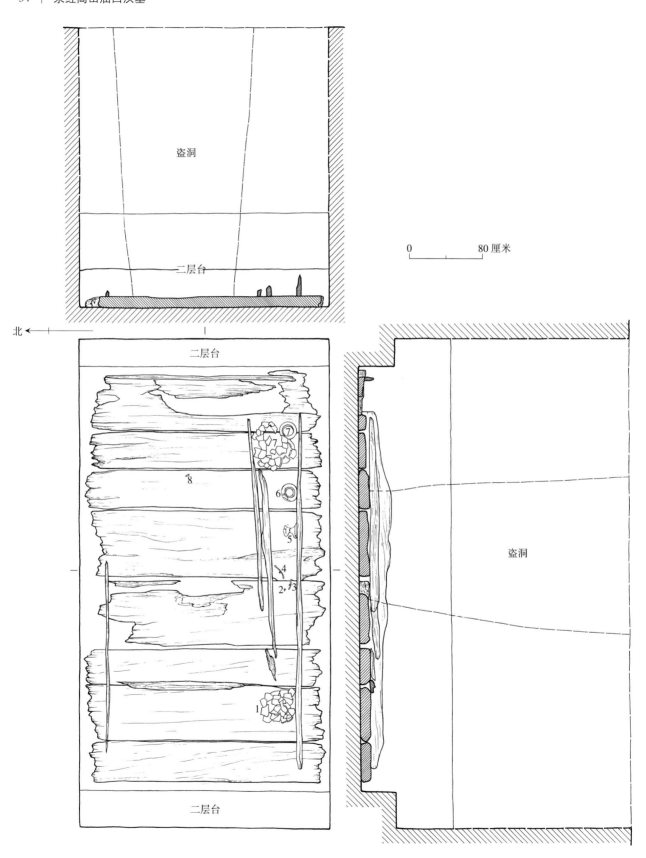

图二三　M2 土坑木椁墓平面、剖面及器物位置图

1. 广肩陶罐　2. 铜印　3、4. 错银铜带钩　5. 陶豆　6. 铜鍪　7. 带盖陶壶　8. 陶网坠

2. 木棺

由于墓葬早年被盗，木棺损毁，只在棺底板上残留一小块木棺的挡头，因此木棺的形状、大小、尺寸不明。

（三）葬式

在清理椁箱底板和残存棺墓附近堆积时没有发现有墓主人遗骸的残存痕迹，故墓主人的葬式不明。

二　随葬器物分布

墓葬早年被盗后，残留的随葬品不多，清理后发现随葬品主要分布在椁室的南边，少部分在椁室的东北边（图二三）。

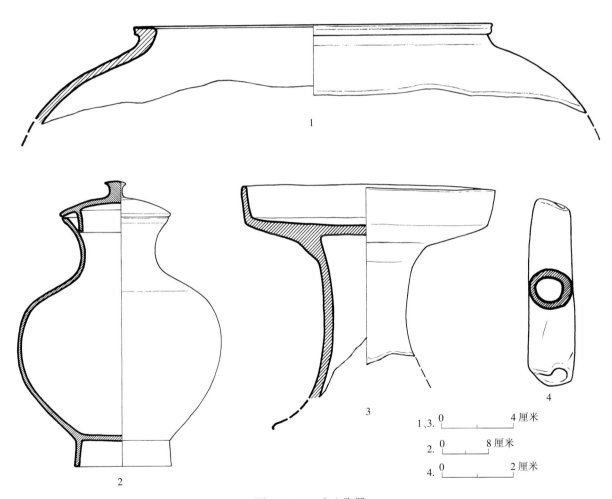

图二四　M2 出土陶器

1. M2：1 广肩罐　2. M2：7 带盖陶壶　3. M2：5 陶豆　4. M2：8 陶网坠

三 随葬器物

随葬器物不多，共计8件，按质地可分陶器、铜器二类。其中陶器4件，铜器4件。

1. 陶器

4件。出土于椁室南边，椁箱底板等部位。计有：广肩陶罐、陶豆、带盖陶壶、陶网坠。

广肩陶罐 1件。M2：1，泥质灰陶，方尖唇，平沿，敛口，广肩，残。口径20厘米（图二四，1；图版五七）。

陶豆 1件。M2：5，泥质灰陶。方圆唇，直口微敞，浅折腹，平底，有柄，圈足。口径14厘米，残高11.4厘米（图二四，3；图版五八）。

带盖陶壶 1件。M2：7，泥质灰陶，弧形盖顶，顶部有纽。盖内壁髹涂黑漆。尖圆唇，口沿外撇，敞口，束颈，溜肩，鼓腹下收，平底，圈足。器盖直径18.8厘米，高8.4厘米，口径17.8厘米，腹径34.4厘米，足径8.4厘米，通高49.6厘米（图二四，2；图版五九）。

陶网坠 1件。M2：8，泥质灰陶，圆筒形，管状中空，两端残。外径1.3厘米，内径0.7厘米，残长5.1厘米（图二四，4）。

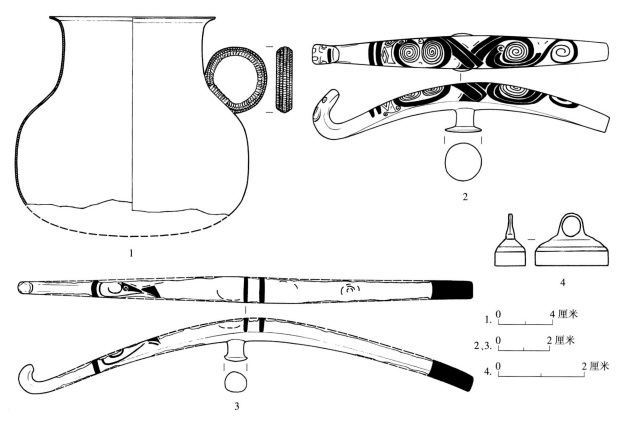

1. | 2

3

4

1. ⊢0____4厘米

2，3. ⊢0__2厘米

4. ⊢0____2厘米

图二五 M2 出土铜器

1. M2：6 铜鍪 2. M2：3 错银铜带钩 3. M2：4 错银铜带钩 4. M2：2 铜印

2. 铜器

4 件。有铜鍪，错银铜带钩，铜印。

铜鍪　1 件。M2：6，圆唇，沿外翻，口微外敞，直颈，溜肩，鼓腹，圜底残。颈肩处有辫索式耳。口径 12.4 厘米，腹径 17.4 厘米，残高 14.2 厘米（图二五，1；图版六〇）。

错银铜带钩　2 件。M2：3，兽首钩头，竖耳，瞠目，钩身中粗两端渐细，呈弓形，横剖面呈扁圆形，正面用宽窄不等的银丝、箔片镶嵌成交错横置的"S"形漩涡纹装饰，背面中有一圆柱状纽鍪。长 11.5 厘米（图二五，2；图版六一）。M2：4，兽首钩头，通体细长，弓形，背部中央有一圆柱状纽鍪。正面错银纹饰残，钩端头用银包裹。长 18 厘米（图二五，3；图版六二）。

铜印　1 枚。M2：2，长方形印台，环状形纽，印面印文磨蚀不明。长 1.7 厘米，宽 0.7 厘米，高 1.2 厘米（图二五，4；图版六三）。

三号墓葬（M3）

一　墓葬形制

M3 位于高山庙墓地本次发掘范围的中部偏东，紧邻 G108。方向 270°。与东面的 M4 相距 0.35 余米，发掘清理前墓圹及其填土中部偏北已被施工取土挖残。现场情况是，墓葬墓圹、填土的上部及其填土已经揭去一米多厚。木椁东北角和椁箱北边板有少量露头。对墓葬进行有序的发掘清理，从清理墓圹南边和东、西两端墓圹边以及墓葬填土开始。

（一）墓圹与填土

1. 墓圹

墓圹呈长方形，墓圹四壁竖直。墓口东西长 4.4 米，南北宽 2.16 米，墓口至底深 2.8 米。

2. 填土

墓坑内填土为褐色黏土，土质细密、紧实。填土内无其他包含物。清理墓圹内填土时，墓圹壁与填土能自然分开剥离。墓圹填土厚 1.26 米。其下是葬具木椁，木椁顶板上铺有竹编席（图二六），其上再铺有厚约 0.04 米的白（青）膏泥。椁顶板已朽坏坍塌，可以观察到墓圹四壁铺填有 0.04～0.06 米厚薄不等的白（青）色膏泥，这是筑墓者想用这种方式将墓主人棺椁封护密闭，已达到防潮、防水、延长保护遗骸的目的。

（二）葬具

1. 木椁

木椁顶部盖板朽坏坍塌，四周壁板保存基本完好。不清楚椁箱顶板尺寸，四周壁板共使用八块木板，每边上下拼接，东西边长 3.84 米，厚 0.06 米。南北宽 2 米，高 1.56 米。箱底使用木板 5 块，

北 ←——

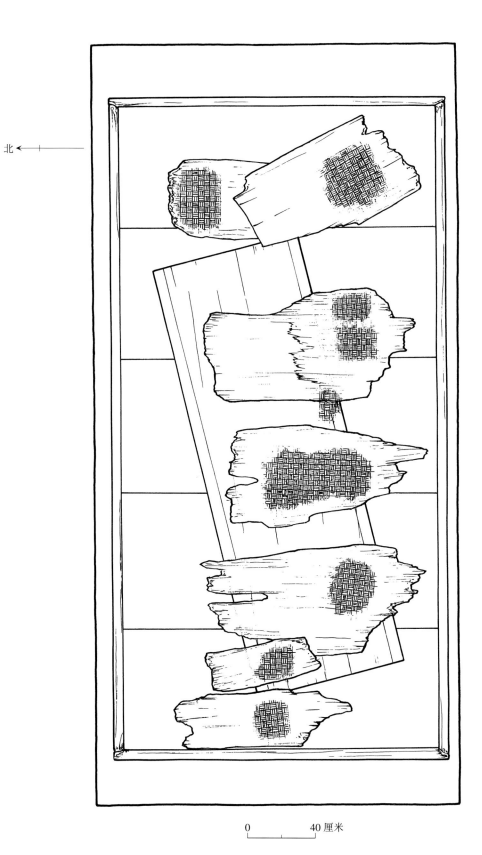

0   40厘米

图二六　M3土坑木椁墓平面图

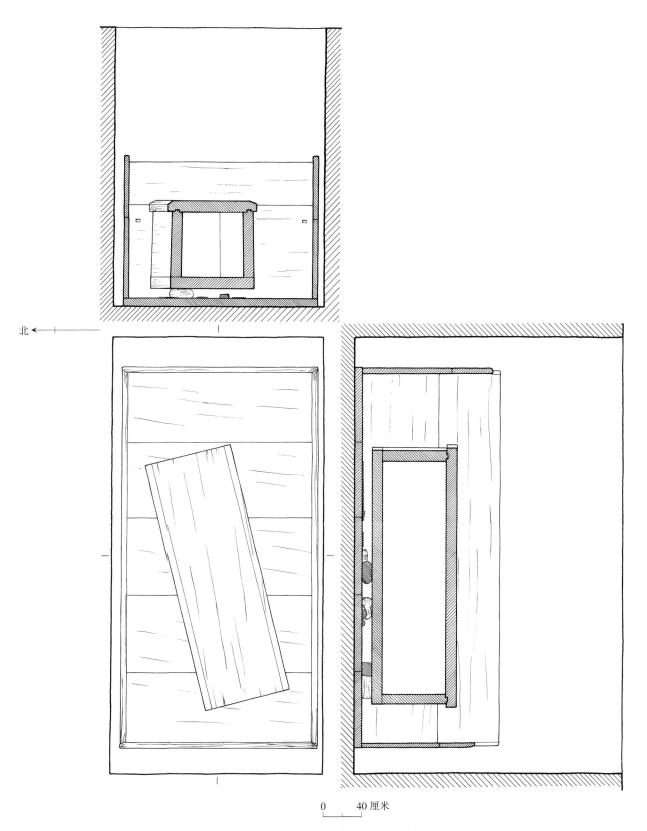

北 ←

0　　　40厘米

图二七　M3 土坑木椁墓平面、剖面图

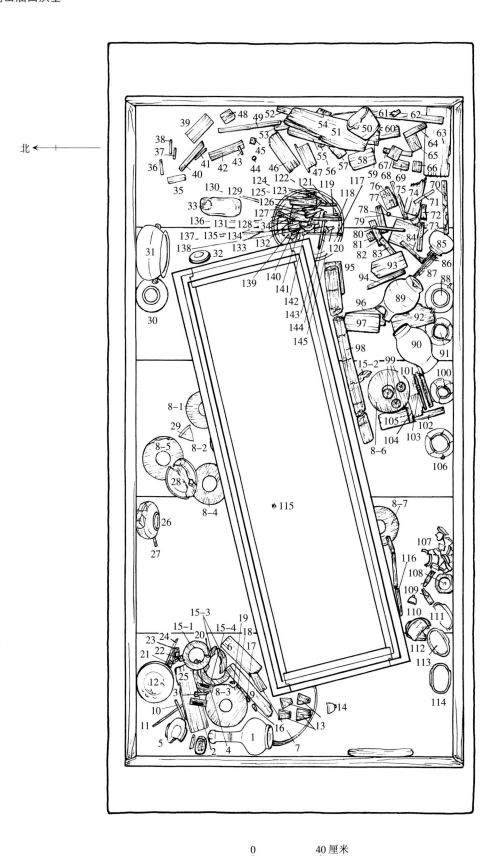

北 ←

0   40厘米

图二八 M3 土坑木椁墓平面及器物位置图 1

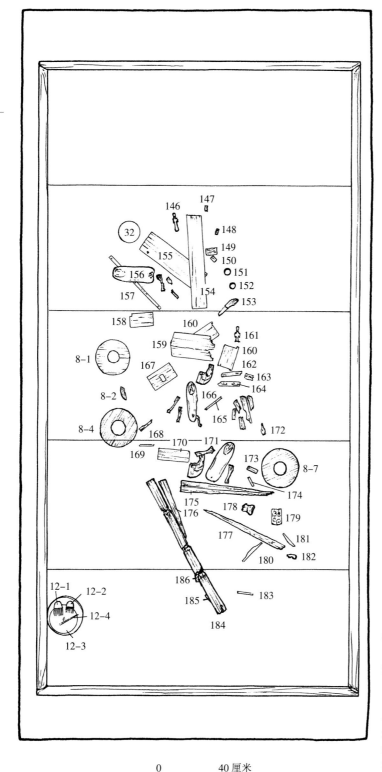

北 ←

图二九 M3 土坑木椁墓平面及
器物位置图 2

1. 铜蒜头壶 2、4. 交叉线圆圈纹木片 3、27、145、168. 凹边沿木片 5、111、112、113、114. 漆耳杯 6、25、63、55. 长方形木板 7、23. 长方凹沿木片 8－1、8－2、8－3、8－4、8－5、8－6、8－7、8－8. 木璧 9. 厚型木板 10、37、38、41、43、131、132、87－5 抹角弧背形木棍 11. 涂墨色木条 12、32. 漆盒 12－3. 铜镜 12－1. 木梳 12－2. 木篦 12－4. 竹签刷 14、78、110. 铜铃 13. 木案足 15－1、15－2、15－3、15－4. 木环 16、18、19、172. 木车轴头形器 17、143. 轴状器 20、123、124. 门闩斗 21、22、147、148. 小木块 24、87－4. 长方形木棍 120、138. 长方形木构件 26. 漆盒盖 28、29. 漆盘 30. 溜肩陶罐 35、48、69、140、141、149、163、127、173、174. 小长方形木片 88. 铜鍪 31. 双耳铜釜 33、156、166、171. 木马 34. 铜盘 36. 长方形木条 39、40、42、53、67、70、71、72、73、79、82、83、86. 长方形木片 44. 涂朱砂圆片 46、55、154. 窄长条形木板 47－1、47－2、160－1、160－2. 木门 49. 厚型木条 50. 漆卮 51、52、59、74、75、104、105、162、170. 长方形木片 54、61、133、144、158. 凹缺口木片 56、101、116. 扁圆木棍 57、84、186. 大方形木片 58、93、95、96、97、159. 大圭形木片 60. 彩绘长方形木片 62. 凸弧面木条 64. 斜弧面木条 65、76、136、179. 小圭形木片 66、45、68、81、150. 小方形木片 77. 圆形木片 80、117、126. 有棱木条 85. 有柄铜釜 87－1、87－2、118、165. 圆形木棍 87－3. 涂朱砂木条 89、90. 漆壶 91. 斜肩陶罐 94. 弧面三角形木条 98. 棺垫木 99－1、99－2、99－3. 木纺轮形器 100. 陶釜 102、122. 朱绘云气纹木条 106. 单耳陶鍪 107. 鼓肩陶罐 108. 木臼形器 109. 木杵 119、125. 短圆形木棍 115. 银带钩 121. 异形木条 129、130. 筒瓦形木片 128. 木楔子 134. 木连接器 135. 半圆形齿状木器 137.

凸脊木条 139. 半"U"形缺口木片 142. 骨节状木条 146、161. 木俑 151、152. 铜锣（明器） 153. 木柄形构件 157. 半圆形木条构件 164. 漆木条 167. 长方孔木片 169. 薄凹形木片 175、176、177. 木桩 178. 木器座 180、181. 有脊木条 182. 木猪 183. 半圆形凹槽木棍 187. 稻米 188. 木炭 189. 高粱籽 190. 人牙碎屑

0 ────── 40厘米

北 ←

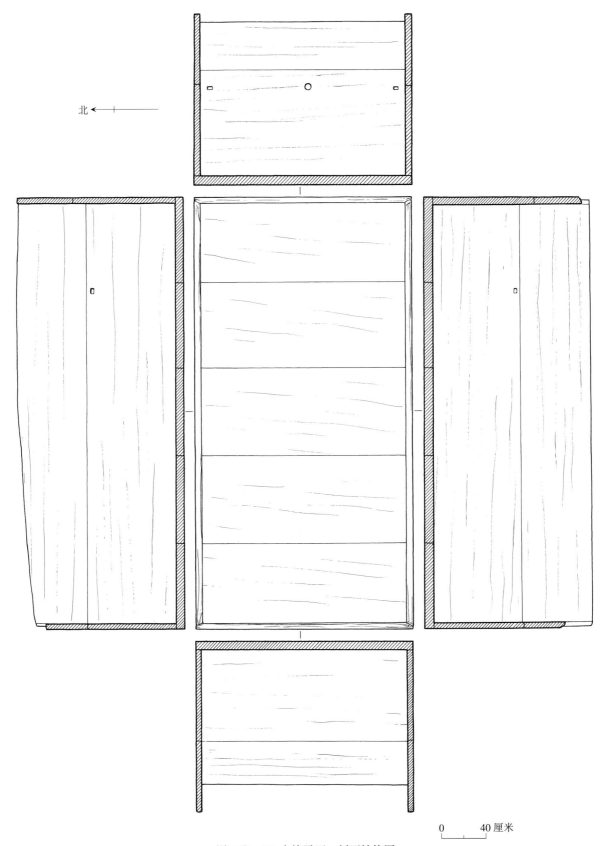

0   40厘米

图三〇 M3 木椁平面、剖面结构图

长 2 米，宽 0.76 米，厚 0.08 米。椁箱北壁和南壁箱板东边偏中部各有一长方形孔，椁箱东壁部有一圆孔，圆孔两边各有一长方形孔（图二七~三〇）。

椁箱是在墓圹挖成后，把椁箱底板平铺后，先安装南北两端边箱板，再嵌入东西两边壁板形成椁箱体。在墓圹壁与木椁之间形成的缝隙中填充白（青）色膏泥以达到封护箱体的目的。待椁内放妥木棺、随葬器物后，盖上椁箱顶板，在椁箱顶盖板上铺竹编席后覆盖一层 0.04 米厚的膏泥以密封椁箱，一椁一棺墓室即成（图版六四~七六）。

2. 木棺

木棺位于椁箱中部，呈与椁箱斜向对角。下葬时棺底垫有横木，由于椁内多年渗淤积水，致使木棺漂移，发掘时即为露出的现状。墓葬未被盗掘，木棺保存完整。棺盖用一整块木板制作，四周

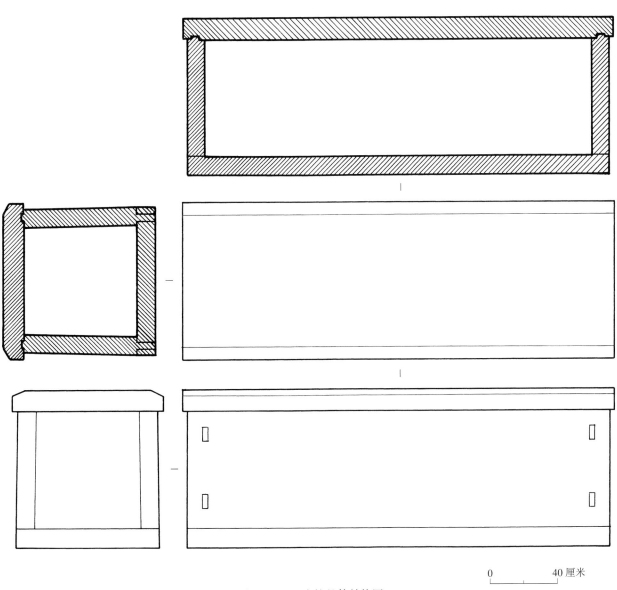

0   40 厘米

图三一　M3 木棺整体结构图

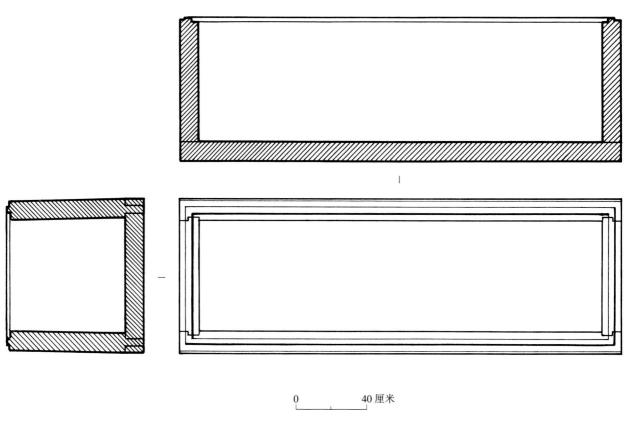

0   40 厘米

图三二　M3 木棺箱体平面、剖面图

边沿斜削成斜面,盖板内面四周掏挖一宽 0.04 米,深 0.02 米的凹槽以便与棺壁四周对应的凸榫扣合。盖板长 2.56 米,宽 0.9 米,厚 0.12 米。棺底板长 2.5 米,宽 0.84 米,厚 0.12 米。棺底板东西两边沿附近分别等距离、对应凿长方形穿榫孔 6 个,孔长 0.08 米,宽 0.04 米,深 0.12 米（图三一～三七）。棺东西边板长 2.5 米,高 0.78 米,厚 0.11 米,每一边板低端制作出 3 个等距离凸榫,凸榫的尺寸与棺底板上穿榫孔的尺寸对应,以便组装时插入稳固。在制作边板凸榫时,也在二边板两端附近分别凿出 8 个长方穿榫孔,孔长 0.07 米,宽 0.04 米,深 0.12 米。棺端挡头挡板宽 0.8 米,高 0.68 米,厚 0.11 米。东西两端棺挡头分别制作出 8 个与棺边板端对穿榫孔尺寸对应的 8 个凸榫,便于组装时合缝严实稳固。木棺组装完整后的外观尺寸是长 2.56 米,宽 0.9 米,高 0.9 米（图版七七～八六）。

（三）葬式

墓圹的椁箱内木棺保存完整,开棺清理淤泥时,虽然没有发现墓主遗骸残留,但在棺内底中部附近出土银带钩一件,这可能正好在墓主的腰部,因此墓主是为仰身直肢的葬式可能性极大。

二　随葬器物分布

墓葬没有被盗,随葬器物多数在当初下葬时的位置,较为集中在椁室的东南部和西北角附近,由于常年椁室内渗入淤积的积水浸泡,有的器物漂移至棺木下面。

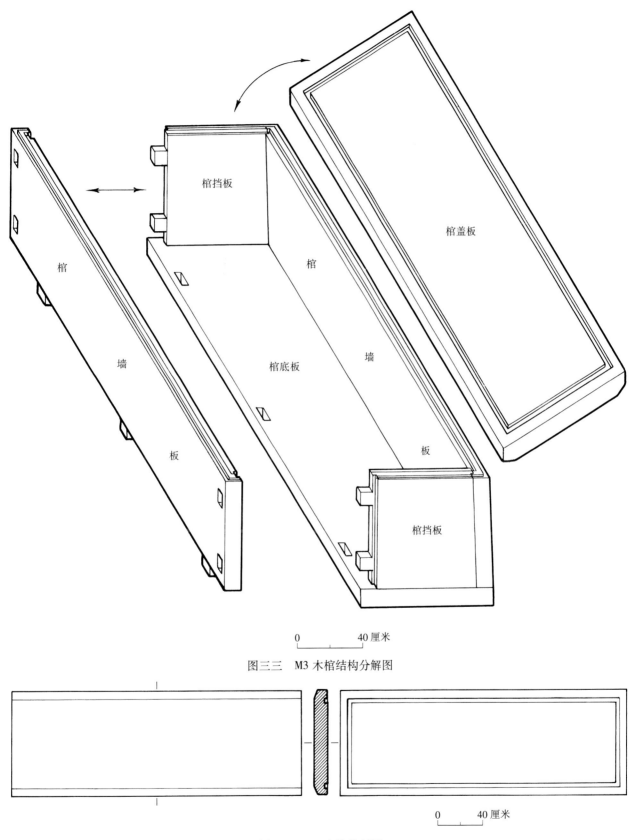

棺挡板

棺

墙

板

棺挡板

棺盖板

棺底板

棺

墙

板

0　　　　40厘米

图三三　M3 木棺结构分解图

0　　　　40厘米

图三四　M3 木棺盖板图

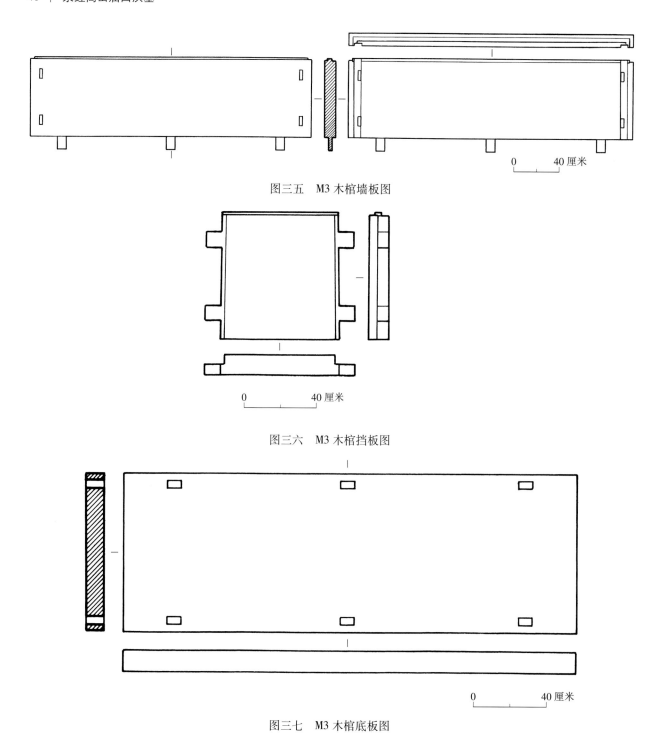

图三五　M3 木棺墙板图

0　　　40 厘米

图三六　M3 木棺挡板图

0　　　40 厘米

图三七　M3 木棺底板图

三　随葬器物

1. 陶器

5 件。有溜肩陶罐、斜肩陶罐、陶釜、单耳陶鍪和鼓肩陶罐。

溜肩陶罐　1 件。M3：30，泥质灰陶。方圆唇，口外侈，束颈，鼓腹，平底，饰黑色漆衣，多脱落。肩腹处有二周凹陷纹。口径9厘米，底径8厘米，高12.2厘米（图三八，1；图版八七）。

斜肩陶罐　1件。M3：91，泥质灰褐陶。方圆唇，侈口，束颈，鼓腹下收，平底。底内凹。肩腹处有二周凹弦纹。口径9.2厘米，腹径15.2厘米，底径6.6厘米，高13.7厘米（图三八，2；图版八八）。陶釜　1件。M3：100，泥质黑陶。尖圆唇，敞口，束颈，溜肩，鼓腹，圜底。颈肩处有四周隐起的凸棱，腹壁饰斜绳纹。口径10厘米，腹径13.4厘米，高11.6厘米（图三八，3；图版八九）。

单耳陶鍪　1件。M3：106，夹砂灰陶。尖圆唇，沿外撇，侈口，束颈，鼓腹，圜平底。肩腹处有一周凸棱和环耳，口径12.2厘米，腹径16.3厘米，高12.6厘米（图三八，4；图版九〇）。

鼓肩陶罐　1件。M3：107，夹砂灰陶。尖圆唇，弧沿面，侈口，束颈，鼓腹下收，平底。器表饰黑色陶衣，多磨蚀，饰竖绳纹。口径11.5厘米，腹径21.6厘米，底径12.9厘米，高18.4厘米（图三八，5；图版九一）。

2. 铜器

11件。有蒜头壶、铜盘、双耳铜釜、有柄铜釜、铜鍪、铜镜、铜铃、铜锣（明器）。

铜蒜头壶　1件。M3：1，方唇，平沿，直口，长颈，鼓腹，平底，圈足。底部中心有一环形耳。口径3.4厘米，腹径23.5厘米，足径13.7厘米，通高37.6厘米（图三八，6；图版九二）。

铜盘　1件。M3：34，方唇，平折沿，直口，浅直腹壁，下腹折收，圜平底。腹壁有一对称的铺首衔环耳。口径40.7厘米，底径17.5厘米，高9.4厘米（图三八，7；图版九三）。

双耳铜釜　1件。M3：31，尖圆唇，折沿，侈口，溜肩，鼓腹，圜底。肩腹处有一周凸弦棱，并有一对对称的辫索纹环耳。口径29.55厘米，腹径33.15厘米，高19.2厘米（图三九，3；图版九四）。

有柄铜釜　1件。M3：85，尖圆唇，斜折沿，侈口，束颈，溜肩，弧腹，圜底。肩部有一周凹弦纹。肩腹处的一边有一长方形孔状柄，柄上有环状耳，另一边有凸起的錾。口径10.4厘米，腹径13.6厘米，高10.8厘米，柄长4.5厘米，宽1.2~2厘米，柄上环耳直径1.9厘米（图三九，4；图版九五）。

铜鍪　1件。M3：88，尖唇，斜折沿，侈口，颈部上细下粗，溜肩，弧腹，圜底。上腹有一周凹弦纹。肩腹处的右侧有一辫索纹耳，较大；左侧有一环形耳，较小。口径12.1厘米，腹径17.6厘米，高13.6厘米（图三九，5；图版九六）。

铜镜　1枚。M3：12-3，圆形，镜背面有三周凸弦纹将其分为三区，内区中心有一鼻纽，上有二道弦纹，中区，有二周凸起的连弧纹，在内区弦纹与凸起的内连弧之间饰谷纹间以如意头状纹一周，在外区弦纹与凸起的外连弧纹之间饰谷纹间以"〜"纹。直径16.4厘米，厚1厘米（图三九，1、2；图版九七）。

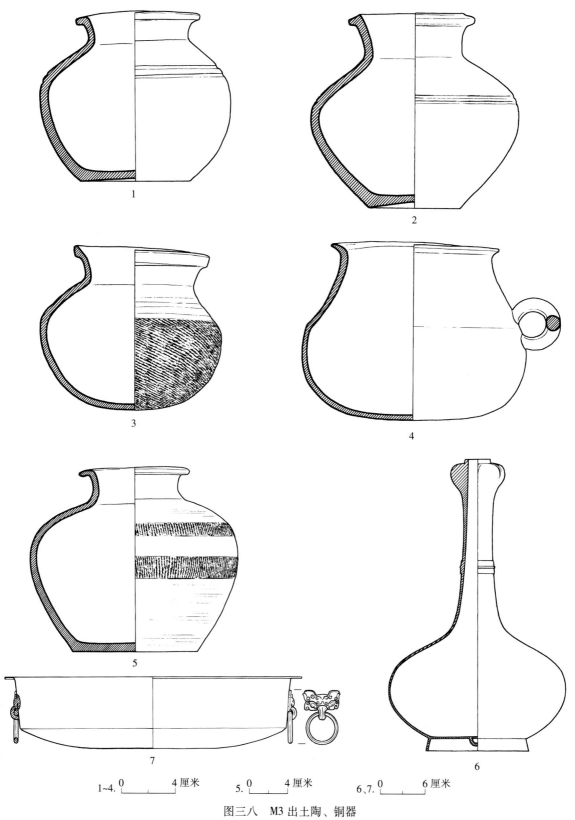

1~4. 0 ___ 4厘米   5. 0 ___ 4厘米   6、7. 0 ___ 6厘米

图三八　M3 出土陶、铜器

1. M3：30 溜肩陶罐　2. M3：91 斜肩陶罐　3. M3：100 陶盆　4. M3：106 单耳陶鍪　5. M3：107 鼓肩陶罐　6. M3：1 铜蒜头壶
7. M3：34 铜盘

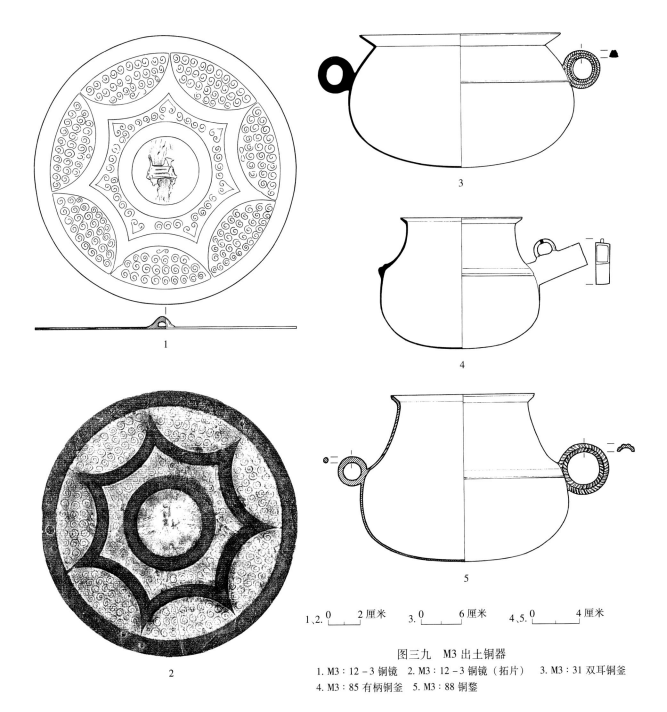

图三九　M3 出土铜器
1. M3：12-3 铜镜　2. M3：12-3 铜镜（拓片）　3. M3：31 双耳铜釜
4. M3：85 有柄铜釜　5. M3：88 铜鍪

铜铃　3件。M3：14，桥形纽，舞面为平顶，铃身上窄下宽，合瓦形，铣微侈，于口微凹，不见铃舌。长6.05厘米，宽2.45厘米，高6.2厘米（图四〇，5）。M3：78，长方形带穿孔纽，舞面平顶，上窄下宽，铣侈，于口凹，铃身饰菱形网格纹中有圆形乳凸。不见铃舌。长6.8厘米，宽3.2厘米，高5.8厘米（图四〇，1、2；图版九八）。M3：110，桥形纽，舞面平顶有凸脊，铃身上窄下宽，合瓦形。铣侈，于口微凹，不见铃舌。铃身饰圆圈状涡纹。长6.15厘米，宽1.9厘米，高5.6厘米（图四〇，3、4；图版九九）。

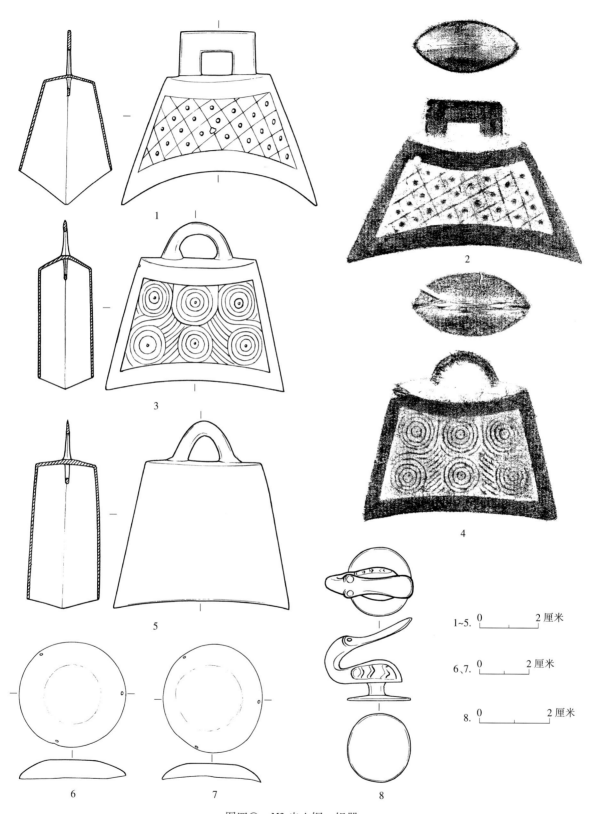

图四〇　M3 出土铜、银器

1. M3：78 铜铃　2. M3：78 铜铃（拓片）　3. M3：110 铜铃　4. M3：110 铜铃（拓片）　5. M3：14 铜铃　6. M3：151 铜锣（明器）
7. M3：152 铜锣（明器）　8. M3：115 银带钩

铜锣（明器）2件。M3：151，圆形，壁薄。正面凸弧，背面内凹，锣身边沿有三等距离圆形孔，是为固定器物所用。直径4.15厘米，高0.7厘米（图四〇，6；图版一〇〇）。M3：152，形制同前。直径4.4厘米，高0.75厘米（图四〇，7）。

3. 银器

1件。

银带钩1件。M3：115，器身短，钩首鹅嘴形，背有圆柱和圆纽。长2.5厘米，高2.4厘米，圆纽直径1.9厘米（图四〇，8；图版一〇一）。此件带钩出土于木棺内棺底中部，应是墓主腰胯间束带之物。

4. 漆器

14件。有漆卮1件，漆盘2件，漆盒2件，漆盒盖1件，漆壶2件，漆耳杯5件，漆木条1件。

漆卮　1件。M3：50，木胎。方唇，直口，平沿，直腹，平底。口沿下有一环耳指鋬。内壁用朱色髹涂，器外壁髹以黑漆作底，口沿下部与近底处用朱色绘饰二周带状纹，腹壁用朱色施绘四周弦纹，在口沿下带状纹与弦纹之间绘涂土黄金色，其间用朱色绘弧线勾连纹一周；腹壁中部二弦纹之间用朱色绘弧线勾连一周装饰；近底部的带状纹与弦纹之间同样用朱色绘弧线勾连纹一周。口径16.4厘米，底径16.4厘米，高13.8厘米（图四二，2；图五五，1；图版一〇二）。

漆盘　2件。M3：28，木胎。椭圆形。方唇，平折沿，敞口，浅弧腹壁，平底。器表外壁髹黑漆，腹壁与底连接处、底部施朱绘宽窄不等的弦线和带状纹。沿外下朱书文字，字迹不清；其外腹壁残存连体"日日"图符，底部烙印有铭文，字迹不清。盘内壁沿面内外分别饰二周朱色弦线，盘底间饰双波曲线一周，腹壁饰组点、双变形弧线纹，盘底用朱色、弦线、宽带状纹三周，将盘底分为外、中、内三区，外区施髹涂朱色漆，中区用朱色点、双变形几何形折线装饰，内区底部用朱色组点，三组双线变体卷云纹装饰。直径24厘米，高3.8厘米，残（图四一；图四三；图版一〇三）。M3：29，木胎。残存部的器形、纹饰同前。直径24.4厘米，高3厘米（图四二，1；图版一〇四）。

漆盒　2件。M3：12，木胎。圆形。身、盖套合而成。盒盖顶面由外到内有三级凸棱，盒体外壁用黑漆髹涂作底，盖顶面用朱色绘四周弦纹，中心用朱色绘一变形鸟纹，四周用土黄金色涂绘四组变形流体状团云一周，在团云内用髹漆的锋刃工具刮划出螺旋纹；并在流体状团云边沿、之间，用朱色绘弧线勾连纹间隔，形成内区装饰；外区用土黄金色绘三周变形流体状云，其内挂划出螺旋纹，并在流体状团云之间用朱色绘以弧线勾连纹间隔，盒盖边施绘三周朱色弦纹，同样用土黄金色髹涂变形流体状团云，上下各一周，中间用朱色弦纹一周区分，其内挂划出螺旋纹并用朱色绘弧线勾连纹间隔成组。盒底腹壁下部绘朱色弦纹二周，在二弦纹之间用朱色、土黄金色分别涂绘简化的变形流体状团云间隔装饰；盒内壁用朱色髹涂。盒底烙印有铭文，字迹不清。盒内装有木梳、木

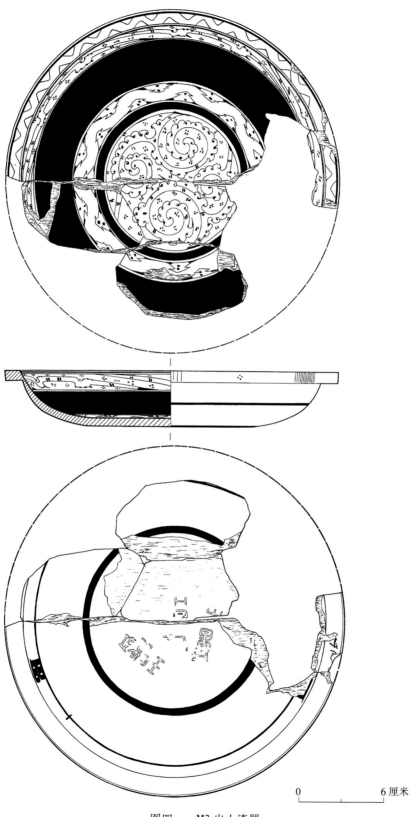

0   6 厘米

图四一　M3 出土漆器

M3：28 漆盘

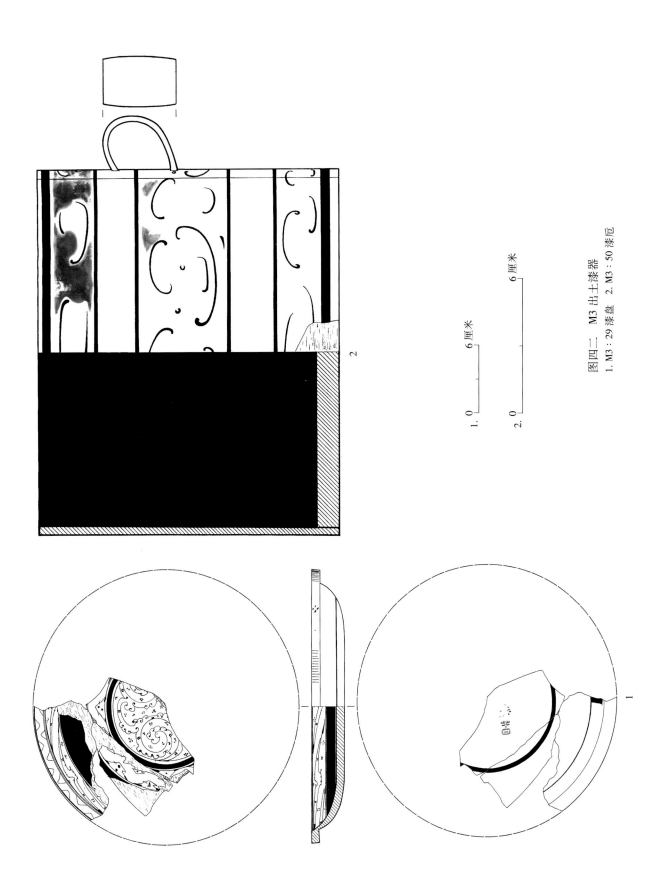

图四一　M3 出土漆器
1. M3：29 漆盘　2. M3：50 漆卮

图四三 M3 出土漆器
M3：28 漆盘（复原图）

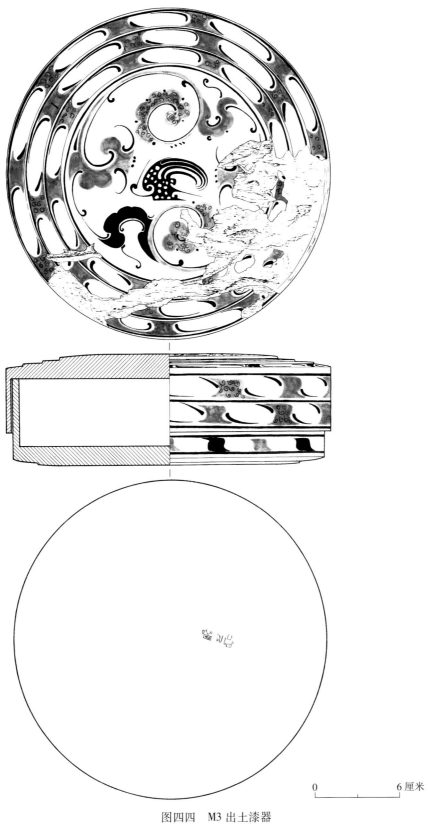

0　　　　　　　　6厘米

图四四　M3 出土漆器

M3：12 漆盒

图四五 M3 出土漆器
M3：12 漆盒（复原图）

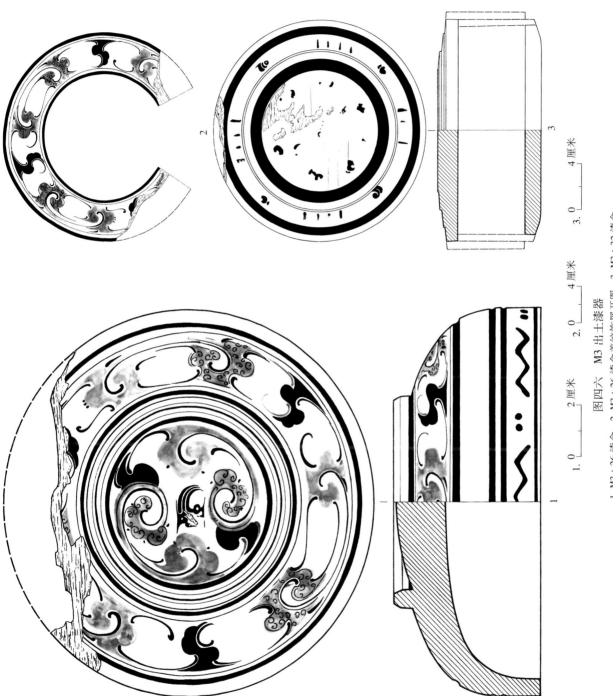

图四六 M3 出土漆器
1. M3：26 漆盒 2. M3：26 漆盒盖盖纹饰展开图 3. M3：32 漆盒

0   4厘米

图四七   M3 出土漆器

M3：26 漆盒复原图

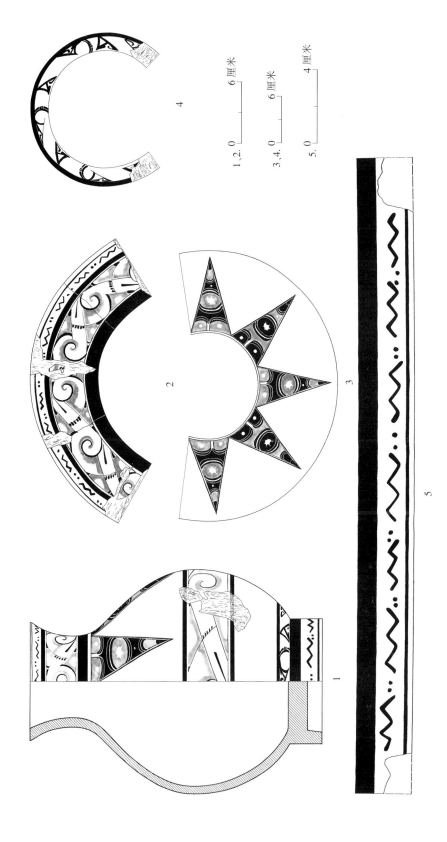

图四八 M3 出土漆器

1. M3∶90 漆壶 2. M3∶90 漆壶（第一层）颈部纹饰展开图 3. M3∶90 漆壶（第二层）肩部纹饰展开图 4. M3∶90 漆壶（第四层）下腹部纹饰展开图 5. M3∶90 漆壶（第五层）圈足部纹饰展开图

0　　　　　　　4厘米

图四九　M3 出土漆器
M3：90 漆壶（复原图）

0   4 厘米

图五〇　M3 出土漆器
M3∶90 漆壶（复原图）

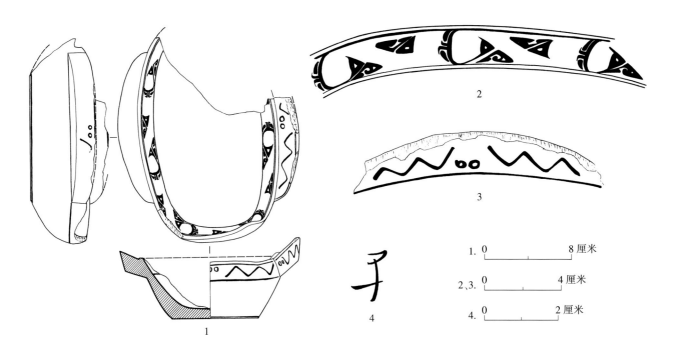

图五一　M3 出土漆器

1. M3：5 漆耳杯　2. M3：5 漆耳杯内纹饰展开图　3. M3：5 漆耳杯耳沿纹饰展开图　4. M3：5 漆耳杯上的"文字"

箆、铜镜、签刷各一件（分别在铜器、木器类介绍）。据此可知这件漆圆盒是为梳妆盒，盒内所装物品是为梳妆用品。直径22.7厘米，高5.9厘米（图四四；图四五；图五五，2、3；图版一○五、一○六）。M3：32，木胎。应是身、盖套合而成。圆形。盖顶有三周旋棱，顶面绘二周朱色带状纹将顶面分为内外二区，在二周带状纹之间，绘一周朱色弦纹，内、外区均用朱色绘圆点、长点、卷曲纹等装饰。圆盒周围腹壁毁损，仅存盖和盒底。盒盖厚1.4、直径14.2厘米，盒底厚1.1厘米，直径13.4厘米（图四六，3；图版一○七）。

漆盒盖　1件。M3：26，木胎。圆形。应是字母扣合而成。方唇，平沿，直口，弧形顶，圈足状纽。盒盖弧边有三周凹弦纹，从盖顶圈足、弧壁凹弦至口沿分别绘、填土朱色带状纹和弦纹。盖顶中心用朱色绘变体鸟纹，环绕鸟纹一周变形流体状团云，在团云内刮划出螺旋纹，并用朱色绘勾连弧线纹间隔；盒的弧腹壁面带状纹之间用朱色、土黄金色间隔涂绘一周变形流体状团云，在团云内刮划出螺旋纹，在流体状团云之间朱色绘弧线勾连纹界隔装饰；盖口沿在弦纹和带状纹之间用土黄金色绘波折纹一周，并间以朱色圆点分隔装饰。盒盖内壁用朱色髹涂。直径20.6厘米，高8.2厘米，残（图四六，1、2；图四七；图五五，4；图版一○八）。

漆壶　2件。M3：90，木胎。尖方唇，敞口，束颈，鼓腹，平底，圈足。壶内壁髹涂朱色，器表用黑漆髹涂作底，口沿下饰朱色弦纹和带状纹各一周，在弦纹和带状纹之间饰朱色波折纹一周间以圆点装饰，颈下部饰朱色宽带纹一周，在颈上部带状纹和颈下部宽带纹之间用土黄金色绘变形流体状云纹、几何纹，间以朱色点状、弧线勾连纹一周装饰；腹壁上部宽带纹以下绘施朱色绘饰的倒三角形纹一周，在倒三角形内上部用土黄金色绘涂，后用朱色分别绘二弧线圆角长方形间隔，内留

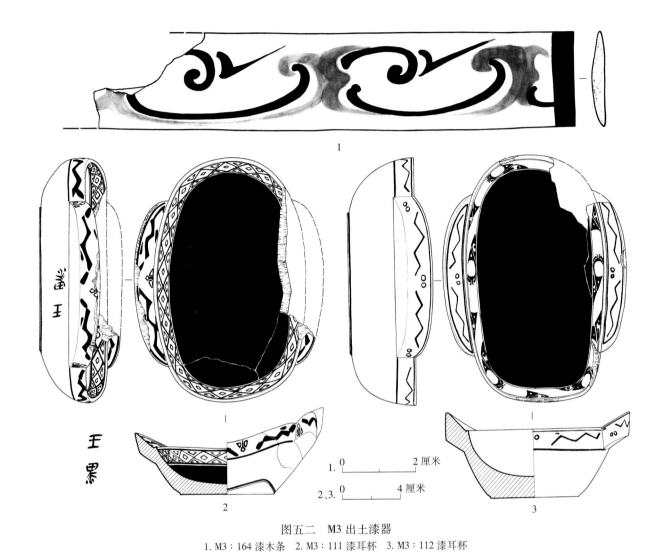

图五二　M3 出土漆器
1. M3：164 漆木条　2. M3：111 漆耳杯　3. M3：112 漆耳杯

有二并列的黑色圆点，倒三角形图案中部用淡朱色绘，再用浓艳的朱色绘二周椭圆形，内用土黄金色涂绘并在中部留有带芒刺状的"太阳纹"；三角形下端绘二道朱色弧线后分别涂绘淡朱色或土黄金色间隔；壶的中下腹壁朱绘二周带状纹，在上下带状纹之间用土黄金色绘涂变形流体云纹、三角形几何纹并间以朱色点状、弧线勾连纹装饰；腹壁下部与圈足连接处分别朱绘带状纹和宽带纹，在带状纹和宽带纹之间朱绘变形几何纹、弧线勾连纹；圈足上朱绘圆点、波折纹一周装饰，近圈足底沿朱绘一周弦纹。口径11.6厘米，腹径21.8厘米，足径12.2厘米，通高29.4厘米。残（图四八，1~5；图四九；图五○；图五五，5；图版一○九）。M3：89，木胎。从残存的壶腹、圈足、大小、纹饰装饰等特征观察，同前所述（图版一一○）。

漆耳杯　5件。M3：5，木胎。椭圆形。挖制。敞口，浅弧腹，平底。月牙形双耳，上翘。外壁、内壁上部和双耳髹涂黑漆作底，内腹壁下部及底用朱色施涂，双耳、外壁口沿下用朱色绘圆圈、波折纹，内壁上部用朱色涂绘弧线、变形几何纹。残长18.7厘米，宽16.7厘米，高6.2厘米（图五一，1~4；图版一一一）。M3：112，木胎。椭圆形。挖制。纹饰、形制同前。长16.7厘米，

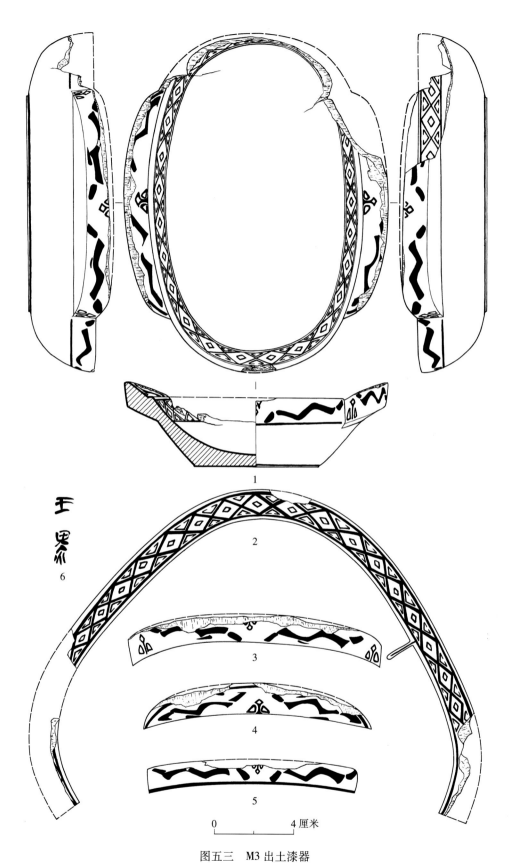

图五三　M3 出土漆器

1. M3：113 漆耳杯　2. M3：113 漆耳杯内纹饰展开图　3. M3：113 漆耳杯左侧耳沿边上纹饰展开图　4. M3：113 漆耳杯左侧耳沿纹饰展开图
5. M3：113 漆耳杯杯身外边纹饰展开图　6. M3：113 漆耳杯上的文字

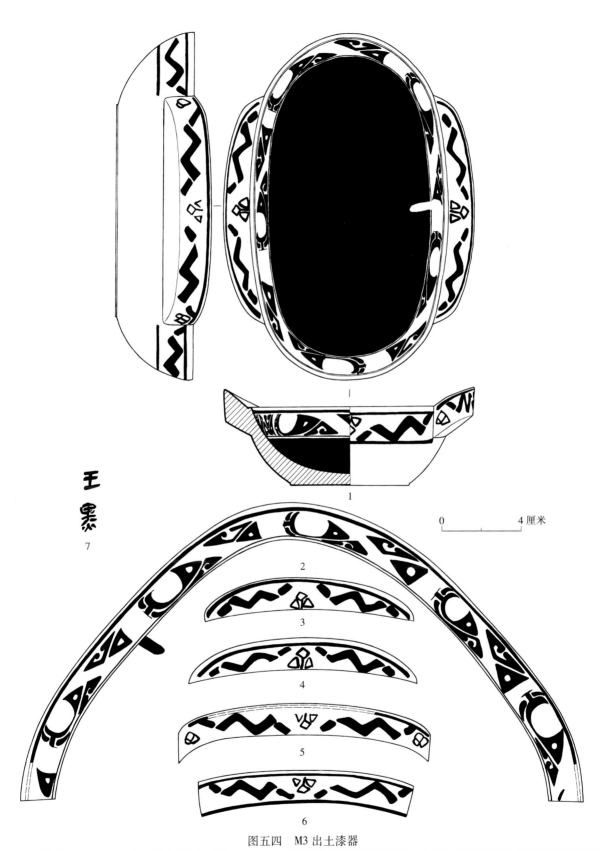

图五四　M3 出土漆器

1. M3：114 漆耳杯　2. M3：114 漆耳杯内纹饰展开图　3. M3：114 漆耳杯左侧耳沿纹饰展开图　4. M3：114 漆耳杯右侧耳沿纹饰展开图
5. M3：114 漆耳杯左侧耳沿边上纹饰展开图　6. M3：114 漆耳杯杯身外边纹饰展开图　7. M3：5 漆耳杯上的"文字"

宽13厘米，高5.8厘米（图五二，3；图版一一二）。M3：111，木胎。椭圆形。挖制。敞口，浅弧腹，平底。月牙形双耳，上翘。外壁，内壁上部和双耳髹涂黑漆作底，内腹壁下部及底用朱色施涂，双耳沿、外壁口沿下绘朱色弧线，耳面绘朱色波折纹一周。内腹壁上部朱绘连续的菱形网状纹一周，在网格内绘朱色菱形图网案，在菱形网格交叉处间以变形几何纹。在耳杯外腹壁有朱书"王黑"铭文。似为器物制作工匠的姓名或耳杯拥有者主人的名字。长16.5厘米，宽12.6厘米，高5.6厘米（图五二，2；图版一一三）。M3：113，木胎。椭圆形。挖制。敞口，浅弧腹，平底。月牙形双耳，上翘。外壁，内壁上部和双耳髹涂黑漆作底，内腹壁下部及底用朱色施涂，双耳、外壁口沿下用朱色绘长点、几何纹、波折纹一周，内腹壁上部朱涂弧线、圆点变形三角纹一周装饰。外腹壁有朱书"王黑"铭文。似为器物制作工匠的姓名或耳杯拥有者主人的名字。长16.8厘米，宽12.6厘米，高4.7厘米（图五三，1~6；图版一一四）。M3：114，木胎。椭圆形。挖制。纹饰、形制同前。长16.4厘米，宽13.2厘米，高4.2厘米（图五四，1~7，图版一一五）。

漆木条　1件。M3：164，正面微凸弧，用黑、朱色漆勾绘弧线勾连状云气纹，一端涂髹黑漆，一端残，背面平直。残长13.2厘米，宽2.6厘米，厚0.35厘米（图五二，1）。

5. 木器

245件。包括木俑2件、木梳1件、木篦1件、竹签刷1件、木猪1件、木杵1件、木臼形器1件、木璧8件、木环4件、木马4件、木案足4件、木器座1件、门栓斗3件、木门4扇、木纺轮形器3件、轴状器2件、木车轴头形器4件、半圆形齿状木器1件、木连接器1件、木柄形构件1件、凹边沿木片4件、薄凹形木条1件、有脊木条2件、异形木条1件、半"U"形缺口木片1件、长方凹沿木片4件、扁圆木棍3件、圆木棍4件、短圆木棍4件、半圆形凹槽木棍5件、抹角弧背形木棍23件、长方形木棍2件、长方形木构件2件、涂朱砂木条1件、朱绘云气纹木条3件、厚型木条1件、凸弧面木条1件、凸脊木条1件、斜弧面木条1件、弧面三角形木条1件、有棱木条3件、涂墨色木条1件、小木条1件、长方形木条1件、半圆形木条2件、涂朱砂圆片11件、圆木片14件、筒瓦形木片7件、长条形木片13件、小圭形木片4件、大圭形木片6件、长方孔木片1件、凹缺口木片5件、长方形木片9件、窄长条形木板3件、大方形木片4件、交叉线圆圈纹木片2件、彩绘长方形木片1件、小长方形木片16件、小方形木片9件、小木块4件、长方形木板6件、厚型木板2件、骨节状木条1件、木楔子2件、棺垫木1件、木桩3件。

木俑　2件。M3：146，木质。突出人体的主要特点，明确地将人体的头、躯干和上肢区分开，面部五官简易刻划，呈站立状。采用圆雕切削手法，抓住人体的主要特征，简洁明快。面部五官用墨填绘眉眼，用朱色绘涂口唇。突出面部器官。高11厘米，宽2.4厘米，厚2.9厘米（图五六，2；图版一一六）。M3：161，木质。形制基本同前，只是下肢两组向外叉开，用墨色涂绘脑后枕部象征头发，浅朱色绘右衽交叉衣纹和足尖，呈站立状。高8.9厘米，宽3厘米，厚1.7厘米（图五六，3；图版一一七）。

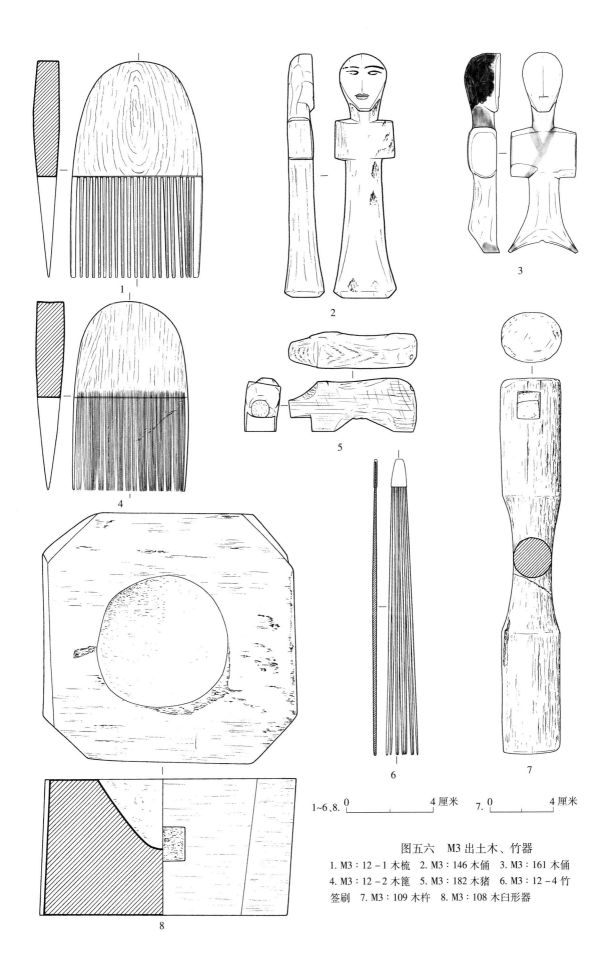

图五六　M3 出土木、竹器

1. M3：12－1 木梳　2. M3：146 木俑　3. M3：161 木俑

4. M3：12－2 木篦　5. M3：182 木猪　6. M3：12－4 竹

签刷　7. M3：109 木杵　8. M3：108 木臼形器

1~6、8. 0　　　　　4 厘米　　7. 0　　　　4 厘米

木梳 1件。M3：12-1，木质。上端呈圆弧形，下部有21齿，齿长4.5厘米，宽6厘米，通长9.7厘米，厚1.2厘米（图五六，1；图版一一八）。

木篦 1件。M3：12-2，木质。上端呈圆弧形，下半部齿细密。齿长4.1厘米，宽3.3厘米，通长8.4厘米，厚1.3厘米（图五六，4；图版一一九）。

竹签刷 1件。M3：12-4，有11根刷签组成。上端有铜盖帽箍稳锁紧。长13.3厘米，宽1.5厘米，厚0.2厘米（图五六，6；图版一二〇）。

以上的木梳、木篦、竹签刷与一枚铜镜置放于编号为M3：12的漆圆奁盒内，木梳、木篦放置在铜镜上，铜镜下压竹签刷。

木猪 1件。M3：182，用一整小块长方形木块，雕挖、切削制成，抓住猪的主要体态特征，突出表现猪的头部，猪嘴、肥胖的躯干和短矮四肢及卷圈的尾，形体特征明显，块面线条明快，制作简练。长5.9厘米，宽1.6厘米，高2.4厘米（图五六，5；图版一二一）。

木杵 1件。M3：109，木质。圆柱状，两端椭圆形，端面平，中部收腰较细，一杵端一方形孔。杵端长径3.8厘米，收腰处直径2.5厘米，长22.8厘米（图五六，7；图版一二二）。

木臼形器 1件。M3：108，木质。削角，近方形，顶面有一圆形臼窝，上大小呈锥状，方形壁面有一方孔。长11.6厘米，宽11.1厘米，高6厘米，臼窝直径6厘米，深3.1厘米（图五六，8；图版一二三）。

木璧 8件。M3：8-1，木质。圆形。肉大于好。直径23.3厘米，好径6.7厘米，厚0.7厘米（图五七，1；图版一二四）。M3：8-2，木质。圆形。依据残存部分复原。直径25厘米，好径7.1厘米，厚0.6厘米（图五七，2）。M3：8-3，木质。圆形。边沿隐约能见绘有橄榄形纹饰，有少量损。直径24.9厘米，好径6.8厘米，厚0.6厘米（图五八，1；图版一二五）。M3：8-4，木质。圆形。一面有淡墨涂抹，并在边沿、好沿附近分别用浓墨绘二周弦纹，在弦纹之间勾绘曲线纹。边沿略有残损。直径24.7厘米，好径6.5厘米，厚0.4厘米（图五八，2；图五九；图版一二六）。M3：8-5，木质。圆形。边沿有残缺，一面有涂朱残留，并在壁面边沿附近分别墨绘两周弦纹，同时在边沿与弦纹、好沿与弦纹之间分别用墨涂绘橄榄形纹，在内外二周弦纹之间用墨勾绘曲线卷云状纹。直径25厘米，好径6.8厘米，厚0.6厘米（图六〇，1；图版一二七）。M3：8-6，木质。圆形。一面用朱色涂绘作底，在边沿与好沿附近分别用墨绘两周弦纹，同时在边沿和好沿的弦纹之间分别用土黄金色涂绘橄榄形纹并在其上绘墨点平行虚线，在两周弦纹之间墨勾卷曲弧线式波浪纹其间用土黄金色填涂，在波浪式纹间勾绘变形鱼纹并用墨色填涂头尾并点睛。直径25.4厘米，好径6.8厘米，厚0.5厘米（图六〇，2；图六一；图版一二八）。M3：8-7，木质。圆形。一面用朱色填涂作底，并在边沿与好沿分别墨绘两周带状纹，边沿有残损。直径5.8厘米，厚0.5厘米（图六二，1、2；图版一二九）。M3：8-8，木质。圆形。残。一面用朱色填涂，在边沿与好沿之间用墨绘分别绘两周带状纹，在两带状纹之间勾绘卷曲弧线纹等。直径25厘米，好径6.2厘米，厚0.3厘米（图六二，3）。

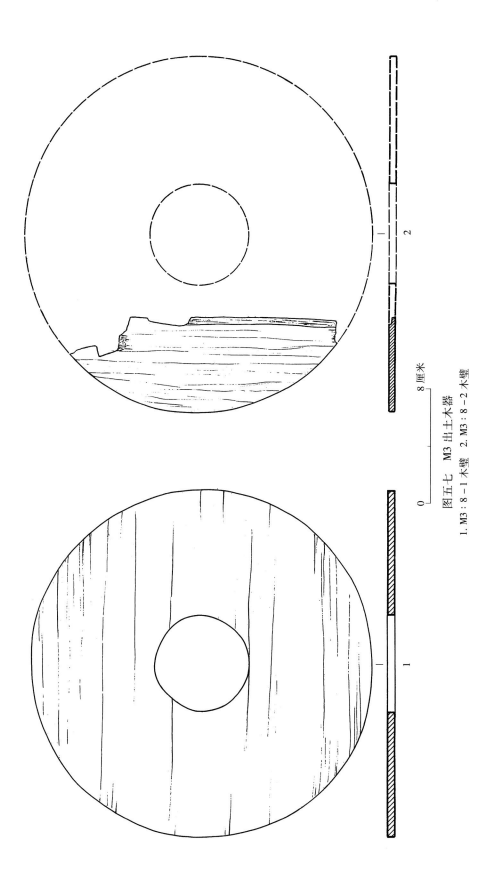

图五七 M3 出土木器

1. M3：8-1 木璧 2. M3：8-2 木璧

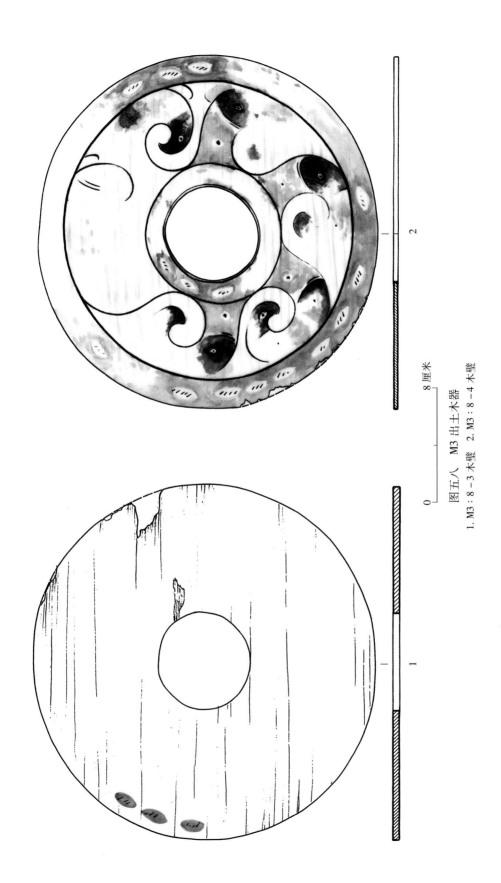

图五八 M3 出土木器
1. M3：8-3 木璧 2. M3：8-4 木璧

图五九 M3出土木器
M3：8－4 木璧（复原图）

0   4厘米

　　木环　4件。M3：15－1，木质。圆形。外径17.1厘米，内径9.2厘米，厚0.4厘米（图六三，1；图版一三〇）。M3：15－2，木质。圆形。残。复原外径16.4厘米，内径8.6厘米，厚0.4厘米（图六三，2）。M3：15－3，木质。圆形。残。复原外径17.5厘米，内径9.9厘米，厚0.4厘米（图六三，3）。M3：15－4，木质。圆形。残。复原外径16.4厘米，内径9.4厘米，厚0.4厘米（图六三，4）。

　　木马　4件。M3：33，木质。由马头、马身、四足、一尾拼合组成。残存马身。马身用整木切削、修挖、剔刮等圆雕手法制成。长24.8厘米，宽11.3厘米，厚11厘米（图六五，1；图版一三一）。M3：156，木质。由马头、马身、四足、一尾拼合组成。仅存马身、一只前足，呈站立状。长

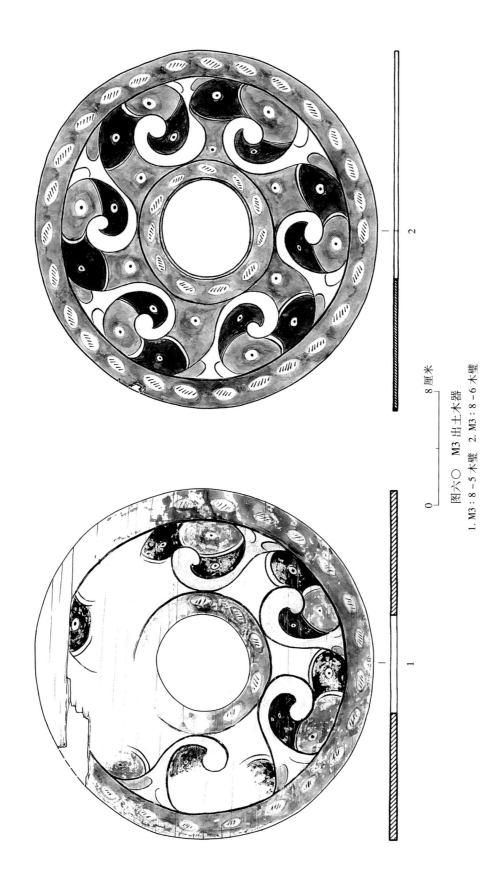

0   8厘米

图六〇 M3 出土木器

1. M3：8-5 木璧   2. M3：8-6 木璧

0   4厘米

图六一　M3 出土木器
M3：8-6 木璧（复原图）

25.1 厘米，宽 11.9 厘米，高 20.6 厘米（图六五，2；图版一三二）。M3：166，木质。由马头、马身、四足、一尾拼合组成。昂首，尾上翘卷端，呈站立状。头颈部、四肢马蹄有朱色彩绘痕。长 32.2 厘米，宽 7.3 厘米，高 29 厘米（图六四，1；图版一三三、一三四）。M3：171，木质。由马头、马身、四足、一尾拼合组成。昂首，尾上翘卷端，呈站立状。头颈部、四肢马蹄有朱色彩绘痕。长 38.7 厘米，宽 9.6 厘米，高 29 厘米（图六四，2；图版一三五、一三六）。

　　木案足　4 件。标本 M3：13，木质。上粗下细，呈扁圆形。上端有直径 1.9 厘米，高 0.8 厘米的圆形凸榫，下端残。长 9.9 厘米，宽 3.9 厘米，通高 9.9 厘米（图六五，4；图版一三七）。

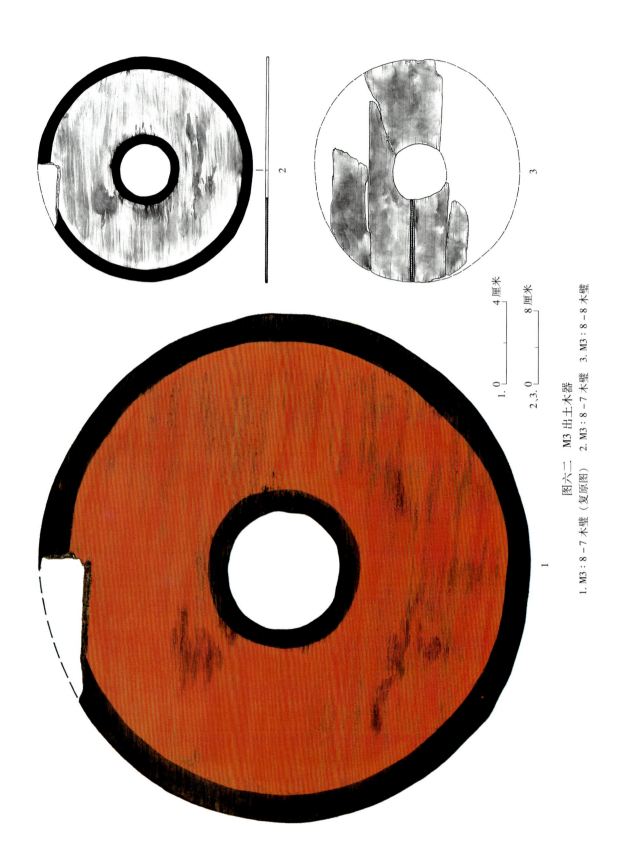

1. M3：8-7 木璧（复原图）

图六二　M3 出土木器

1. M3：8-7 木璧（复原图）　2. M3：8-7 木璧　3. M3：8-8 木璧

4 厘米

8 厘米

1. 0

2,3. 0

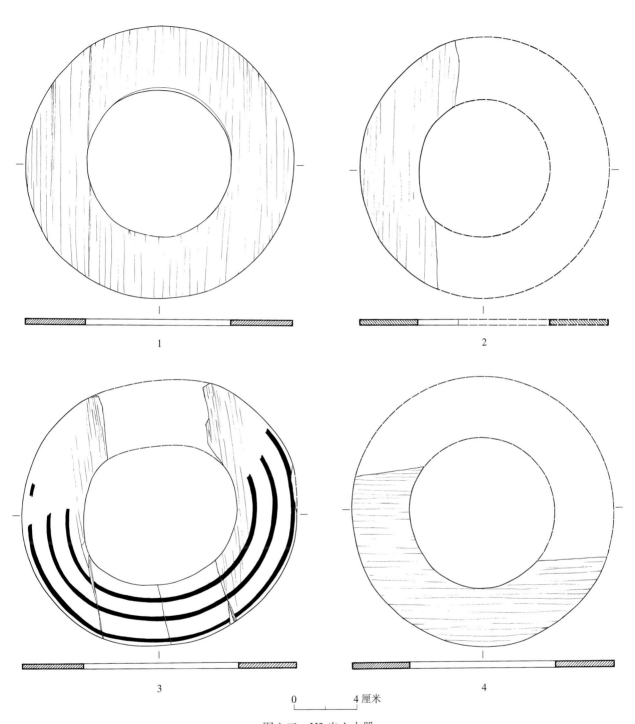

图六三　M3 出土木器
1. M3∶15 - 1 木环　2. M3∶15 - 2 木环　3. M3∶15 - 3 木环　4. M3∶15 - 4 木环

木器座　1 件。M3∶178，木质。圆形，平底，束腰。残。直径 7 厘米，高 6.9 厘米（图六五，3；图版一三八）。

门栓斗　3 件。M3∶20，木质。桥拱形，下沿平直，一端尖角，一端截平，有一凹缺。上沿弧线呈拱形。长 3.3 厘米，宽 0.75 厘米，高 1.3 厘米（图六六，3；图版一三九）。M3∶123，木质。

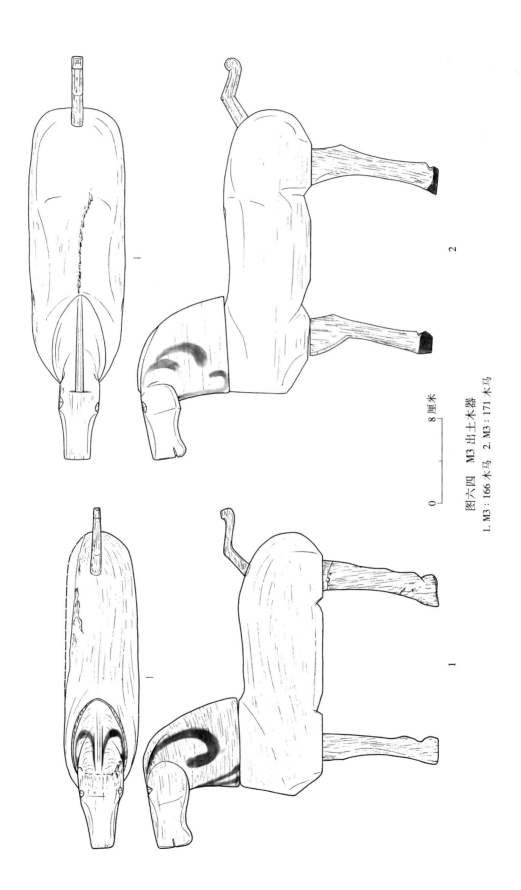

0 ⊢——⊣ 8 厘米

图六四 M3 出土木器

1. M3 : 166 木马 2. M3 : 171 木马

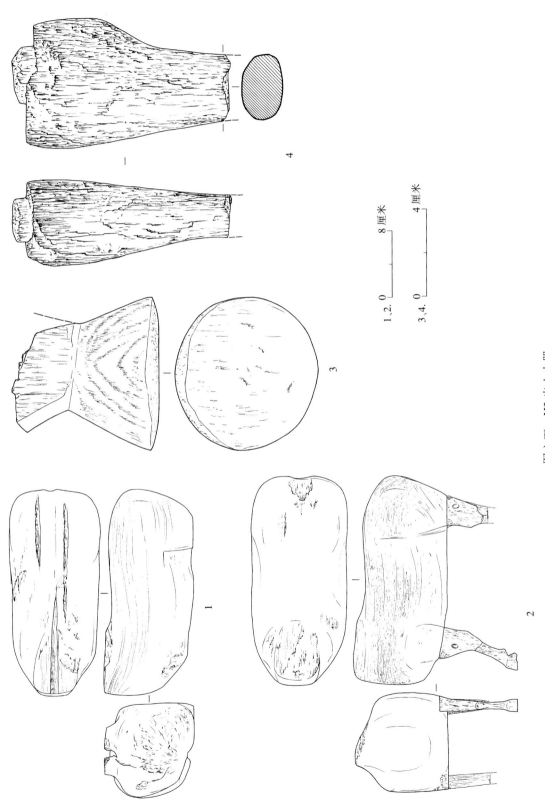

图六五　M3 出土木器

1. M3：33 木马　2. M3：156 木马　3. M3：178 木器座　4. M3：13 木案足

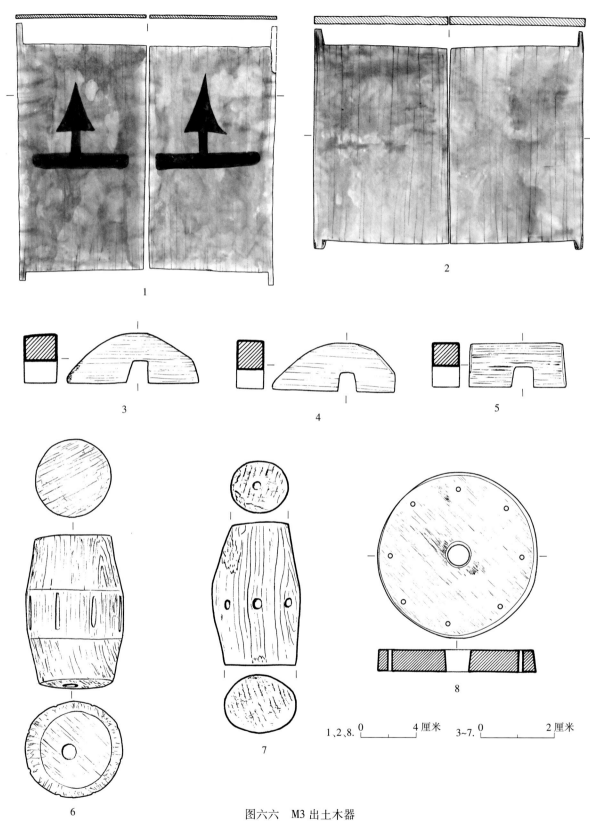

图六六 M3 出土木器

1. M3：47－1、M3：47－2 木门 2. M3：160－1、M3：160－2 木门 3. M3：20 木门栓斗 4. M3：123 木门栓斗 5. M3：124 木门栓斗
6. M3：143 轴状器 7. M3：17 轴状器 8. M3：99－1 木纺轮形器

桥拱形，形制同前。长 3.6 厘米，宽 0.9 厘米，高 1.3 厘米（图六六，4；图版一四〇）。M3：124，木质。长方形，一边沿中部掏挖成方缺呈"凹"形。长 4.6 厘米，宽 1.9 厘米，高 1.3 厘米（图六六，5）。

木门　4 扇。M3：47-1，木质。长方形，对开。门面残存涂朱、涂墨痕迹。长 18.4 厘米，宽 9.4 厘米，厚 0.2 厘米；门柱头呈圆形，长 1.4、门柱足长 0.6 厘米。M3：47-2，与前述成对。门面有涂朱残痕，并在门面墨绘有箭头图案。门柱残。长 18.4 厘米，宽 9.4 厘米，厚 0.2 厘米；柱足长 0.9 厘米（图六六，1）。M3：160-1，木质。长方形，对开。门面残存涂朱。长 15.5 厘米，宽 9.7 厘米，厚 0.6 厘米；门柱长 1.2 厘米，门柱足长 0.6 厘米。M3：160-2，质地、形制、大小同前（图六六，2；图版一四一）。

木纺轮形器　3 件。M3：99-1，木质。圆形，中有一圆形孔，轮沿附近有 8 个小圆孔环绕一周器。直径 5.7 厘米，孔径 0.75~0.9 厘米，厚 0.8 厘米（图六六，8）。M3：99-2，质地、形制、大小同前；M3：99-3，形制同前，残（图版一四二）。

轴状器　2 件。M3：17，木质。短圆柱状，中粗，两端渐细中部有一周小圆孔，一端有圆孔，长 3.85 厘米，长径 2.5 厘米，短径 2.10 厘米（图六六，7；图版一四三）。M3：143，木质。短圆柱状，中粗，中部有槽状孔 8 个环绕一周，孔长 0.75~1 厘米，一端有圆孔。长 4.1 厘米，直径 2~2.7 厘米（图六六，6；图版一四四）。

木车轴头形器　4 件。M3：18，木质。圆锥状体，粗端部分有 8 个直径 0.1 厘米圆孔环绕一周，粗端端头有一直径 0.2 厘米圆孔。轴头长 5.1 厘米，直径 1.8~2.25 厘米（图六七，5）。M3：19，形制同前。粗端端头圆孔直径 0.15 厘米。轴头长 4.6 厘米，直径 1.6~1.9 厘米（图六七，6）。M3：16，形制同前。轴头长 3.9 厘米，直径 1.8~2.1 厘米（图六七，7；图版一四五）。M3：172，木质。圆锥状体，粗端部分有 8 个直径 0.2 厘米圆孔环绕一周，粗端端头有一直径 0.2 厘米圆孔，可能与安插车轮辐条有关。轴头长 6.9 厘米，直径 2~2.9 厘米（图六七，8；图版一四六）。

半圆形齿状木器　1 件。M3：135，木质。近半圆，内沿半弧形，外沿削挖成连续波浪形齿状。内、外沿用朱色绘涂。长 9.5 厘米，宽 4.2 厘米，厚 1 厘米（图六七，1；图版一四七）。

木连接器　1 件。M3：134，木质。有一长方形木条和一上窄下宽似"秤砣"的木块组。长方形木条一端削成厚 0.2 厘米的薄片并钻一直径 0.2 厘米圆孔，"秤砣"状木块上部削边角后，上端中部掏挖出宽 0.5 厘米，深 0.3 厘米的凹槽两边钻直径 0.2 厘米圆孔，再嵌入带圆孔的长方形木条，用直径 0.2 小木棍插入圆孔闩稳使其连接，应似木车构件，用途不明。长 11.1 厘米，宽 1.8 厘米，高 2.65 厘米（图六七，10；图版一四八）。

木柄形构件　1 件。M3：153，木质。疑似柄部斜削弯柄，一端局切成有大渐小的凸榫，榫中部和柄部分别各有一直径 0.4 厘米的圆孔。长 15.5 厘米，宽 4.4 厘米，厚 1.95 厘米（图六七，9；图版一四九）。

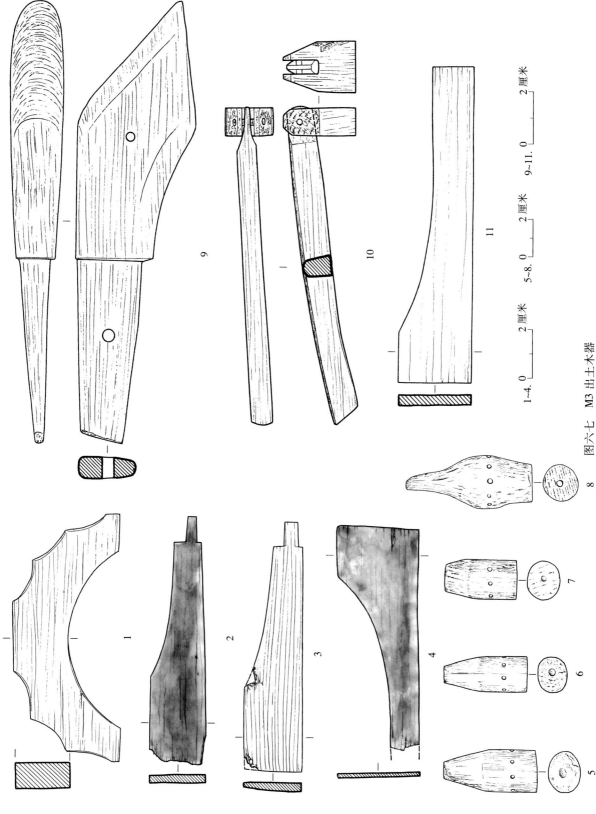

图六七 M3 出土木器

1. M3：135 半圆形齿状木器 2. M3：27 凹边沿木片 3. M3：168 凹边沿木片 4. M3：3 凹边沿木片 5. M3：18 木车轴头形器 6. M3：19 木车轴头形器 7. M3：16 木车轴头形器
8. M3：172 木车轴头形器 9. M3：153 木柄形构件 10. M3：134 木连接器 11. M3：145 凹边沿木片

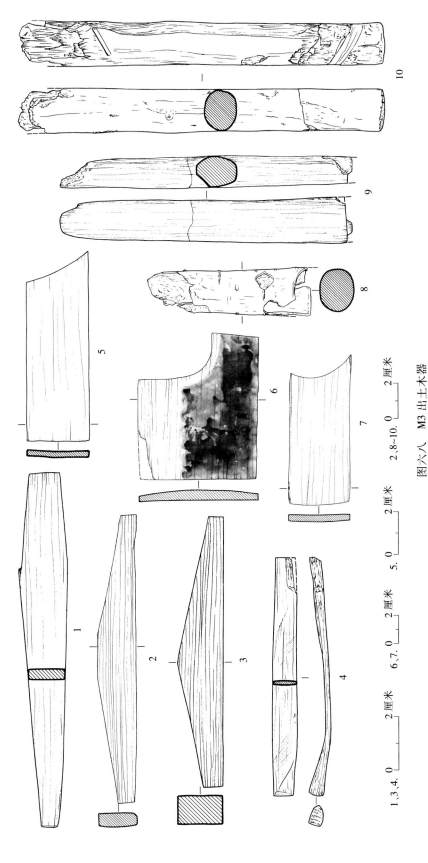

图六八　M3 出土木器

1. M3 : 121 异形木条　2. M3 : 180 有脊木条　3. M3 : 181 有脊木条　4. M3 : 169 薄凹形木条　5. M3 : 23 长方凹沿木片　6. M3 : 139 半 "U" 形缺口木片　7. M3 : 7 长方凹沿木片
8. M3 : 56 扁圆木棍　9. M3 : 116 扁圆木棍　10. M3 : 101 扁圆木棍

凹边沿木片　4件。M3∶27，木质。长方形，一侧边沿削挖成凹弧形边，一端头有长1.1厘米凸榫。正面残留有绘涂朱色的痕迹。长9.55厘米，宽2.3厘米，厚0.3厘米（图六七，2；图版一五〇）M3∶168，形制同前。凸榫长1厘米，宽0.6厘米，通长9.6厘米，宽2.3厘米，厚0.3厘米（图六七，3；图版一五一）。M3∶145，形制同前，两端齐平，无凸榫。长13.1厘米，宽3.1厘米，厚0.45厘米（图六七，11；图版一五二）。M3∶3，形制同前，一端残。残存用朱色绘涂的痕迹。残长8.5厘米，宽3.3厘米，厚0.2厘米（图六七，4）。

薄凹形木条　1件。M3∶169，木质。两端较厚，端头呈弧边三角形，中部削薄。长8.9厘米，宽0.95厘米，厚0.2～0.6厘米（图六八，4；图版一五三）。

有脊木条　2件。M3∶180，长条形，下沿平直，上沿两边斜削，端头齐平，中部凸平脊，横剖面呈抹角长方形。长16.3厘米，宽2.3厘米，厚0.8厘米（图六八，2；图版一五四）。M3∶181，形制同前。上沿顶部为人字脊。长10.1厘米，宽1.75厘米，厚1.1厘米（图六八，3；图版一五五）。

异形木条　1件。M3∶121，长条形，两边向两端斜削收窄，不对称，端头齐平。长13.45厘米，宽1.9厘米，厚0.4厘米（图六八，1）。

半"U"形缺口木片　1件。M3∶139，木片近似方形，一端削挖成U凹沿，一面微凸弧。正面用朱色、墨色绘涂。长10.45厘米，宽8.7厘米，厚0.7厘米（图六八，6；图版一五六）。

长方凹沿木片　4件。标本M3∶7，长方形。一端头挖削为凹弧形，长10.7厘米，宽4.6厘米，厚0.5厘米（图六八，7）。标本M3∶23，形制同前。长9厘米，宽3厘米，厚0.3厘米（图六八，5；图版一五七）。

扁圆形木棍　3件。M3∶56，外裹树皮，两端残，长径2.6厘米，短径2厘米，残长9.5厘米（图六八，8）。M3∶116，一端磨蚀为斜面，一端有锯切痕，残断为三节。长径2.35厘米，短径1.8厘米，长17.3厘米（图六八，9）。M3∶101，一端残，近端处有二道斜削凹槽。长径2.5厘米，短径1.9厘米，残长21.6厘米（图六八，10；图版一五八）。

圆形木棍　4件。M3∶87-1，中部粗，两端逐渐变细。直径1.2厘米，长27.5厘米（图六九，4）。M3∶87-2，一端齐平，一端斜削成斜面涂朱色。直径1.05厘米，长14.3厘米（图六九，3）。M3∶118，一端磨蚀呈钝形圆锥状，一端残。直径1.8～2厘米，长16.1厘米（图六九，2；图版一五九）。M3∶165，一端较粗并涂髹黑漆，一端渐细，两端齐平。身涂朱色。直径1.2～1.6厘米，长13.7厘米（图六九，5）。

短圆木棍　4件。标本M3∶119，一端齐平，涂朱色，一端斜削，微缺。直径0.8厘米，长7.9厘米（图六九，6）。标本M3∶125，形制同前。直径0.9厘米，长9厘米（图六九，1）。

半圆形凹槽木棍　5件。标本M3∶183，一端扁圆形，端头点朱色圆点，一端斜削，中部挖"V"形凹槽，直径1.1厘米，长9.3厘米（图六九，7；图版一六〇）。

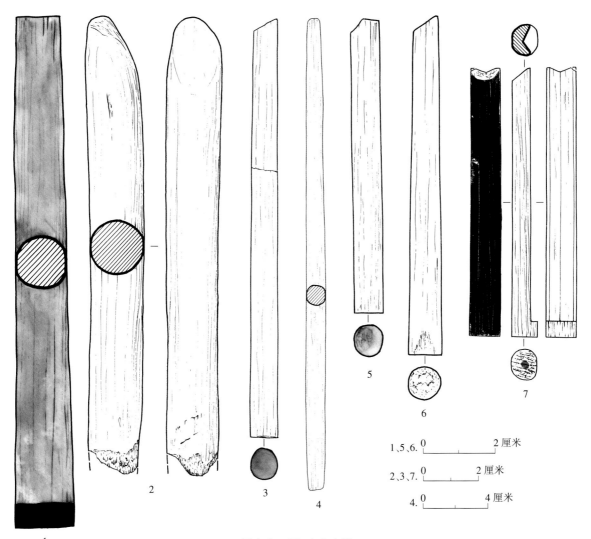

图六九 M3 出土木器

1. M3：125 短圆形木棍 2. M3：118 圆木棍 3. M3：87 - 2 圆木棍 4. M3：87 - 1 圆木棍 5. M3：165 圆木棍 6. M3：119 短圆形木棍
7. M3：183 半圆形凹槽木棍

抹角弧背形木棍 23 件。其中长在 9.2 ~ 10.5 厘米的有 12 件。标本 M3：41，一端齐平，一端斜削，下沿平直，上沿横剖面呈弧背。长 9.2 厘米，宽 1.05 厘米，厚 1.2 厘米（图七〇，5）。标本 M3：10，一端大，端头斜面，一端渐小。长 11 厘米，宽 1.25 厘米，厚 0.95 厘米（图七〇，6；图版一六一）。长度在 6.2 ~ 7 厘米的有 4 件。标本 M3：37，一端齐平，一端斜削，端头斜面。下沿直平，上沿弧背。长 6.2 厘米，宽 1 厘米，厚 1.1 厘米（图七〇，2），标本 M3：43，形制同前。长 7 厘米，宽 1.15 厘米，厚 1.05 厘米（图七〇，4；图版一六二）。长度在 8.3 ~ 8.65 厘米 3 件。标本 M3：132，一端头齐平，一端头斜面。长 8.3 厘米，宽 1.3 厘米，厚 1.05 厘米（图七〇，7），标本 M3：38，形制同前。长 8.65 厘米，宽 1.1 厘米，厚 1.05 厘米（图七〇，8；图版一六三）。长度在 11.3 ~ 11.75 厘米的有 4 件。标本 M3：131，一端头齐平，一端头斜面。长 11.3 厘米，宽 1.25 厘米，厚 0.95 厘米（图七〇，1）。标本 M3：87 - 5，形制同前。长 11.75 厘米，宽 1 厘米，厚 1.2

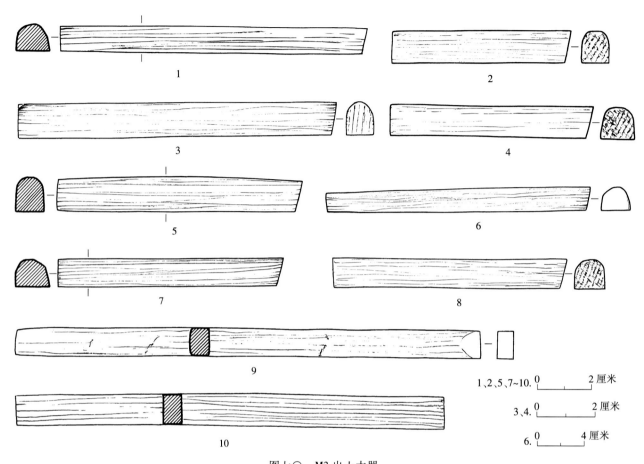

图七〇　M3 出土木器

1. M3：131 抹角弧背形木棍　2. M3：37 抹角弧背形木棍　3. M3：87 –5 抹角弧背形木棍　4. M3：43 抹角弧背形木棍　5. M3：41 抹角弧
背形木棍　6. M3：10 抹角弧背形木棍　7. M3：132 抹角弧背形木棍　8. M3：38 抹角弧背形木棍　9. M3：87 –4 长方形木棍　10. M3：24
长方形木棍

厘米（图七〇，3；图版一六四）。

长方形木棍　2 件。M3：24，两端头齐平，完整。长 16 厘米，宽 1.15 厘米，厚 0.7 厘米（图七〇，10）。M3：87 –4，一端头呈凸弧面，完整。长 17.2 厘米，宽 1 厘米，厚 0.75 厘米（图七〇，9）。

长方形木构件　2 件。M3：138，一端头残，一端斜削并钻有直径 0.1 厘米圆孔三个。残长 16.8 厘米，宽 1.75 厘米，厚 1 厘米（图七一，3）。M3：120，两端头残。一端切削凹缺，一端斜削并钻有直径 0.2 厘米的圆孔两个。残长 19.2 厘米，宽 1.9 厘米，厚 1.1 厘米（图七一，2）。

涂朱砂木条　1 件。M3：87 –3，窄细长条形，正面用朱色涂绘，两端头斜削，中部残存捆扎绳结痕。长 17.6 厘米，宽 0.6 厘米，厚 0.3 厘米（图七一，4）。

朱绘云气纹木条　3 件。标本 M3：102，长条形，两端头齐平，再用墨黑色勾绘连续弧形线并填涂似流动的云气状。长 20.8 厘米，宽 4.3 厘米，厚 0.4 厘米（图七一，1；图版一六五）。标本

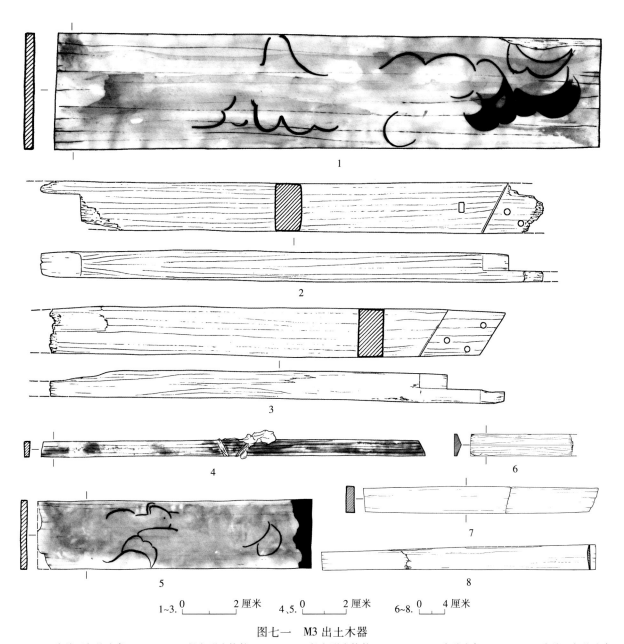

图七一 M3 出土木器

1. M3：102 朱绘云气纹木条 2. M3：120 长方形木构件 3. M3：138 长方形木构件 4. M3：87－3 朱砂木条 5. M3：122 朱绘云气纹木条
6. M3：137 凸脊木条 7. M3：49 厚型木条 8. M3：62 凸弧面木条

M3：122，一端齐平，一端残，正面用朱色绘涂作底，再用墨勾绘弧线状云气纹，一端头髹涂黑漆。长 12.8 厘米，宽 3.1 厘米，厚 0.3 厘米（图七一，5）。

厚型木条 1 件。M3：49，一端头齐平，一端头斜削，长 36.7 厘米，宽 4.05 厘米，厚 1.5 厘米（图七一，7；图版一六六）。

凸弧面木条 1 件。M3：62，两端齐平，似秦汉尺牍状，残断。长 43.6 厘米，宽 3.8 厘米，厚 0.45 厘米（图七一，8；图版一六七）。

凸脊木条 1 件。M3：137，一端磨蚀，一端残，正面中部凸脊，背面平整。残长 16 厘米，宽

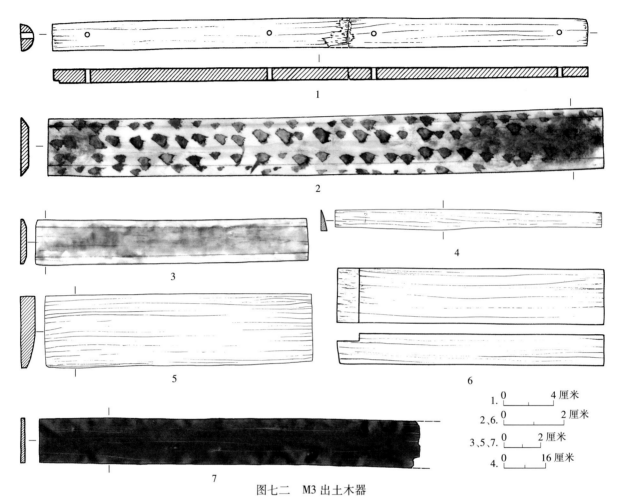

图七二　M3 出土木器

1. M3：157 半圆形木构件　2. M3：80 有棱木条　3. M3：126 有棱木条　4. M3：94 弧面三角形木条　5. M3：64 斜弧面木条　6. M3：36 长方形木条　7. M3：11 涂墨色木条

3. 25 厘米，厚 1. 15 厘米（图七一，6）。

斜弧面木条　1 件。M3：64，两端齐平，正面中上部斜削微弧，背面平整。长 14.9 厘米，宽 3.85 厘米，厚 0.85 厘米（图七二，5）。

弧面三角形木条　1 件。M3：94，两端齐平，一边沿微曲，正面呈斜面，背面平整。长 25.6 厘米，宽 1.9 厘米，厚 0.6 厘米（图七二，4；图版一六八）。

有棱木条　3 件。M3：80，两端头齐平，两边沿斜削成斜面有棱。正面用墨色、朱色相间点绘，背面平整。长 19 厘米，宽 2 厘米，厚 0.3 厘米（图七二，2）。M3：117，形状、大小、尺寸同前。M3：126，两端头齐平，两边沿斜削成斜面，有棱。正面用朱色涂绘。长 15.2 厘米，宽 2.4 厘米，厚 0.3 厘米（图七二，3；图版一六九）。

涂墨色木条　1 件。M3：11，一端齐平，一端残，正面涂绘墨黑色。残长 21.6 厘米，宽 2.5 厘米，厚 0.3 厘米（图七二，7）。

长方形木条　1 件。M3：36，两端齐平，一端切挖凹缺。长 9 厘米，宽 1.8 厘米，厚 1 厘米

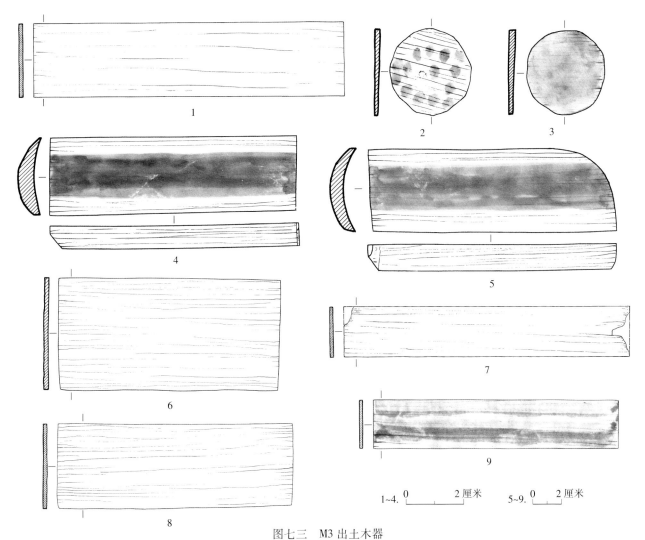

图七三 M3 出土木器

1. M3：42 长条形木片 2. M3：77 圆木片 3. M3：44 涂朱砂圆片 4. M3：129 筒瓦形木片 5. M3：130 筒瓦形木片 6. M3：39 长条形木片 7. M3：40 长条形木片 8. M3：53 长条形木片 9. M3：27 长条形木片

（图七二，6）。

半圆形木构件 2 件。M3：157，两端齐平，正面呈弧形，背面平整。一端有搭榫。正面有四个距离不等、直径 0.35 厘米的圆形穿孔，残断。长 44 厘米，宽 2.3 厘米，厚 1.1 厘米（图七二，1）。另一件形制、宽厚同前。长 39.2 厘米。

涂朱砂圆片 11 件。标本 M3：44，圆形，正面涂朱砂。直径 2.9 厘米，厚 0.25 厘米（图七三，3；图版一七〇）。

圆木片 14 件。标本 M3：77，圆形，正面用朱色点绘圆点。直径 2.9 厘米，厚 0.2 厘米（图七三，2；图版一七一）。

筒瓦形木片 7 件。标本 M3：129，一端齐平，一端斜削，剖面呈月牙形，凹面中部绘墨黑色。长 8.5 厘米，宽 2.6 厘米，厚 0.75 厘米（图七三，4）。M3：130，一端斜削，一端削角呈弧沿边

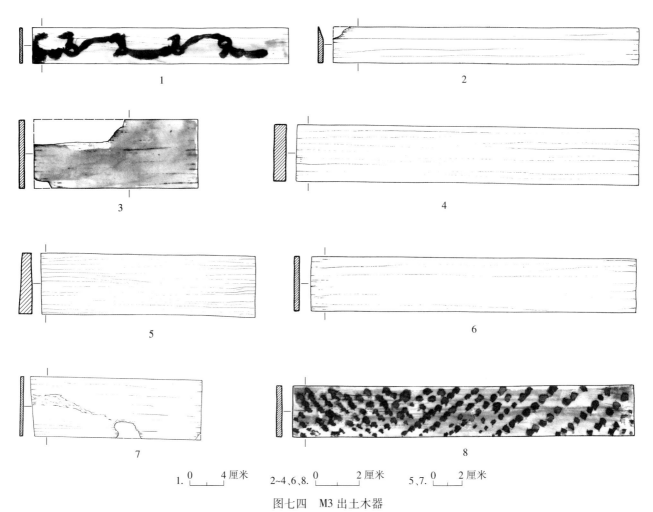

1. 0 ___ 4厘米   2~4、6、8. 0 ___ 2厘米   5、7. 0 ___ 2厘米

图七四　M3 出土木器

1. M3：70 长条形木片　2. M3：71 长条形木片　3. M3：72 长条形木片　4. M3：73 长条形木片　5. M3：75 长条形木片　6. M3：82 长条形木片　7. M3：83 长条形木片　8. M3：86 长条形木片

端，剖面为月牙形，凹面中部用墨黑色涂绘。长8.7厘米，宽2.8厘米，厚0.9厘米（图七三，5；图版一七二）。

长条形木片　13件。M3：39，两端齐平，正面凸凹不平。长15.2厘米，宽7.5厘米，厚0.3厘米（图七三，6）。M3：40，两端头略残，正、背面平整。长20厘米，宽3.4厘米，厚0.3厘米（图七三，7）。M3：42，两端头齐平，平整。长21.5厘米，宽5厘米，厚0.3厘米（图七三，1）。M3：53，两端头齐平，平整。长16.5厘米，宽5.8厘米，厚0.3厘米（图七三，8）。M3：67，两端头齐平，平整。正面涂绘朱色。长17厘米，宽3.2厘米，厚0.3厘米（图七三，9；图版一七三）。M3：70，两端头齐平，平整。正面涂绘朱色作底，再用墨黑色勾绘鸟形纹。长30厘米，宽4厘米，厚0.3厘米（图七四，1）。M3：71，一端头齐平，一端头略残，一边沿斜削呈斜面，平整。长14厘米，宽1.6厘米，厚0.4厘米（图七四，2）。M3：72，一端头齐平，一端头边沿残。正面涂绘朱色。长7.5厘米，宽3厘米，厚0.3厘米（图七四，3）。M3：73，两端端头齐平，正、背面平整。长16厘米，宽2.5厘米，厚0.6厘米（图七四，4）。M3：79，两端端头齐平，正、背面平

图七五　M3 出土木器

1. M3：93 大圭形木片　2. M3：159 大圭形木片　3. M3：58 大圭形木片　4. M3：65 小圭形木片　5. M3：179 小圭形木片　6. M3：76 小圭形木片　7. M3：136 小圭形木片

整。一边厚，一边薄，剖面呈梯形。长 15 厘米，宽 4.1 厘米，厚 0.6～0.9 厘米（图七四，5）。

M3：82，两端端头齐平，正、背面平整。长 15 厘米，宽 2.5 厘米，厚 0.3 厘米（图七四，6）。

M3：83，两端端头齐平，正、背面平整，一边沿残缺。长 12 厘米，宽 4 厘米，厚 0.3 厘米（图七四，7）。M3：86，两端端头齐平，正、背面平整，正面用朱色、墨黑色相间点绘斜向平行、大小有序的圆点。长 17 厘米，宽 2.5 厘米，厚 0.3 厘米（图七四，8）。

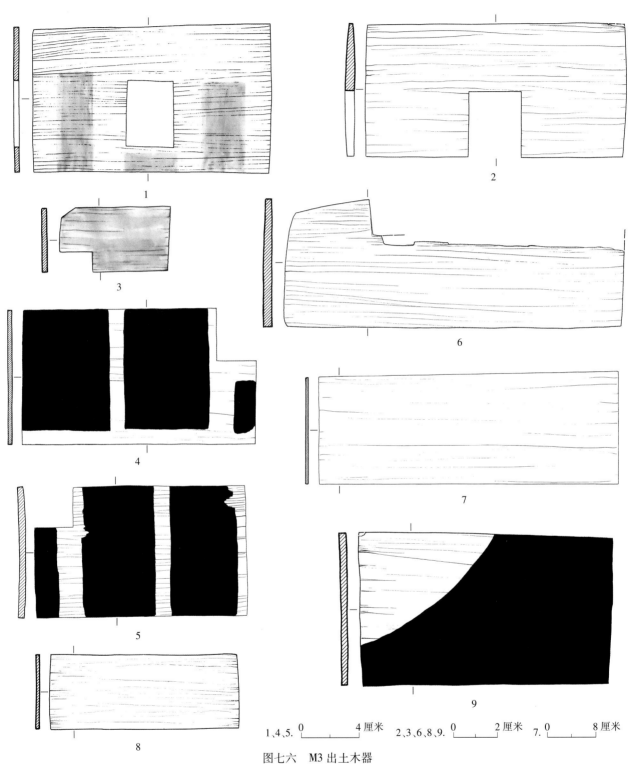

图七六　M3 出土木器

1. M3：167 长方孔木片　2. M3：54 凹缺口木片　3. M3：61 凹缺口木片　4. M3：158 凹缺口木片　5. M3：133 凹缺口木片　6. M3：144 凹缺口木片　7. M3：51 长方形木片　8. M3：52 长方形木片　9. M3：59 长方形木片

小圭形木片　4 件。M3：65，长方形，上端呈圭形。正面朱色绘二层"〵"纹。长 10.8 厘米，宽 6.15 厘米，厚 0.4 厘米（图七五，4；图版一七四）。M3：179，形制、纹饰同前，下沿略残。长

10 厘米，宽 6 厘米，厚 0.2 厘米（图七五，5）。M3：76，横长方形，上端呈圭形。正面所绘朱色纹饰多脱落。长 10.9 厘米，宽 8 厘米，厚 0.55 厘米（图七五，6；图版一七五）。M3：136，形制同前。长 11 厘米，宽 5.4 厘米，厚 0.4 厘米（图七五，7；图版一七六）。

大圭形木片　6 件。标本 M3：58，长方形，上端呈圭形。长 16.2 厘米，宽 9.6 厘米，厚 0.45 厘米（图七五，3；图版一七七）。标本 M3：93，形制同前，正面用朱色涂绘。长 20 厘米，宽 9.4 厘米，厚 0.3 厘米（图七五，1；图版一七八），M3：95、96、97，三件形制、尺寸与前述同。M3：159，形制同前，下端残损，正面涂绘朱色。长 26 厘米，宽 14.5 厘米，厚 0.4 厘米（图七五，2；图版一七九）。

长方孔木片　1 件。M3：167，长方形，正面涂绘朱色，中部有一长方孔。孔边长 4.4 厘米，宽 3.34 厘米。木片长 16.8 厘米，宽 10 厘米，厚 0.33 厘米（图七六，1；图版一八〇）。

图七七　M3 出土木器

1. M3：154 窄长条形木板　2. M3：46 窄长条形木板　3. M3：75 长方形木片　4. M3：162 长方形木片　5. M3：170 长方形木片　6. M3：55 窄长条形木板　7. M3：105 长方形木片　8. M3：104 长方形木片　9. M3：74 长方形木片

凹缺口木片 5 件。M3：54，木质。长方形，边沿有凹缺。长 12 厘米，宽 6 厘米，高 0.4 厘米（图七六，2；图版一八一）。M3：61，一端头齐平，一端头削角带凹缺。长 5 厘米，宽 2.8 厘米，厚 0.3 厘米（图七六，3）。M3：158，一端头齐平，一端头削角带凹缺。正面用墨黑色涂绘呈平行宽带状纹。长 16.7 厘米，宽 9.25 厘米，厚 0.3 厘米（图七六，4；图版一八二）。M3：133，形制同前。长 14.9 厘米，宽 8.9 厘米，厚 0.4 厘米（图七六，5；图版一八三）。M3：144，一端头完整，一端头残缺，上沿凹缺处残。长 15.7 厘米，宽 5.8 厘米，厚 0.4 厘米（图七六，6）。

长方形木片 9 件。M3：51，两端齐平。两面平整。长 49 厘米，宽 17 厘米，厚 0.4 厘米（图七六，7）。M3：52，两端齐平。两面平整。长 8.75 厘米，宽 3.3 厘米，厚 0.15 厘米（图七六，8）。

M3：59，两端齐平。两面平整。正面涂绘墨黑色。长 12 厘米，宽 7 厘米，厚 0.3 厘米（图七六，9）。M3：74，一端头齐平，一端头残，两面平整。残长 23 厘米，宽 9 厘米，厚 0.6 厘米（图七七，9）。M3：75，两端齐平，呈条状。正面用墨黑涂绘呈平行宽带状纹。长 23 厘米，宽 3 厘米，厚 0.4 厘米（图七七，3）。M3：104，两端齐平，两面平整，上沿有残缺。长 13 厘米，宽 7 厘米，厚 0.3 厘米（图七七，8）。M3：105，两端齐平。两面平整。下边沿图绘朱色。长 16.8 厘米，宽 9.4 厘米，厚 0.5 厘米（图七七，7）。M3：162，一端头齐平，一端头上沿略残，端下沿挖有月牙形缺口，两面平整。长 12.95 厘米，宽 3.3 厘米，厚 0.4 厘米（图七七，4）。M3：170，一端头齐平，一端头残角，两面平整。长 19.1 厘米，宽 7.3 厘米，厚 0.3 厘米（图七七，5）。

窄长条形木板 3 件。M3：46，一端头齐平，一端头残角，两面平整。长 22.5 厘米，宽 9 厘米，厚 0.4 厘米（图七七，2）。M3：55，两端头齐平，两面平滑。正面用墨黑色涂绘呈平行宽带状纹。长 36.9 厘米，宽 8.85 厘米，厚 0.5 厘米（图七七，6；图版一八四）。M3：154，形制同前。长 50.6 厘米，宽 9.6 厘米，厚 0.45 厘米（图七七，1；图版一八五）。

大方形木片 4 件。标本 M3：57，近方形，残。正面用朱色绘线条几何纹图案。边长 8.8 厘米，残宽 4.7 厘米，厚 0.4 厘米（图七八，1）。标本 M3：84，近方形，正面中部绘涂朱。长 16.6 厘米，宽 14.5 厘米，厚 0.6 厘米（图七八，2；图版一八六）。标本 M3：186，形制、尺寸同前（图版一八七）。

交叉线圆圈纹木片 2 件。M3：2，长方、条形，正面用朱色绘涂呈倒“凹”字形，中部用墨黑色涂底，并在黑色底上绘朱色交叉线、圆圈纹。长 11.6 厘米，宽 4 厘米，厚 0.2 厘米（图七八，4）。M3：4，形制、纹饰同前。长 11.6 厘米，宽 4.4 厘米，厚 0.2 厘米（图七八，5；图版一八八）。

彩绘长方形木片 1 件。M3：60，长方形。两面三边用墨黑色勾绘边框，在再墨黑色边框上用朱色勾绘似“S”的波折纹，在边框内用墨色绘对角线，并在对角线上点绘朱色彩点，同时围绕对角线的交叉点四周绘朱色弧线并在上方和右方间绘墨黑色弧线。长 15.35 厘米，宽 8.4 厘米，厚 0.65 厘米（图七八，3；图版一八九）。

图七八 M3 出土木器

1. M3：57 大方形木片　2. M3：84 大方形木片　3. M3：60 彩绘长方形木片　4. M3：2 交叉线圆圈纹木片　5. M3：4 交叉线圆圈纹木片
6. M3：35 小长方形木片　7. M3：127 小长方形木片　8. M3：69 小长方形木片

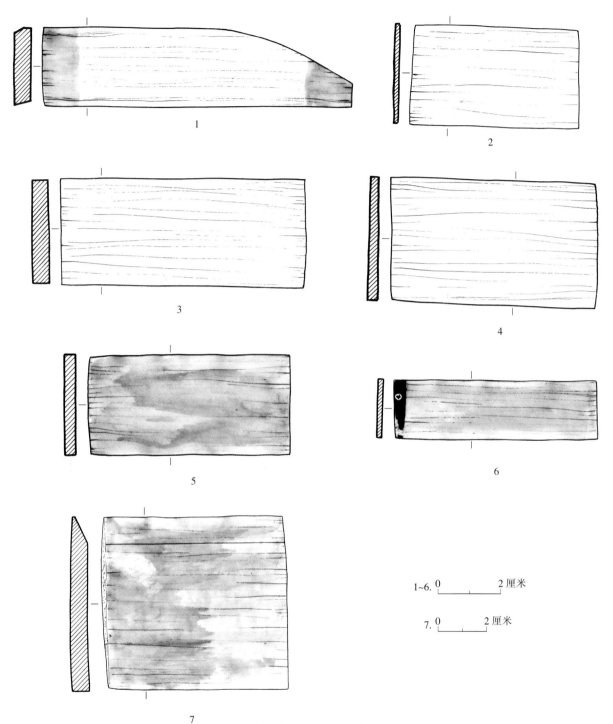

图七九　M3 出土木器

1. M3：140 小长方形木片　2. M3：163 小长方形木片　3. M3：141 小长方形木片　4. M3：149 小长方形木片　5. M3：173 小长方形木片
6. M3：174 小长方形木片　7. M3：48 小长方形木片

　　小长方形木片　15 件。标本 M3：35，两端齐平，两面平整，正面涂朱色。长 1.2 厘米，宽 4.7 厘米，厚 0.3 厘米（图七八，6；图版一九〇）。标本 M3：69，两端齐平，两面平整。长 8.1 厘米，宽 4.2 厘米，厚 0.3 厘米（图七八，8）。M3：127，正面涂绘朱色。长 4.7 厘米，宽 1.4 厘米，厚

图八〇 M3 出土木器

1. M3：45 小方形木片 2. M3：66 小方形木片 3. M3：21 小木块 4. M3：81 小方形木片 5. M3：150 小方形木片 6. M3：22 小木块
7. M3：68 小方形木片 8. M3：147 小木块 9. M3：148 小木块

0.55 厘米（图七八，7）。M3：140，一端头齐平，一端上沿斜削成斜弧沿，两端正面涂绘朱色。长9.9 厘米，宽 2.4 厘米，厚 0.5 厘米（图七九，1）。标本 M3：141，两端齐平，两面平整。长 7.9厘米，宽 3.3 厘米，厚 0.55 厘米（图七九，3）。M3：149，形制同前。长 6.7 厘米，宽 3.9 厘米，厚 0.3 厘米（图七九，4）。M3：163，形制同前。长 5.4 厘米，宽 3.15 厘米，厚 0.2 厘米（图七九，2）。标本 M3：173，两端齐平，两面平整。正面涂朱色。长 6.6 厘米，宽 3.15 厘米，厚 0.4 厘米。与此件形制，尺寸间基本相同的还有四件，此略（图七九，5）。标本 M3：174，形制同前。长

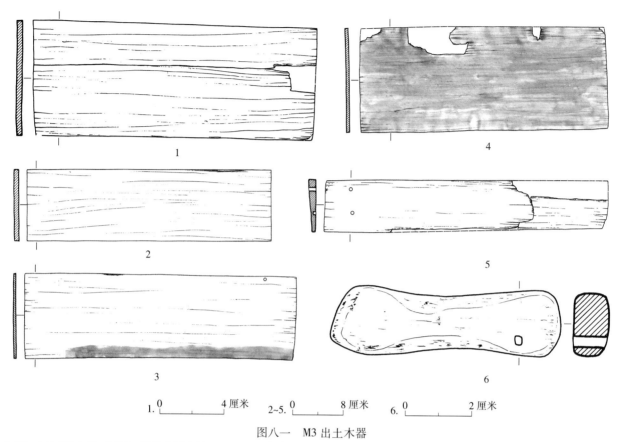

图八一　M3 出土木器

1. M3：6 长方形木板　2. M3：25 长方形木板　3. M3：155 长方形木板　4. M3：63 长方形木板　5. M3：9 厚型木板　6. M3：142 骨节状木条

6.55 厘米，宽 1.99 厘米，厚 0.2 厘米（图七九，6）。标本 M3：48，形制同前，上边沿斜削呈斜面边，正面涂朱色。长 7.8 厘米，宽 7 厘米，厚 0.74 厘米。另有两件同此，略（图七九，7；图版一九一）。

　　小方形木片　9 件。标本 M3：45，近似方形，正面涂朱色。长 4.85 厘米，宽 3.9 厘米，厚 0.3 里（图八〇，1）。标本 M3：66，形制同前，正面涂朱色。长 5.2 厘米，宽 4.6 厘米，厚 0.5 厘米（图八〇，2）。标本 M3：68，形制同前。长 7 厘米，宽 6 厘米，厚 0.3 厘米（图八〇，7）。标本 M3：81，形制同前。正面涂朱色。长 5.4 厘米，宽 4.5 厘米，厚 0.5 厘米（图八〇，4；图版一九二）。另有 2 件与此同。标本 M3：150，正面残留涂朱。长 3.6 厘米，宽 3.1 厘米，厚 0.4 厘米（图八〇，5）。另有 2 件同此。

　　小木块　4 件。M3：21，近似方形，上沿有搭榫。长 3.6 厘米，宽 3 厘米，厚 1.3 厘米（图八〇，3）。M3：22，形制同前，无搭榫。长 3.9 厘米，宽 3.6 厘米，厚 1.55 厘米（图八〇，6；图版一九三）。M3：147，长方形，上沿切削呈凹弧形。长 2.82 厘米，宽 2 厘米，厚 1.35 厘米（图八〇，8）。M3：148，长方形。长 2.75 厘米，宽 1.8 厘米，厚 1.25 厘米（图八〇，9；图版一九四）。

　　长方形木板　6 件。标本 M3：6，两端齐平，一端头略有残缺。长 17.9 厘米，宽 7 厘米，厚

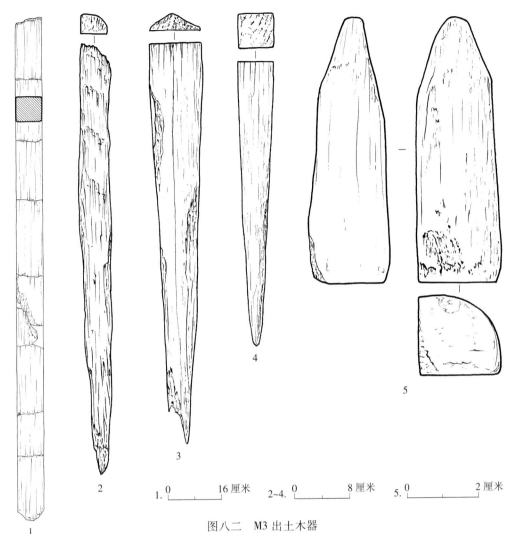

图八二　M3 出土木器

1. M3：98 棺垫木　2. M3：177 木桩　3. M3：175 木桩　4. M3：176 木桩　5. M3：128 木楔子

0.4 厘米（图八一，1）。标本 M3：25，形制同前。长 39 厘米，宽 11 厘米，厚 0.8 厘米。另一件形制大小同前，略（图八一，2）。标本 M3：63，上边沿残损，正面用朱色绘涂。长 39.9 厘米，宽 16.4 厘米，厚 0.5 厘米（图八一，4；图版一九五）。另一件下边沿残损，形制、长、厚同前。宽 16 厘米。标本 M3：155，两端齐平，下边沿绘涂墨黑色，右上边沿附近有一直径 0.3 厘米的圆孔。长 43.5 厘米，宽 13 厘米，厚 0.5 厘米（图八一，3；图版一九六）。

厚型木板　2 件。M3：9，一端头齐平，一端上沿残，上厚下薄，剖面呈倒梯形，左端有上下两个直径 0.5 厘米的圆孔。长 44.5 厘米，宽 7.9 厘米，厚 1.2 厘米（图八一，5；图版一九七）。M3：185，两端齐平，左上端边残，下边沿两端附近各有一直径 0.5 厘米圆孔一个。长 46.7 厘米，宽 26.4 厘米，厚 1.2 厘米（图版一九八）。

骨节状木条　1 件。M3：142，剖面呈抹角长方形，中部束腰两端似骨关节，一端有一直径 0.15 厘米圆形穿孔。长 6.85 厘米，宽 2 厘米，厚 1.1 厘米（图八一，6）。

木楔子　2件。M3：128，上大下小，上端平面呈四分之一圆形锥状体，下端削成圆尖锥状。上沿残存有黑漆痕。长7.1厘米，宽2.3厘米，厚2.2厘米（图八二，5）。另一件形制同前，长5.57厘米（图版一九九）。

棺垫木　1件。M3：98，垫于棺木之下，残断为数节。用圆形树干修削呈近似方形枕木垫于棺下。长145厘米，宽8厘米，厚7.5厘米（图八二，1；图版二〇〇）。

木桩　3件。M3：175，上大下小，呈三角形尖锥状。上端平面为三角形，往下渐次削减成锥尖。长44厘米，边宽4.4厘米（图八二，3）。M3：176，方形锥状，上端平面方形，往下渐次削尖。长39厘米，边宽5.2厘米（图八二，4）。M3：177，上端平面呈不规则方形，往下渐次削尖。长59.5厘米，边宽7.6厘米（图八二，2；图版二〇一）。

以上木器中大量木片、木板、轴头、纺轮形器、木棍、木条、木门、门栓斗等残件似为木车模型零部构件的可能性较大。

5. 其他物品4件。

水稻米　11克。M3：187，出土于木棺内淤泥，经水洗筛选出，有的带壳或去壳，重量为去掉水分晒干后重量（图版二〇二）。

高粱籽　75克。M3：189，出土于木棺内淤泥，经水洗筛选出，重量为去掉水分晒干后重量（图版二〇三）。

木炭　27克。M3：188。出土于木棺内淤泥，经水洗筛选出，重量为去掉水分晒干后重量（图版二〇四）。

人牙碎屑　M3：190。出土于木棺内淤泥，经水洗筛选出，主要是釉质齿冠，当是墓主遗体腐朽后仅存的遗骸碎屑（图版二〇五）。

四号墓葬（M4）

一　墓葬形制

M4位于墓地的东端南部，墓圹北边距M58.1米，西距M6、M721米。墓向260°。发掘清理时墓圹上约2.6米厚，墓圹填土已被施工单位挖去。

（一）墓圹与填土

1. 墓圹

墓圹呈长方形，墓圹四壁竖直。墓口（残）东西长4.06米，南北宽1.8米，墓口（残）至椁箱顶板处深2.66米，墓口至墓圹底深3.18米。

2. 填土

坑内填土为褐色黏土，土质细密、紧实。填土内无其他包含物。清理墓圹填土时，墓圹壁与填

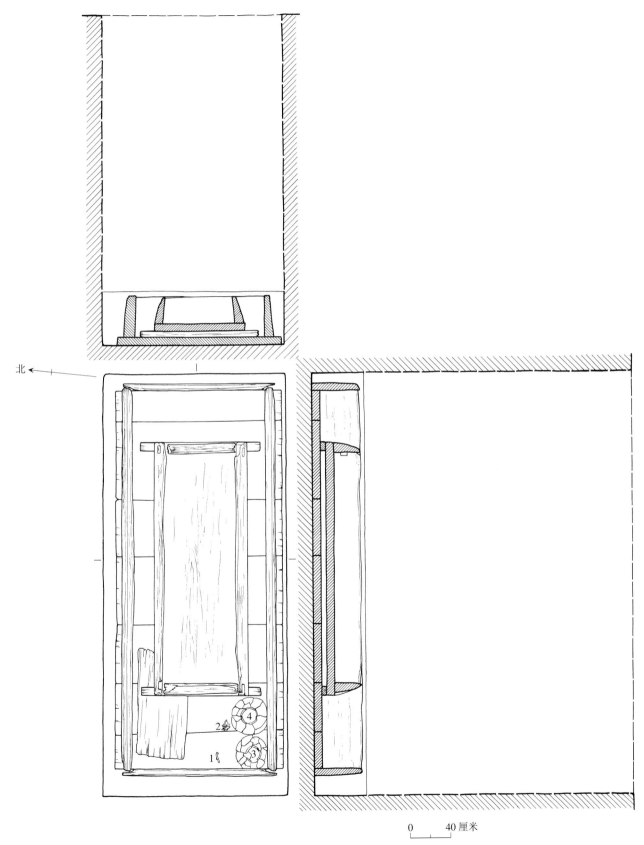

北 ←

0 ——— 40厘米

图八三　M4 土坑木椁墓平面、剖面及器物位置图
1. 错银铜带钩　2. 陶豆　3. 溜肩陶罐　4. 广肩陶罐

土能自然分开剥离。墓圹内近椁箱板填白（青）色膏泥，厚0.06米，其下是木椁。墓圹四壁与椁箱顶、壁板铺填白（青）色膏泥，是为达到防潮、防水、密闭、保护的目的（图八三）。

（二）葬具

1. 木椁

木椁顶部盖板坍塌与朽坏，不清楚椁箱顶板使用数和尺寸规格，椁箱东、西端箱板分别各用一块木板。箱端板长1.52米，高均是0.5米，厚0.06米（图八四、八五）。椁箱南、北边各用一块板，边板长3.66米，高0.5米，厚0.06米，箱底使用底板7块，长1.6~1.7米之间，宽0.28~0.75米之间，厚0.08米。据此可知椁箱外椁长3.74米，宽1.54米，残高不低于0.5米，椁箱内壁净空残长3.62米，宽1.33米，高0.38米。

椁箱是在墓圹挖成后，先把东、西两端挡板放入墓圹后，嵌入平铺椁箱底板，再把南、北两边箱板沿箱端挡板凹槽挤压下去形成椁箱体。在墓圹壁与木椁之间形成的缝隙中填充白（青）色膏泥以达到封护箱体的目的。待椁内放妥木棺、随葬器物后，盖上椁箱顶板铺上桦树皮后覆盖一层0.02~0.06米厚的膏泥，一椁一棺一足箱的墓室即成。

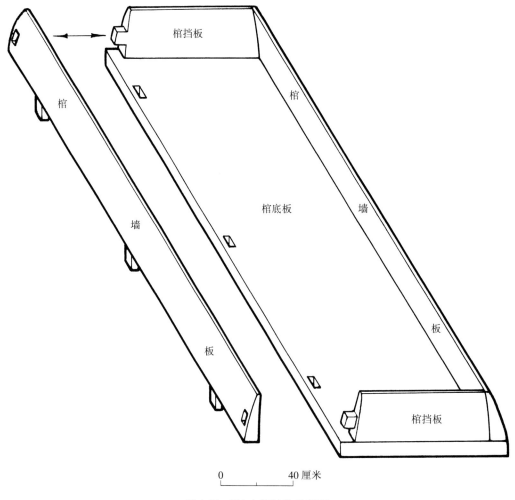

图八四　M4 木棺结构分解图

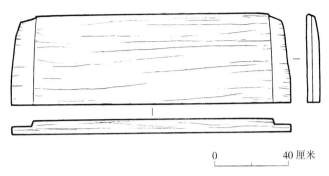

0　　　　　　　40 厘米

图八五　M4 木椁东侧挡板

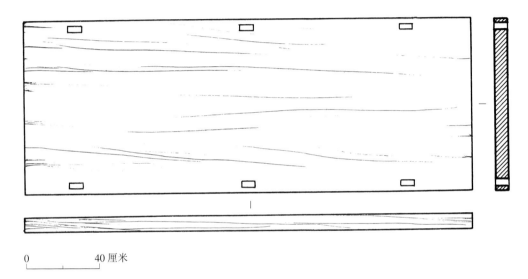

0　　　　40 厘米

图八六　M4 木棺底板

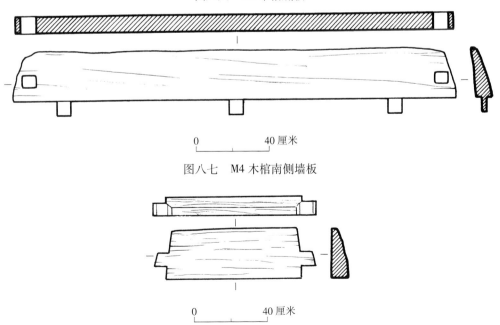

0　　　　40 厘米

图八七　M4 木棺南侧墙板

0　　　　40 厘米

图八八　M4 木棺东侧挡板

在木椁箱体内由东往西利用木棺端头与椁箱西端间空间作为足箱，存放很少的随葬物。

2. 木棺

M4 的木棺盖，从这墓的形制、规模、极少的随葬器物和木椁保存的高度观察，墓主生前并不富裕，有可能没有使用木棺盖，利用椁箱盖板直接封闭椁箱与木棺。木棺底板用一整块木板制成，底板下近两端处垫有枕木。底板南北两边沿附近分别对称凿出三个长方形穿孔，孔长 0.08 米，宽 0.03 米，深 0.08 米。木棺两棺边分别对应制作出与孔径略小的凸榫以便插入棺底板，使棺边板固定。在制作南、北二棺边板时在其两端附近分别凿出二扁方形穿孔，孔长 0.08 米，宽 0.06 米，深 0.08 米。木棺两端挡头分别对应制作出与穿孔尺寸相对应的凸榫，以便穿斗拼接时固定。木棺口小底大，底长 2.44 米，宽 0.92 米，高 0.28 米（图八六～八八；图版二〇六～二〇八）。

（三）葬式

在清理椁箱与木棺内的堆积时没有发现有墓主人遗骸的残存痕迹，但从木棺墓保存状况和随葬物置放的位置等墓葬现象观察，推测墓主人的葬式似为仰身直肢葬。

二 随葬器物分布

M4 墓葬规模不大，随葬器物主要分布在足箱内。

三 随葬器物

墓葬出土随葬器物置放于头箱，没有被盗，主要有陶、铜器 4 件。

1. 陶器

3 件。有广肩陶罐、溜肩陶罐和陶豆。

广肩陶罐　1 件。M4∶4，夹砂灰褐陶。尖圆唇，斜平沿，直口，束颈，斜弧腹下收，平底。器表施黑陶衣。唇沿外有一周凹弦纹，上腹部饰三周凹弦纹，间施拍印细绳纹装饰。口径 17.25 厘米，腹径 34.2 厘米，底径 16.5 厘米，高 26.1 厘米（图八九，1、2；图版二〇九）。

溜肩陶罐　1 件。M4∶3，泥质橙红陶。方唇，直口，广肩，鼓腹下收，平底。器表施灰黑色陶衣，饰拍印细绳纹（图八九，3、4）。口径 14.1 厘米，腹径 30.9 厘米，高 7.6 厘米（图版二一〇）。

陶豆　1 件。M4∶2，夹砂灰陶。方圆唇，敛口，浅腹，圜平底，圈足。口沿外饰一周凹弦纹。口径 13.9 厘米，足径 5.4 厘米，高 5 厘米（图八九，5；图版二一一）。

2. 铜器

1 件。错银铜带钩　1 件。M4∶1，兽首钩头，瞠目竖耳，正面用银丝、箔嵌错成交叉圆圈状漩涡纹装饰。弓形，背面中部有圆柱形纽状鎏。长 9.1 厘米（图八九，6；图版二一二）。

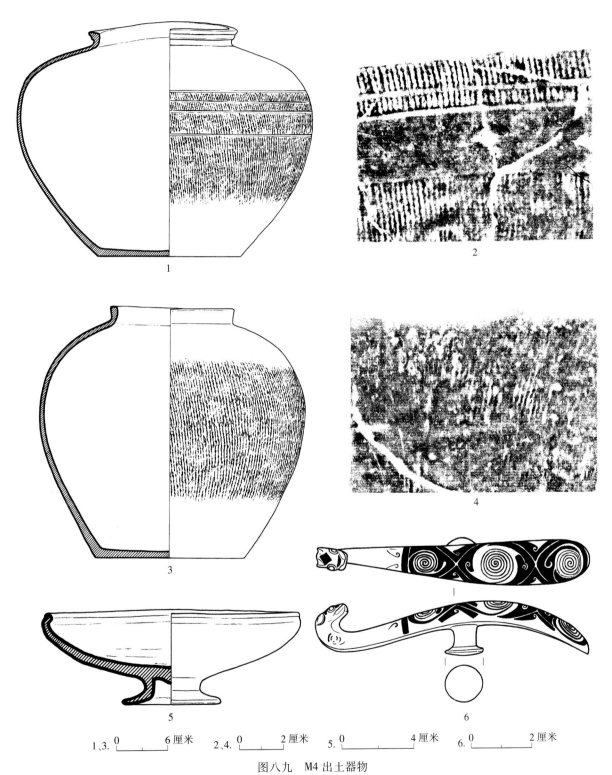

1、3. 0 ———— 6厘米　2、4. 0 ———— 2厘米　5. 0 ———— 4厘米　6. 0 ———— 2厘米

图八九　M4 出土器物

1. M4：4 广肩陶罐　2. M4：4 广肩陶罐纹饰拓片　3. M4：3 溜肩陶罐　4. M4：3 溜肩陶罐纹饰拓片　5. M4：2 陶豆　6. M4：1 错银铜带钩

五号墓葬（M5）

M5 位于墓地中部北沿偏东，墓圹东边距 M2 墓圹西边 5.3 米，墓葬东南角距 M4 墓圹西北角 12.4 米。墓向 0°。发掘清理时墓圹上的耕土层已被施工单位挖去。

一 墓葬形制

（一）墓圹与填土

1. 墓圹

墓圹呈长方形，墓圹四壁竖直，墓葬呈南北向。墓口南北长 5.24 米，东西宽 2.98 米，墓圹西边有生土二层台，南、北、东壁有熟土二层台，南、北壁熟土二层台较宽，在 0.38 ~ 0.44 米处，东壁熟土二层台较窄，在 0.1 米处，熟土二层台高 0.92 米；西边生土二层台宽 0.28 米，高 1.56 米。墓口至生土二层台深 3.3 米，墓口椁箱顶板处深 3.46 米，墓口至墓圹底深 5 米（图九○）。

2. 填土

墓坑内填土质地细密，紧实。土色为褐色黏土，黏土杂有细碎的岩石碎削，少量卵石、石块，土色不纯、杂花。填土内无其他包含物。清理墓圹填土时，墓圹壁与填土能自然分开剥离。墓圹内近椁箱板填白（青）色膏泥，厚 0.06 米，其下是铺在椁顶盖板上的竹编席。墓圹四壁与椁箱顶、壁板铺填白（青）色膏泥，是为已达到防潮、防水、密闭、保护的目的。

（二）葬具

1. 木椁

木椁顶部盖板朽坏坍塌，四周壁板保存基本完好。不清楚椁箱顶板尺寸，四周壁板使用共用八块木板，每边上下拼接，南北边长 4.26 米，高 1 米，厚 0.1 米。东西宽 2.48 米，高 1 米，厚 0.16 米。箱底使用木板 7 块，长 2.67 米，宽 0.75 ~ 0.8 米，厚 0.17 米（图版二一三 ~ 二二五）。

椁箱是在墓圹挖成后，先在坑底纵向、平行放置二根长 5.12 米，宽 0.12 米，高 0.16 米的长条形木做地梁，地梁间距 1.1 米，再在上面平铺椁箱底板，使椁箱悬空，起到防湿隔潮的作用。把椁箱底板平铺后，先安装南北两端边箱板，再嵌入东西两边壁板形成椁箱体，并在墓圹的东、南、北三面墓圹壁与木椁之间形成的缝隙中填充白（青）色膏泥和填土形成熟土二层台，以达到封护箱体的目的。

边箱位于木棺西侧，在椁箱西部。在椁室西部紧靠木棺西边处置放南北向长方形地梁一根，地梁北端头直抵椁箱北壁。地梁长 3.36 米，宽 0.30 米，高 0.14 米，由于边箱地梁长度不足，在地梁北端 3.14 米处使用燕尾榫卯结构扣合搭接一段 0.22 米长的木方形成地梁。在地梁上放置二根下大上小圆木作边箱的支撑柱，柱径 0.2 ~ 0.22 米。清理过程中发现，椁箱盖板、边箱立柱、木棺盖已有塌陷、移位、损毁，特别是边箱内放置随葬品的位置基本没有随葬物品出土，因此，可以断定

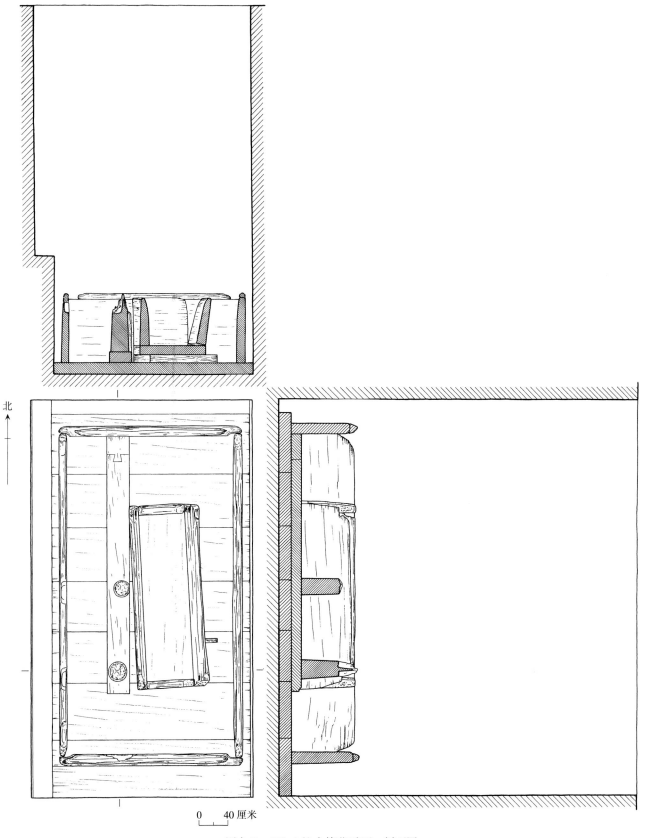

0   40厘米

图九〇 M5 土坑木椁墓平面、剖面图

北

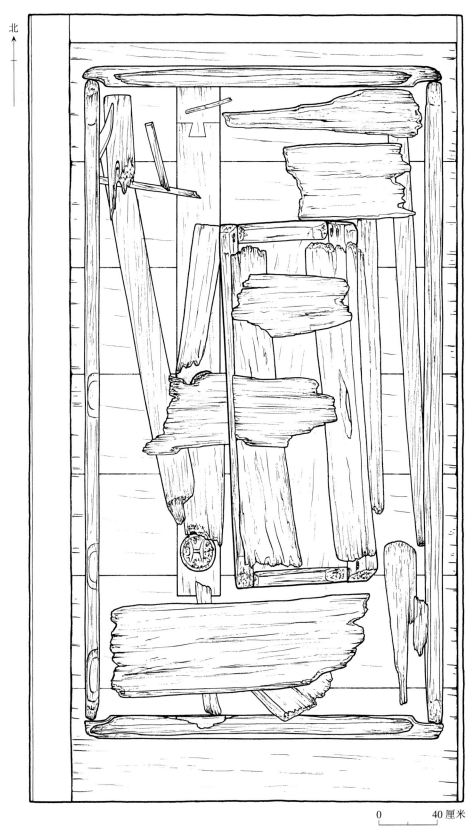

0　　　　40厘米

图九一　M5 土坑木椁墓平面图

北

0 ——— 40厘米

图九二 M5 土坑木椁墓平面及器物位置图1

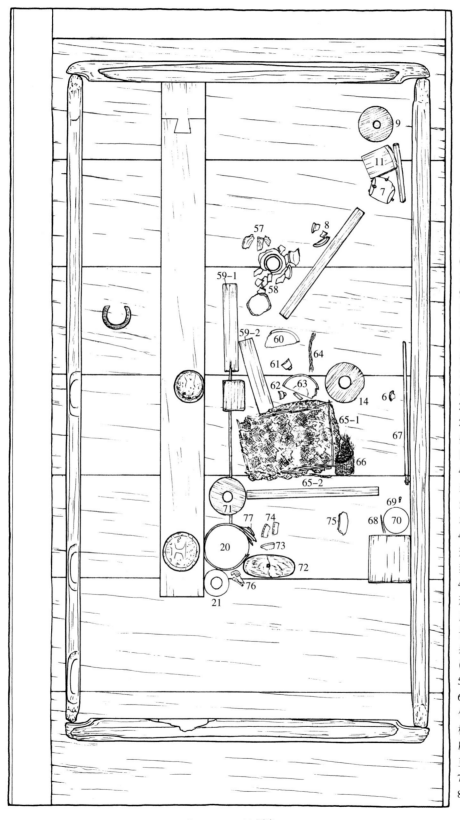

北

图九三　M5 土坑木椁
墓平面及器物位置图2
1. 折肩陶罐　2. 束颈陶罐
3. 铜盘　4. 铜釜　5. 铜钫
6. 漆杯（卮）7. 漆樽　8、
16、57、60、63、77. 漆盘
9、14、22、71. 木璧　10.
漆圆盒底　11. 木臼形器
12、18、20、23. 漆圆盒
13、73、74. 漆耳杯　15.
铜蒜头壶　18-1、18-2、
18-3. 钱币　17、19. 鼓
腹陶罐　21、70. 漆圆盒盖
24. 陶瓮　25. 构树编织物
26. 陶釜　27、30、31. 陶
壶　28、29. 陶壶底　32.
陶甑　33、34. 木马　35、
47、56. 车轮形器　36. 大
圭形木片　37、43. 弧面三
角形木条　38. 弧面长条形
木片　39、42. 有棱木条
40. 木门　41、53. 小长方
形木板　44-1、44-2. 厚
型木板　45. 宽长条形木板
46. 长圆形木棍　48. 木圆
形饰片　49. 薄梯形长条木
片　50. 凸弧面木条　52.
长条形木片　51. 微斜面木
条　54、55. 长方形木条
（棍）　58. 漆壶　59-1、
59-2. 带纹饰长条木片
61、62. 铜铃　64、65-2.
竹绳　65-1. 竹筒　66.
棕鞋　67. 铁剑　68. 竹签
刷　69. 银环首柄　72. 俎
豆　75. 漆圆盒　76. 马头
78. 粮食　79. 果核碎屑
80. 人牙碎屑

0　　　40 厘米

这墓早年已经被盗。待椁室边箱内放妥随葬器物和木棺后，盖上椁箱顶板铺上竹编席后覆盖一层0.04 米厚的膏泥，一椁一边箱一棺的墓室即成（图九一～九三）。

2. 木棺

M5 因早年被盗，墓内木棺棺盖已经损坏，其盖板的大小、尺寸不明。木棺底板用一整块木板制成，底板下近两端处垫有枕木。木棺底板榫孔数与孔径的尺寸，参考 M4 内木棺底板上孔的数量与规格，其棺底板上榫孔的数量与榫孔的尺寸可能相当，底板南北两边沿附近应似分别对称凿出三个长方形穿孔，孔长 0.08 米，宽 0.03 米，深 0.08 米。木棺两棺边分别对应制作出与孔径略小的凸榫以便插入棺底板使棺边板固定，在制作南、北二棺边板时在其两端附近分别凿出一长方形穿孔，孔长 0.12 米，宽 0.07 米，深 0.12 米。木棺两端挡头分别对应制作出与穿孔尺寸相对应的凸榫，以便穿斗拼接时固定。木棺口小底大，底长 2.46 米，宽 0.92 米，高 0.82 米（残）。木棺置放于椁室内中部偏东，棺下置垫枕木（图九四）。

（三）葬式

清理椁箱与木棺内的堆积时，墓主人遗骸的残存痕迹很少，残存很少的墓主牙齿齿冠碎屑，但从木棺墓保存状况和随葬物置放的位置等墓葬现象观察，推测墓主人的葬式似为仰身直肢葬。

二　随葬器物分布

M5 墓葬规模是本次发掘规模最大的，随葬器物主要分布本应在墓室木棺西边的边箱内，由于墓葬早年被盗，边箱内随葬品多数被盗，残存随葬品主要分布在墓室西南角和墓室南端，墓室西面偏北也有少量分布，少数物品漂移到木棺底部。

三　随葬器物

M5 是高山庙墓地本次发掘规模最大的一座土坑竖穴木椁墓，墓葬虽然早年曾经被盗，但墓葬出土随葬器物（除未曾被盗的 M3）相比较其他墓葬出土器物种类、数量较多，主要有陶器、铜器、铁器、银器、漆器、木器、竹编器等，尤以出土漆木器数量居多数。陶器 12 件。包括陶甑、陶釜、鼓腹陶罐、折肩陶罐、束颈陶罐、陶壶、陶瓮、陶壶底。铜器 6 件，银器 1 件，铁器 1 件，漆器 20件，木器 37 件，竹制品 9 件，棕编物 1 双（2 件）。

1. 陶器

12 件。陶甑 1 件、陶釜 1 件、鼓腹陶罐 2 件、折肩陶罐 1 件、束颈陶罐 1 件、陶壶 3 件、陶壶底 2 件、陶瓮 1 件，陶瓮上的树皮编织残留物。

陶甑　1 件。M5∶32，泥质灰陶，尖圆唇，平折沿，直口外撇，折腹下收，平底，底有直径1.2 厘米圆孔 11 个。器内、外壁施黑色陶衣，多有磨蚀。口径 25.3 厘米，腹径 23.2 厘米，高 13.8

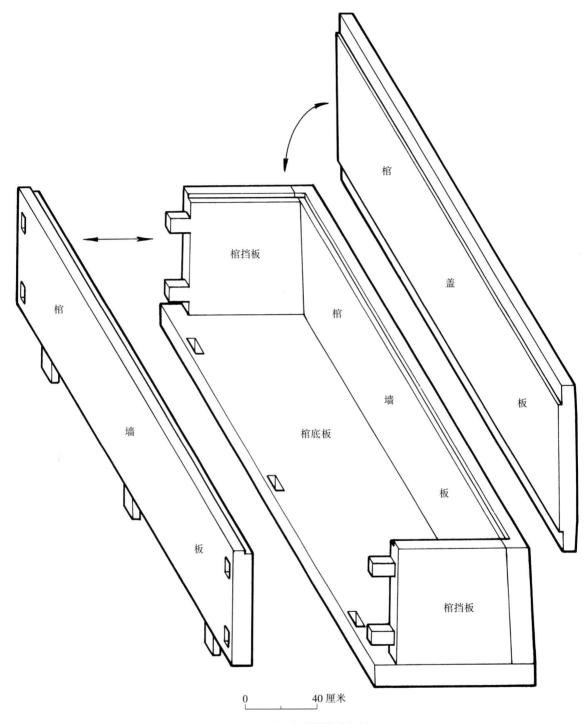

0   40厘米

图九四　M5木棺结构分解图

厘米（图九五，7；图版二二六）。

　　陶釜　1件。M5：26，泥质灰陶。方唇，直口，有颈，溜肩，圜平底。器表施黑色陶衣，饰拍印绳纹。口径14.1厘米，腹径21厘米，高15.8厘米（图九五，3、4；图版二二七）。

　　鼓腹陶罐　2件。M5：17，夹砂灰陶。圆唇，侈口，束颈，圜底。肩以下施拍印绳纹。口径

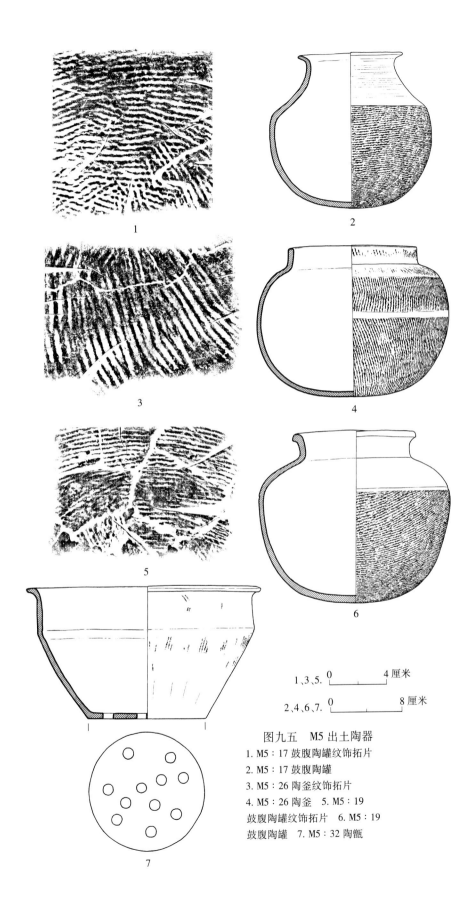

图九五 M5 出土陶器

1. M5：17 鼓腹陶罐纹饰拓片
2. M5：17 鼓腹陶罐
3. M5：26 陶釜纹饰拓片
4. M5：26 陶釜 5. M5：19
鼓腹陶罐纹饰拓片 6. M5：19
鼓腹陶罐 7. M5：32 陶甑

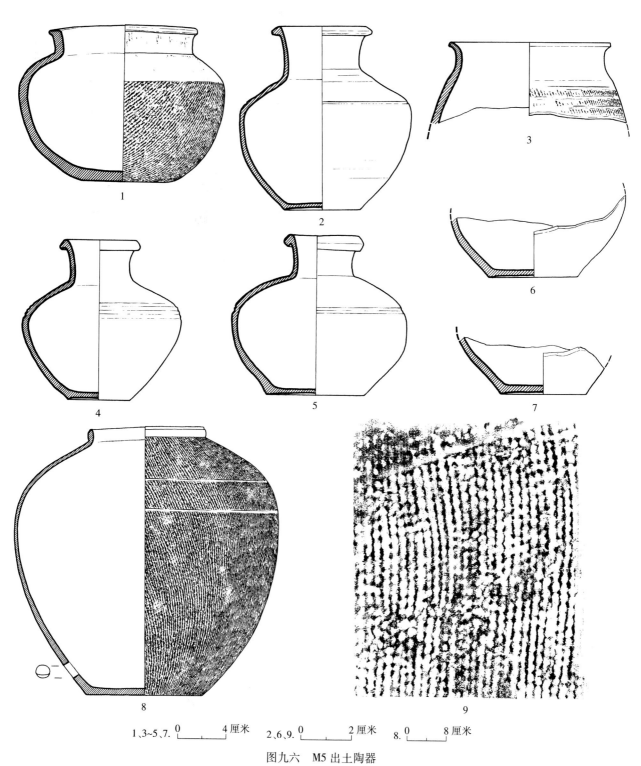

图九六　M5 出土陶器

1. M5：1 折肩陶罐　2. M5：27 陶壶　3. M5：2 束颈陶罐　4. M5：30 陶壶　5. M5：31 陶壶　6. M5：28 陶壶底　7. M5：29 陶壶底
8. M5：24 陶瓮　9. M5：24 陶瓮纹饰拓片

11.8 厘米，腹径 18.4 厘米，高 16.7 厘米（图九五，1、2；图版二二八）。M5：19，夹砂褐陶。方圆唇，沿外撇，口微侈，斜溜肩，圜底。器表施黑色陶衣，多脱落，饰拍印绳纹。口径 13.8 厘米，腹径 21.2 厘米，高 18.2 厘米（图九五，5、6）。

折肩陶罐　1 件。M5：1，泥质灰陶。尖圆唇，平沿，直口微外敞，弧腹下收，平底。器表施黑色陶衣，饰拍印斜向绳纹。口径 12.2 厘米，腹径 17 厘米，底径 6.4 厘米，高 12.8 厘米（图九六，1；图版二二九）。

束颈陶罐　1 件。M5：2，泥质灰陶。方唇，沿外翻。侈口，腹微鼓，残。口径 13.6 厘米（图九六，3）。

陶壶　3 件。M5：27，泥质灰陶。方尖唇，口微外侈，束颈，广肩，斜弧腹下收，底微凹。器表施盒身陶衣，多脱落。肩腹处有一周凹弦纹。口径 7.9 厘米，腹径 13.5 厘米，高 14 厘米（图九六，2）。M5：30，器形同前。器表施黑色陶衣，肩腹处有三周凹弦纹。口径 6.5 厘米，腹径 12.7 厘米，底径 5 厘米，高 12.3 厘米（图九六，4；图版二三〇）。M5：31，陶质同上。圆唇，卷沿，口微外侈，直颈，广肩，鼓腹下收，凹底。器表施黑色陶衣，脱落。肩腹处饰两周弦纹。口径 6.5 厘米，腹径 14.2 厘米，底径 7.9 厘米，高 12.5 厘米（图九六，5；图版二三一）。

陶壶底　2 件。M5：28，泥质灰黑陶。鼓腹下收，凹底。残。底径 7 厘米（图九六，6）。M5：29，泥质灰陶。形制同前。底径 6.8 厘米（图九六，7）。

陶瓮　1 件。M5：24，泥质黑陶。双唇，直口，广肩，鼓弧腹下收，平底。下附近底处有一直径 2.8 厘米圆流孔（图版二三二），口部略有变形，器表通体施拍印竖绳纹装饰。出土时在陶瓮外表用构树皮编织包裹残留物（图九六，8、9），推测是为防撞破损和保温有关。口径 23.6 厘米，腹径 54 厘米，高 53 厘米（图版二三三）。

2. 铜器

6 件。包括铜钫 1 件、铜蒜头壶 1 件、铜盘 1 件、铜釜 1 件、铜铃 2 件。

铜钫　1 件。M5：5，方口，鼓腹，横切面呈正方形，方圈足。肩腹处有一对称铺首衔环耳。口径 12.65 厘米，底径 15.2 厘米，通高 40.5 厘米（图九七，1；图版二三四）。

铜蒜头壶　1 件。M5：15，圆口作蒜头状，细长颈，颈部有一凸箍，扁鼓腹，平底，圈足。底部中心有一环耳，耳内穿系一棕编绳圈便于倒挂此壶，便于壶内物质清空。口径 3.4 厘米，腹径 23.5 厘米，底径 13.7 厘米，通高 37.4 厘米（图九七，2；图版二三五、二三六）。

铜盘　1 件。M5：3，平折沿，直口，浅直腹，下腹斜折收，圜平底。腹壁有一对称铺首衔环耳。口径 40.7 厘米，高 9.4 厘米（图九七，8；图版二三七）。

铜釜　1 件。M5：4，尖唇，斜折沿，侈口，束颈，鼓腹，圜底。肩腹处有一对称的大小不一的耳，大耳为辫索纹耳，小耳为圆形素面环耳。口径 12.1 厘米，腹径 17.6 厘米，高 13.6 厘米（图九七，7；图版二三八）。

铜铃　2 件。M5：61，像两个瓦片合在一起，上径小，下径大，纵径小，横径大，两角向下延伸，成尖角形。顶有扁环形的纽便于悬挂。铃身（征、鼓）饰四瓣花纹。高 6 厘米，长 7.2 厘米，宽 3.25 厘米（图九七，5、6；图版二三九）。M5：62，形制同前。高 5.2 厘米，长 5.4 厘米，宽 1.75 厘米。两件铜铃似仿纽钟形制（图九七，3、4；图版二四〇）。

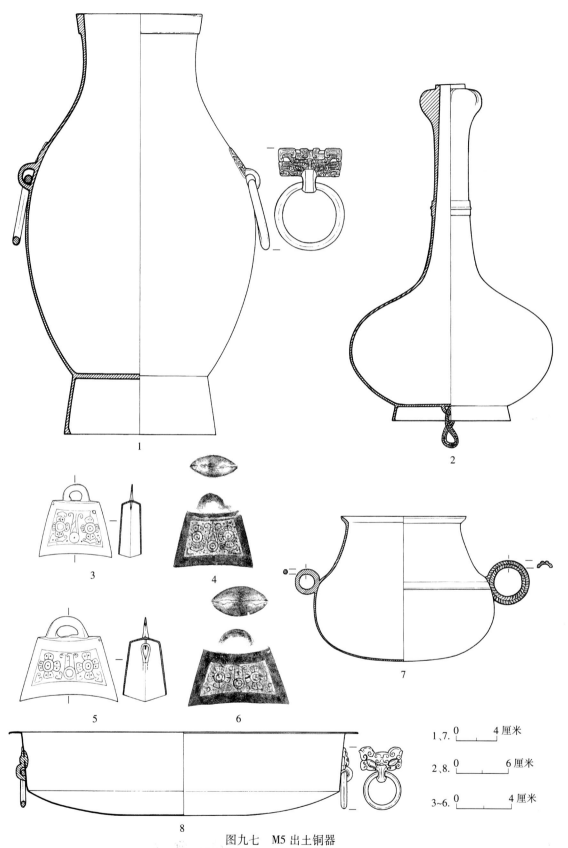

图九七　M5 出土铜器

1. M5：5 铜钫　2. M5：15 铜蒜头壶　3. M5：62 铜铃　4. M5：62 铜铃纹饰拓片　5. M5：61 铜铃　6. M5：61 铜铃纹饰拓片　7. M5：4 铜釜　8. M5：3 铜盘

3. 钱币

701 枚。出土时全部装在编号为 M5∶18 的漆圆盒内，俱为半两钱币。包括秦半两 375 枚，汉八铢半两 286 枚，汉四铢半两 40 枚。见《M5 出土半两钱统计表》。

表一 M5 出土半两钱统计表

半两钱（序号）	直径（厘米）	方穿边长（厘米）	币厚（厘米）	重量（克）	编号	备注
一 秦半两						
1	2.90	1.02	0.10	6.70	M5∶18-1（1）Aa	有铸流口
2	3.00	1.10	0.09	6.00	M5∶18-1（2）Aa	
3	3.01	1.01	0.19	16.90	M5∶18-1（3）Aa	厚重
4	2.95	1.00	0.18	11.20	M5∶18-1（4）Aa	厚重
5	2.80	0.85	0.15	10.02	M5∶18-1（5）Aa	有靡皮
6	2.80	1.08	0.09	6.00	M5∶18-1（6）Aa	
7	3.00	1.10	0.10	5.80	M5∶18-1（7）Aa	
8	2.50	1.09	0.08	3.10	M5∶18-1（8）Aa	轻薄有铸流口
9	2.60	0.88	0.11	8.00	M5∶18-1（9）Aa	
10	2.51	0.99	0.10	5.60	M5∶18-1（10）Aa	
11	2.60	0.79	0.11	6.30	M5∶18-1（11）Aa	
12	2.65	0.75	0.11	8.10	M5∶18-1（12）Ab	有靡皮铸流口
13	3.20	0.94	0.12	8.50	M5∶18-1（13）Ab	有铸流口
14	3.30	1.20	0.18	8.70	M5∶18-1（14）Ab	厚重有铸凸
15	2.69	0.90	0.11	5.00	M5∶18-1（15）Ab	
16	2.48	0.91	0.11	4.65	M5∶18-1（16）Ab	有铸流口
17	2.95	0.95	0.18	10.30	M5∶18-1（17）Ab	厚重
18	2.50	0.91	0.05	3.70	M5∶18-1（18）Ab	薄有二铸流口
19	2.50	0.90	0.11	5.20	M5∶18-1（19）Ab	有铸流口
20	3.10	1.10	0.11	6.00	M5∶18-1（20）Ba	有二铸流口
21	3.00	0.90	0.11	4.90	M5∶18-1（21）Ba	有铸流口
22	3.10	0.09	0.05	3.30	M5∶18-1（22）Ba	薄
23	3.20	0.96	0.10	5.40	M5∶18-1（23）Ba	
24	2.50	0.94	0.09	3.60	M5∶18-1（24）Ba	有二铸流口
25	3.10	0.89	0.10	5.90	M5∶18-1（25）Ba	有二铸流口
26	2.61	0.88	0.10	4.30	M5∶18-1（26）Ba	
27	2.41	0.94	0.08	2.10	M5∶18-1（27）Ba	轻薄

续表一

半两钱 （序号）	直　径 （厘米）	方穿边长 （厘米）	币　厚 （厘米）	重　量 （克）	编　号	备　注
28	2.50	0.82	0.11	5.58	M5：18－1（28）Ba	
29	2.50	0.80	0.09	3.10	M5：8－1（29）Ba	有铸流口
30	2.51	0.82	0.11	7.10	M5：18－1（30）Ba	有二铸流口
31	2.46	0.84	0.08	3.30	M5：18－1（31）Ba	有铸流口
32	2.46	0.85	0.11	6.00	M5：18－1（32）Ba	
33	2.50	0.90	0.10	3.50	M5：18－1（33）Ba	有二铸流口
34	2.40	0.80	0.08	2.60	M5：18－1（34）Ba	有铸流口
35	2.60	0.81	0.10	4.52	M5：18－1（35）Ba	有铸流口
36	2.51	0.90	0.10	3.30	M5：18－1（36）Ba	有二铸流口
37	2.40	0.90	0.09	4.20	M5：18－1（37）Ba	
38	2.40	0.99	0.09	3.90	M5：18－1（38）Ba	
39	2.60	0.81	0.10	5.50	M5：18－1（39）Ba	有铸流口
40	2.60	0.84	0.10	6.80	M5：18－1（40）Ba	有二铸流口
41	2.45	0.91	0.08	4.80	M5：18－1（41）Ba	有铸流口
42	2.25	0.82	0.10	2.80	M5：18－1（42）Ba	轻薄有铸流口
43	2.51	0.90	0.11	6.30	M5：18－1（43）Ba	
44	2.40	0.80	0.08	3.28	M5：18－1（44）Ba	有二铸流口
45	2.60	0.82	0.11	6.08	M5：18－1（45）Ba	有铸流口
46	2.50	0.85	0.11	5.20	M5：18－1（46）Ba	有铸流口
47	2.38	0.79	0.08	2.90	M5：18－1（47）Ba	轻薄有二铸流口
48	3.00	0.75	0.09	4.10	M5：18－1（48）Ba	边有残缺
49	2.30	0.81	0.09	3.38	M5：18－1（49）Ba	有铸流口
50	2.51	0.81	0.12	7.40	M5：18－1（50）Ba	
51	2.50	0.80	0.10	4.10	M5：18－1（51）Ba	有铸流口
52	2.45	0.90	0.11	4.40	M5：18－1（52）Ba	有二铸流口
53	2.20	0.80	0.09	3.00	M5：18－1（53）Ba	
54	2.30	1.10	0.08	2.30	M5：18－1（54）Ba	轻薄
55	2.48	0.89	0.10	4.60	M5：18－1（55）Ba	有铸流口
56	2.20	0.78	0.11	4.95	M5：18－1（56）Ba	有二铸流口
57	2.61	0.85	0.15	6.62	M5：18－1（57）Ba	背有铸凸
58	2.30	0.95	0.08	3.08	M5：18－1（58）Ba	
59	2.31	0.78	0.09	3.60	M5：18－1（59）Ba	

续表一

半两钱 （序号）	直 径 （厘米）	方穿边长 （厘米）	币 厚 （厘米）	重 量 （克）	编 号	备 注
60	2.31	0.95	0.08	3.00	M5：18 - 1（60）Ba	
61	2.70	0.90	0.15	8.78	M5：18 - 1（61）Ba	有扉铸流口皮
62	2.70	0.95	0.18	9.18	M5：18 - 1（62）Ba	有铸流口
63	2.40	0.88	0.10	3.56	M5：18 - 1（63）Ba	
64	2.50	0.85	0.90	4.80	M5：18 - 1（64）Ba	
65	2.40	1.01	0.10	3.50	M5：18 - 1（65）Ba	
66	2.40	0.95	0.10	3.10	M5：18 - 1（66）Ba	有二铸流口
67	2.49	0.80	0.10	3.10	M5：18 - 1（67）Ba	
68	2.40	0.95	0.05	3.06	M5：18 - 1（68）Ba	
69	2.61	0.81	0.11	5.00	M5：18 - 1（69）Ba	
70	2.15	0.78	0.12	4.70	M5：18 - 1（70）Ba	背有铸凸
71	2.70	0.85	0.15	7.30	M5：18 - 1（71）Ba	背有铸凸
72	2.51	0.85	0.08	3.40	M5：18 - 1（72）Ba	
73	2.70	0.90	0.15	7.50	M5：18 - 1（73）Ba	有铸流口
74	2.51	0.90	0.11	5.08	M5：18 - 1（74）Ba	有二铸流口
75	2.50	0.89	0.09	3.50	M5：18 - 1（75）Ba	有二铸流口
76	2.41	0.75	0.11	6.96	M5：18 - 1（76）Ba	有铸流口
77	2.51	0.80	0.11	5.18	M5：18 - 1（77）Ba	有二铸流口
78	2.50	0.80	0.10	4.96	M5：18 - 1（78）Ba	有铸流口
79	2.40	0.78	0.08	4.40	M5：18 - 1（79）Ba	有二铸流口
80	2.40	0.80	0.05	3.60	M5：18 - 1（80）Ba	
81	2.60	0.82	0.19	8.30	M5：18 - 1（81）Ba	
82	2.61	0.82	0.11	7.40	M5：18 - 1（82）Ba	
83	2.50	0.80	0.09	3.18	M5：18 - 1（83）Ba	轻薄
84	2.30	0.78	0.05	2.26	M5：18 - 1（84）Ba	
85	2.30	0.80	0.08	3.00	M5：18 - 1（85）Ba	
86	2.60	0.90	0.12	7.00	M5：18 - 1（86）Ba	有孔铜汁不到
87	2.61	0.94	0.09	4.58	M5：18 - 1（87）Ba	有二铸流口
88	2.51	0.90	0.11	6.40	M5：18 - 1（88）Ba	
89	2.40	0.90	0.09	4.60	M5：18 - 1（89）Bb	有铸流口
90	2.71	0.92	0.10	3.84	M5：18 - 1（90）Bb	有铸流口
91	2.70	0.84	0.12	3.90	M5：18 - 1（91）Bb	有铸流口

半两钱 （序号）	直 径 （厘米）	方穿边长 （厘米）	币 厚 （厘米）	重 量 （克）	编 号	备 注
92	2.7	1.00	0.10	3.74	M5：18-1（92）Bb	有铸流口
93	2.60	0.94	0.12	5.50	M5：18-1（93）Bb	
94	2.60	1.10	0.09	2.70	M5：18-1（94）Bb	轻薄
95	2.60	0.98	0.10	3.68	M5：18-1（95）Bb	有铸凸
96	2.11	0.90	0.10	3.81	M5：18-1（96）Bb	
97	2.21	0.96	0.08	2.70	M5：18-1（97）Bb	轻薄
98	2.00	0.84	0.10	5.30	M5：18-1（98）Bb	
99	2.20	0.92	0.05	2.21	M5：18-1（99）Bb	轻薄有铸流口
100	2.50	0.88	0.12	6.08	M5：18-1（100）Bb	有铸流口
101	2.16	0.90	0.15	5.08	M5：18-1（101）Bb	
102	2.28	0.94	0.11	4.68	M5：18-1（102）Bb	
103	2.10	0.90	0.10	3.34	M5：18-1（103）Bb	
104	2.20	0.92	0.09	3.00	M5：18-1（104）Bb	
105	2.16	0.88	0.10	4.10	M5：18-1（105）Bb	
106	2.10	0.90	0.10	3.41	M5：18-1（106）Bb	有铸流口
107	2.05	0.92	0.10	3.30	M5：18-1（107）Bb	有铸流口
108	2.00	0.90	0.10	4.30	M5：18-1（108）Bb	
109	2.11	0.94	0.08	2.90	M5：18-1（109）Bb	轻薄
110	2.20	0.82	0.12	5.20	M5：18-1（110）Bb	
111	2.11	0.84	0.14	5.50	M5：18-1（111）Bb	
112	2.11	0.94	0.09	2.88	M5：18-1（112）Bb	轻薄
113	2.21	0.90	0.09	3.00	M5：18-1（113）Bb	
114	2.01	0.79	0.09	2.90	M5：18-1（114）Bb	轻薄
115	2.40	1.00	0.12	5.90	M5：18-1（115）Bb	
116	2.11	0.81	0.15	5.59	M5：18-1（116）Bb	有铸凸
117	2.18	0.75	0.10	4.38	M5：18-1（117）Bb	边缘铜汁不到
118	2.30	0.98	0.11	5.08	M5：18-1（118）Bb	有铸流口
119	2.01	0.71	0.12	4.40	M5：18-1（119）Bb	有扉皮铸流口
120	2.21	0.79	0.12	5.20	M5：18-1（120）Bb	
121	2.10	0.91	0.10	3.80	M5：18-1（121）Bb	
122	2.12	0.81	0.14	5.60	M5：18-1（122）Bb	有铸流口
123	2.05	0.71	0.14	6.20	M5：18-1（123）Bb	有铸流口

续表一

半两钱 （序号）	直 径 （厘米）	方穿边长 （厘米）	币 厚 （厘米）	重 量 （克）	编 号	备 注
124	2.15	0.79	0.09	3.60	M5：18-1（124）Bb	有铸凸
125	2.10	0.89	0.10	3.90	M5：18-1（125）Bb	
126	2.11	0.80	0.09	3.30	M5：18-1（126）Bb	有扉皮铸流口
127	2.20	0.80	0.09	3.70	M5：18-1（127）Bb	
128	2.11	0.79	0.08	2.90	M5：18-1（128）Bb	轻薄
129	2.20	0.85	0.12	5.30	M5：18-1（129）Bb	
130	2.30	0.71	0.11	5.60	M5：18-1（130）Bb	有扉皮铸流口
131	2.55	0.89	0.15	7.00	M5：18-1（131）Bb	
132	2.25	0.71	0.10	3.40	M5：18-1（132）Bb	
133	2.21	0.90	0.11	5.20	M5：18-1（133）Bb	
134	2.15	0.90	0.10	4.20	M5：18-1（134）Bb	
135	2.00	0.89	0.08	2.90	M5：18-1（135）Bb	
136	3.00	0.91	0.09	6.00	M5：18-1（136）Ca	有铸流口
137	2.60	0.84	0.11	5.90	M5：18-1（137）Ca	有铸流口
138	2.70	0.96	0.09	3.50	M5：18-1（138）Ca	有扉皮残缺
139	2.60	1.00	0.10	3.90	M5：18-1（139）Ca	有铸流口
140	2.51	0.89	0.10	5.50	M5：18-1（140）Ca	方穿铜汁不到
141	2.45	0.91	0.18	7.20	M5：18-1（141）Ca	
142	2.51	0.91	0.15	7.00	M5：18-1（142）Ca	
143	2.05	0.79	0.10	3.80	M5：18-1（143）Ca	
144	2.59	0.78	0.10	5.80	M5：18-1（144）Ca	
145	2.60	0.94	0.15	5.10	M5：18-1（145）Ca	有流口铸凸
146	2.41	0.95	0.09	5.20	M5：18-1（146）Ca	
147	2.41	0.91	0.08	3.20	M5：18-1（147）Ca	
148	2.50	0.91	0.09	4.20	M5：18-1（148）Ca	略椭圆形
149	2.41	0.99	0.11	5.70	M5：18-1（149）Ca	
150	2.40	0.70	0.10	4.30	M5：18-1（150）Ca	
151	2.50	0.81	0.12	7.10	M5：18-1（151）Ca	
152	2.45	0.79	0.11	5.50	M5：18-1（152）Ca	
153	2.31	1.00	0.08	2.50	M5：18-1（153）Ca	轻薄
154	2.20	0.70	0.10	3.70	M5：18-1（154）Ca	
155	2.20	0.79	0.10	3.80	M5：18-1（155）Ca	

半两钱 （序号）	直　径 （厘米）	方穿边长 （厘米）	币　厚 （厘米）	重　量 （克）	编　号	备　注
156	2.70	1.00	0.15	4.70	M5：18－1（156）Ca	有扉皮
157	2.60	0.71	0.08	4.10	M5：18－1（157）Ca	
158	2.40	0.75	0.15	7.30	M5：18－1（158）Ca	
159	2.55	0.71	0.08	4.10	M5：18－1（159）Ca	
160	2.10	0.80	0.08	2.80	M5：18－1（160）Ca	轻薄
161	2.20	0.80	0.10	4.50	M5：18－1（161）Ca	
162	2.20	0.80	0.09	3.50	M5：18－1（162）Ca	
163	2.50	1.00	0.08	3.20	M5：18－1（163）Ca	
164	2.20	0.75	0.10	4.40	M5：18－1（164）Ca	
165	2.60	0.85	0.18	8.30	M5：18－1（165）Ca	
166	2.30	0.75	0.08	2.40	M5：18－1（166）Ca	二流口轻薄
167	2.45	0.89	0.10	5.90	M5：18－1167Ca	
168	2.51	1.05	0.11	6.90	M5：18－1（168）Ca	
169	2.31	1.00	0.08	2.20	M5：18－1（169）Ca	轻薄
170	2.51	0.90	0.15	6.70	M5：18－1（170）Ca	背有铸
171	2.20	0.71	0.11	5.00	M5：18－1（171）Ca	
172	2.40	0.95	0.10	3.60	M5：18－1（172）Ca	
173	2.60	1.00	0.10	3.70	M5：18－1（173）Cb	铜汁不到
174	2.70	0.90	0.11	4.90	M5：18－1（174）Cb	有铸流口
175	2.70	0.90	0.12	5.60	M5：18－1（175）Cb	有扉皮
176	2.0	0.90	0.11	4.00	M5：18－1（176）Cb	有铸流口
177	2.10	0.90	0.10	4.30	M5：18－1（177）Cb	有扉皮
178	1.90	0.90	0.11	3.80	M5：18－1（178）Cb	
179	2.10	0.71	0.11	5.80	M5：18－1（179）Cb	
180	2.20	1.10	0.10	2.80	M5：18－1（180）Cb	有扉皮轻薄
181	2.10	0.80	0.10	4.50	M5：18－1（181）Cb	
182	2.10	0.80	0.10	3.90	M5：18－1（182）Cb	
183	2.20	0.85	0.10	3.70	M5：18－1（183）Cb	
184	2.10	0.80	0.11	4.40	M5：18－1（184）Cb	
185	2.10	0.70	0.10	4.20	M5：18－1（185）Cb	
186	2.20	0.70	0.15	6.10	M5：18－1（186）Cb	有扉皮
187	2.15	0.90	0.09	3.00	M5：18－1（187）Cb	

续表一

半两钱 （序号）	直 径 （厘米）	方穿边长 （厘米）	币 厚 （厘米）	重 量 （克）	编 号	备 注
188	2.20	0.80	0.10	3.30	M5：18-1（188）Cb	
189	2.10	0.75	0.10	4.10	M5：18-1（189）Cb	有癣皮
190	2.10	0.85	0.18	6.70	M5：18-1（190）Cb	
191	2.00	0.80	0.10	2.50	M5：18-1（191）Cb	
192	2.10	0.80	0.05	2.20	M5：18-1（192）Cb	有铸流口轻薄
193	2.20	0.85	0.12	5.50	M5：18-1（193）Cb	
194	2.20	0.80	0.08	2.90	M5：18-1（194）Cb	有铸流口轻薄
195	2.10	0.91	0.05	2.20	M5：18-1（195）Cb	轻薄
196	2.00	0.75	0.15	4.40	M5：18-1（196）Cb	有癣皮
197	2.05	0.90	0.10	3.40	M5：18-1（197）Cb	有铸流口
198	2.20	0.90	0.08	3.10	M5：18-1（198）Cb	
199	2.10	0.85	0.08	2.40	M5：18-1（199）Cb	轻薄
200	2.10	0.80	0.16	5.00	M5：18-1（200）Cb	
201	2.10	0.80	0.10	3.50	M5：18-1（201）Cb	
202	2.10	0.90	0.08	2.50	M5：18-1（202）Cb	轻薄
203	2.20	0.75	0.12	3.80	M5：18-1（203）Cb	有癣皮
204	2.20	0.85	0.15	5.70	M5：18-1（204）Cb	有癣皮
205	2.20	0.80	0.08	2.90	M5：18-1（205）Cb	轻薄
206	2.20	0.70	0.11	4.90	M5：18-1（206）Cb	
207	2.10	0.80	0.08	2.80	M5：18-1（207）Cb	有癣皮铸流口
208	2.10	0.75	0.10	4.20	M5：18-1（208）Cb	
209	2.10	0.95	0.10	3.30	M5：18-1（209）Cb	
210	2.10	0.90	0.10	3.80	M5：18-1（210）Cb	
211	2.10	0.70	0.11	4.20	M5：18-1（211）Cb	
212	2.00	0.90	0.10	3.30	M5：18-1（212）Cb	
213	2.00	0.90	0.08	2.90	M5：18-1（213）Cb	
214	2.10	0.70	0.08	2.90	M5：18-1（214）Cb	
215	2.90	1.00	0.09	3.30	M5：18-1（215）Da	有铸流口
216	3.00	1.10	0.15	7.20	M5：18-1（216）Da	有癣皮
217	2.90	0.90	0.11	7.20	M5：18-1（217）Da	有铸流口
218	3.00	1.10	0.10	5.80	M5：18-1（218）Da	有癣皮
219	2.20	0.85	0.08	3.10	M5：18-1（219）Da	背有铸凸

续表一

半两钱 （序号）	直 径 （厘米）	方穿边长 （厘米）	币 厚 （厘米）	重 量 （克）	编 号	备 注
220	2.10	0.70	0.10	3.90	M5：18－1（220）Da	
221	2.20	0.80	0.08	2.80	M5：18－1（221）Da	轻薄
222	2.20	0.65	0.10	3.30	M5：18－1（222）Da	
223	2.20	0.80	0.11	4.60	M5：18－1（223）Da	
224	2.00	0.70	0.10	3.20	M5：18－1（224）Da	
225	2.20	0.85	0.09	3.80	M5：18－1（225）Da	
226	2.15	0.75	0.15	5.50	M5：18－1（226）Da	有铸流口
227	2.20	0.75	0.10	3.90	M5：18－1（227）Da	
228	2.20	0.80	0.09	3.30	M5：18－1（228）Da	
229	2.10	0.90	0.09	2.60	M5：18－1（229）Da	轻薄
230	2.10	0.90	0.08	2.30	M5：18－1（230）Da	轻薄
231	2.20	0.90	0.08	2.40	M5：18－1（231）Da	轻薄
232	2.10	0.80	0.08	2.80	M5：18－1（232）Da	轻薄
233	2.10	0.75	0.10	3.10	M5：18－1（233）Da	边缘残
234	2.20	0.70	0.15	4.70	M5：18－1（234）Da	
235	2.10	0.75	0.11	4.80	M5：18－1（235）Da	有铸流口
236	2.10	0.75	0.10	3.40	M5：18－1（236）Da	
237	2.00	0.85	0.08	2.50	M5：18－1（237）Da	轻薄边缘残
238	2.20	0.80	0.11	4.30	M5：18－1（238）Da	边缘残
239	2.20	0.80	0.09	3.50	M5：18－1（239）Da	
240	2.20	0.70	0.11	4.20	M5：18－1（240）Da	
241	2.20	0.80	0.05	2.50	M5：18－1（241）Da	轻薄
242	2.20	0.80	0.11	4.70	M5：18－1（242）Da	
243	2.00	0.80	0.10	3.10	M5：18－1（243）Da	有铸流口
244	2.10	0.80	0.09	2.80	M5：18－1（244）Da	轻薄
245	2.10	0.70	0.08	2.50	M5：18－1（245）Da	轻薄
246	2.20	0.90	0.08	2.90	M5：18－1（246）Da	轻薄
247	2.40	0.85	0.09	4.00	M5：18－1（247）Da	
248	2.10	0.90	0.10	3.30	M5：18－1（248）Da	
249	2.20	0.70	0.09	4.10	M5：18－1（249）Da	
250	2.00	1.00	0.15	4.20	M5：18－1（250）Da	
251	2.10	0.90	0.05	1.70	M5：18－1（251）Da	轻薄有铸口

续表一

半两钱 （序号）	直　径 （厘米）	方穿边长 （厘米）	币　厚 （厘米）	重　量 （克）	编　号	备　注
252	2.20	0.70	0.11	4.90	M5：18－1（252）Da	
253	2.20	0.80	0.10	3.20	M5：18－1（253）Da	
254	2.10	0.80	0.11	3.80	M5：18－1（254）Da	
255	2.10	0.80	0.11	3.90	M5：18－1（255）Da	背有铸凸
256	2.20	0.80	0.10	4.30	M5：18－1（256）Da	
257	2.20	0.55	0.18	7.10	M5：18－1（257）Da	有扉皮
258	2.10	0.80	0.10	3.20	M5：18－1（258）Da	
259	2.10	0.80	0.10	3.30	M5：18－1（259）Da	
260	2.05	0.80	0.08	2.70	M5：18－1（260）Da	轻薄
261	2.20	0.90	0.12	5.80	M5：18－1（261）Da	有扉皮
262	2.20	0.80	0.10	3.50	M5：18－1（262）Da	
263	2.20	0.79	0.18	6.30	M5：18－1（263）Da	
264	2.15	0.85	0.12	4.10	M5：18－1（264）Da	
265	2.20	0.80	0.18	7.70	M5：18－1（265）Da	有扉皮
266	2.20	0.81	0.10	4.50	M5：18－1（266）Da	有扉皮
267	2.50	0.80	0.08	3.10	M5：18－1（267）Da	有铸流口
268	2.40	0.90	0.08	2.60	M5：18－1（268）Da	轻薄
269	2.10	0.90	0.10	5.80	M5：18－1（269）Da	
270	2.50	0.90	0.11	6.90	M5：18－1（270）Da	有铸流口
271	2.50	0.90	0.11	6.90	M5：18－1（271）Da	方穿残
272	2.50	0.90	0.11	7.10	M5：18－1（272）Da	
273	2.60	0.90	0.10	5.00	M5：18－1（273）Da	
274	2.50	0.90	0.15	8.00	M5：18－1（274）Da	
275	2.60	0.90	0.12	4.80	M5：18－1（275）Db	有铸流口
276	2.60	0.90	0.12	5.60	M5：18－1（276）Db	有扉皮
277	2.10	0.80	0.11	4.50	M5：18－1（277）Db	
278	2.50	0.90	0.08	2.60	M5：18－1（278）Db	轻薄
279	2.00	0.80	0.12	3.10	M5：18－1（279）Db	
280	1.80	0.70	0.10	4.00	M5：18－1（280）Db	
281	2.10	1.00	0.10	3.70	M5：18－1（281）Db	方穿残
282	2.10	0.80	0.10	4.00	M5：18－1（282）Db	
283	2.20	0.90	0.09	2.90	M5：18－1（283）Db	轻薄

续表一

半两钱 （序号）	直 径 （厘米）	方穿边长 （厘米）	币 厚 （厘米）	重 量 （克）	编 号	备 注
284	2.20	0.80	0.08	2.70	M5：18－1（284）Db	轻薄
285	2.10	0.80	0.10	3.30	M5：18－1（285）Db	
286	2.10	0.70	0.11	4.20	M5：18－1（286）Db	有铸凸扉皮
287	2.10	0.80	0.08	2.20	M5：18－1（287）Db	轻薄
288	2.20	0.80	0.10	4.30	M5：18－1（288）Db	有铸流口
289	2.10	0.70	0.09	3.50	M5：18－1（289）Db	有铸流口
290	2.20	0.70	0.11	4.60	M5：18－1（290）Db	
291	2.10	0.80	0.08	2.70	M5：18－1（291）Db	轻薄有扉皮
292	2.20	0.90	0.08	3.40	M5：18－1（292）Db	
293	2.10	0.80	0.10	3.90	M5：18－1（293）Db	
294	2.30	0.80	0.10	4.20	M5：18－1（294）Db	
285	2.30	0.70	0.11	6.10	M5：18－1（295）Db	有扉皮铸凸
296	2.50	0.90	0.10	5.60	M5：18－1（296）Db	有铸流口
297	2.70	0.90	0.10	4.30	M5：18－1（297）Ea	有扉皮
298	2.40	0.80	0.10	3.70	M5：18－1（298）Ea	
299	2.70	0.90	0.08	4.20	M5：18－1（299）Ea	有铸流口
300	2.40	1.00	0.10	4.10	M5：18－1（300）Ea	铸凸扉皮
301	2.20	0.90	0.10	4.10	M5：18－1（301）Ea	
302	2.10	0.80	0.10	3.10	M5：18－1（302）Ea	
303	2.60	0.90	0.12	7.10	M5：18－1（303）Ea	
304	2.00	0.90	0.15	4.20	M5：18－1（304）Ea	
305	2.00	0.75	0.10	3.10	M5：18－1（305）Ea	有铸流口
306	2.10	0.85	0.10	3.40	M5：18－1（306）Ea	
307	2.10	0.80	0.08	3.00	M5：18－1（307）Ea	
308	2.10	0.75	0.06	2.40	M5：18－1（308）Ea	轻薄
309	2.00	1.00	0.08	2.10	M5：18－1（309）Ea	轻薄
310	2.00	0.80	0.12	4.40	M5：18－1（310）Ea	
311	2.20	0.70	0.08	3.40	M5：18－1（311）Ea	有铸流口
312	2.10	0.80	0.08	2.60	M5：18－1（312）Ea	轻薄
313	2.40	0.85	0.08	3.00	M5：18－1（313）Ea	
314	2.50	0.90	0.10	3.90	M5：18－1（314）Ea	有铸凸扉皮
315	2.10	0.65	0.10	5.00	M5：18－1（315）Ea	有扉皮

续表一

半两钱 （序号）	直 径 （厘米）	方穿边长 （厘米）	币 厚 （厘米）	重 量 （克）	编 号	备 注
316	2.00	0.80	0.08	1.90	M5：18-1（316）Ea	轻薄
317	2.40	0.80	0.10	5.40	M5：18-1（317）Ea	有铸流口
318	2.10	0.95	0.10	3.70	M5：18-1（318）Ea	有铸流口
319	2.10	0.90	0.08	3.40	M5：18-1（319）Ea	
320	2.10	0.80	0.10	3.80	M5：18-1（320）Ea	
321	2.40	0.70	0.08	3.60	M5：18-1（321）Ea	有铸流口
322	2.50	0.90	0.08	4.10	M5：18-1（322）Ea	
323	2.20	0.80	0.12	4.40	M5：18-1（323）Ea	有铸流口
324	2.10	0.80	0.10	4.30	M5：18-1（324）Ea	
325	2.20	0.80	0.10	3.60	M5：18-1（325）Ea	
326	2.10	0.70	0.15	5.50	M5：18-1（326）Ea	有扉皮
327	2.10	0.90	0.08	2.30	M5：18-1（327）Ea	轻薄
238	2.10	0.90	0.10	2.80	M5：18-1（328）Ea	轻薄
329	2.10	0.90	0.10	2.80	M5：18-1（329）Ea	轻薄
330	2.20	1.00	0.08	2.60	M5：18-1（330）Ea	轻薄
331	2.20	0.80	0.08	2.80	M5：18-1（331）Ea	轻薄
332	2.10	0.80	0.15	5.30	M5：18-1（332）Ea	
333	2.50	0.80	0.08	4.00	M5：18-1（333）Ea	有铸流口
334	2.00	0.75	0.10	2.80	M5：18-1（334）Ea	轻薄有扉皮
335	2.00	0.80	0.08	2.40	M5：18-1（335）Ea	轻薄
336	2.10	0.80	0.12	5.40	M5：18-1（336）Ea	
337	2.20	0.80	0.10	4.00	M5：18-1（337）Ea	有扉皮
338	2.20	0.75	0.10	4.50	M5：18-1（338）Ea	
339	2.20	0.80	0.10	3.30	M5：18-1（339）Ea	
340	2.50	0.80	0.10	3.30	M5：18-1（340）Ea	有铸流口
341	2.10	0.80	0.10	3.20	M5：18-1（341）Ea	有扉皮
342	2.10	0.80	0.10	3.50	M5：18-1（342）Ea	
343	2.00	0.90	0.11	3.90	M5：18-1（343）Ea	
344	2.00	0.80	0.08	2.10	M5：18-1（344）Ea	轻薄
345	2.10	0.75	0.15	5.10	M5：18-1（345）Ea	
346	2.20	0.80	0.10	4.10	M5：18-1（346）Ea	
347	2.20	0.75	0.10	2.90	M5：18-1（347）Ea	轻薄有流口

续表一

半两钱（序号）	直径（厘米）	方穿边长（厘米）	币厚（厘米）	重量（克）	编号	备注
348	2.00	0.80	0.10	3.10	M5：18－1（348）Ea	
349	2.10	0.90	0.12	4.20	M5：18－1（349）Ea	有扉皮
350	2.70	0.80	0.08	3.80	M5：18－1（350）Eb	有扉皮铸流口
351	2.80	0.90	0.10	3.80	M5：18－1（351）Eb	
352	2.70	0.80	0.10	4.00	M5：18－1（352）Eb	
353	2.60	0.90	0.10	3.60	M5：18－1（353）Eb	有铸流口
354	2.60	1.10	0.12	4.80	M5：18－1（354）Eb	
355	2.20	0.80	0.11	3.70	M5：18－1（355）Eb	
356	2.10	0.80	0.15	5.60	M5：18－1（356）Eb	
357	2.10	0.80	0.12	4.70	M5：18－1（357）Eb	
358	2.20	0.70	0.10	4.20	M5：18－1（358）Eb	
359	2.50	0.80	0.10	4.80	M5：18－1（359）Eb	
360	2.10	0.85	0.10	3.50	M5：18－1（360）Eb	
361	1.90	0.85	0.12	3.80	M5：18－1（361）Eb	
362	2.10	0.80	0.10	4.10	M5：18－1（362）Eb	
363	2.00	0.80	0.15	4.90	M5：18－1（363）Eb	
364	2.20	0.85	0.12	4.10	M5：18－1（364）Eb	
365	2.10	0.75	0.10	4.00	M5：18－1（365）Eb	
366	2.30	0.90	0.15	5.30	M5：18－1（366）Eb	
367	2.20	0.95	0.10	3.70	M5：18－1（367）Eb	
368	2.10	0.80	0.08	3.60	M5：18－1（368）Eb	
369	2.50	0.85	0.10	4.00	M5：18－1（369）Eb	
370	2.20	0.80	0.10	3.80	M5：18－1（370）Eb	
371	2.10	0.80	0.10	3.20	M5：18－1（371）Eb	
372	2.10	0.70	0.08	3.30	M5：18－1（372）Eb	
373	2.00	0.85	0.15	4.20	M5：18－1（373）Eb	
374	2.30	0.80	0.12	5.20	M5：18－1（374）Eb	
375	2.00	0.80	0.18	6.70	M5：18－1（375）Eb	
二 八铢半两						
376	2.7	1.00	0.11	4.61	M5：18－2（1）Aa	
377	2.70	1.00	0.14	6.10	M5：18－2（2）Aa	
378	2.60	0.90	0.06	2.10	M5：18－2（3）Ab	有铸流口

半两钱 （序号）	直　径 （厘米）	方穿边长 （厘米）	币　厚 （厘米）	重　量 （克）	编　号	备　注
379	2.60	0.90	0.10	2.90	M5：18－2（4）Ab	
380	2.50	1.00	0.11	4.61	M5：18－2（5）Ab	
381	2.50	1.10	0.08	2.68	M5：18－2（6）Ab	
382	2.10	0.85	0.08	2.50	M5：18－2（7）Ac	
383	2.10	0.80	0.10	3.30	M5：18－2（8）Ac	
384	2.10	0.75	0.10	4.10	M5：18－2（9）Ac	
385	2.10	0.80	0.08	2.70	M5：18－2（10）Ac	
386	1.90	0.70	0.10	4.00	M5：18－2（11）Ac	有扉皮
387	2.01	1.00	0.11	3.00	M5：18－2（12）Ac	
388	2.00	0.98	0.11	3.20	M5：18－2（13）Ac	
389	2.50	0.90	0.04	1.50	M5：18－2（14）Ba	轻薄
390	2.10	0.88	0.09	2.41	M5：18－2（15）Ba	
391	2.50	0.90	0.11	4.00	M5：18－2（16）Bb	
392	2.40	1.00	0.09	2.90	M5：18－2（17）Bb	
393	2.40	0.90	0.09	3.26	M5：18－2（18）Bb	
394	2.09	1.00	0.10	2.81	M5：18－2（19）Bb	
395	1.91	0.91	0.11	3.10	M5：18－2（20）Bb	
396	2.21	0.81	0.07	2.50	M5：18－2（21）Bb	
397	2.60	0.90	0.05	2.20	M5：18－2（22）Ca	轻薄
398	2.60	0.90	0.12	5.40	M5：18－2（23）Ca	
399	2.60	0.90	0.20	7.88	M5：18－2（24）Cb	厚重
400	2.70	0.80	0.10	4.00	M5：18－2（25）Cb	
401	2.00	0.79	0.06	1.80	M5：18－2（26）Da	
402	2.11	0.89	0.10	4.70	M5：18－2（27）Da	
403	2.00	0.84	0.10	3.90	M5：18－2（28）Da	
404	2.60	0.80	0.05	1.76	M5：18－2（29）Da	
405	2.50	0.80	0.10	2.80	M5：18－2（30）Da	
406	2.11	0.80	0.11	4.60	M5：18－2（31）Da	
407	2.19	0.80	0.15	6.60	M5：18－2（32）Da	
408	2.15	0.90	0.15	4.10	M5：18－2（33）Da	
409	2.08	0.82	0.09	3.90	M5：18－2（34）Da	
410	2.08	0.81	0.10	3.00	M5：18－2（35）Da	

半两钱 （序号）	直　径 （厘米）	方穿边长 （厘米）	币　厚 （厘米）	重　量 （克）	编　号	备　注
411	2.50	0.90	0.11	3.81	M5：18－2（36）Db	
412	2.50	0.90	0.09	3.10	M5：18－2（37）Db	
413	2.11	0.75	0.10	3.70	M5：18－2（38）Db	
414	2.50	0.80	0.08	2.60	M5：18－2（39）Db	
415	2.10	0.70	0.10	4.00	M5：18－2（40）Db	
416	2.20	0.85	0.11	4.40	M5：18－2（41）Db	有铸凸
417	2.01	1.00	0.10	2.70	M5：18－2b（42）Db	
418	2.15	0.81	0.10	3.70	M5：18－2（43）Db	
419	2.00	0.71	0.15	5.30	M5：18－2（44）Db	
420	2.00	0.75	0.15	5.20	M5：18－2（45）Db	
421	2.05	0.75	0.10	2.80	M5：18－2（46）Db	
422	2.11	0.90	0.11	3.42	M5：18－2（47）Db	
423	2.10	0.88	0.10	2.90	M5：18－2（48）Db	
424	2.60	0.90	0.11	4.00	M5：18－2（49）Ea	有铸口
425	2.10	0.76	0.11	4.40	M5：18－2（50）Ea	有铸口
426	2.05	0.89	0.09	2.90	M5：18－2（51）Ea	背有铸凸
427	2.15	0.85	0.09	3.80	M5：18－2（52）Ea	肉有孔洞
428	2.11	0.88	0.08	2.30	M5：18－2（53）Ea	轻薄
429	2.10	0.75	0.11	4.30	M5：18－2（54）Ea	有孔洞扉皮
430	2.60	0.90	0.09	3.60	M5：18－2（55）Ea	
431	2.21	0.79	0.20	7.62	M5：18－2（56）Ea	厚重
432	2.70	1.10	0.08	1.90	M5：18－2（57）Ea	轻薄
433	2.20	0.75	0.10	4.40	M5：18－2（58）Ea	
434	2.11	0.75	0.10	4.02	M5：18－2（59）Ea	背有铸凸
435	2.10	0.89	0.10	3.01	M5：18－2（60）Ea	
436	2.10	0.75	0.09	2.20	M5：18－2（61）Ea	
437	2.22	0.75	0.10	4.08	M5：18－2（62）Ea	
438	2.10	0.75	0.08	2.60	M5：18－2（63）Ea	
439	2.05	0.85	0.10	3.80	M5：18－2（64）Ea	
440	2.10	0.79	0.10	3.30	M5：18－2（65）Ea	
441	2.10	0.79	0.13	5.40	M5：18－2（66）Ea	
442	2.09	0.85	0.08	1.60	M5：18－2（67）Ea	轻薄

续表一

半两钱（序号）	直 径（厘米）	方穿边长（厘米）	币 厚（厘米）	重 量（克）	编 号	备 注
443	2.60	0.90	0.08	2.71	M5：18－2（68）Eb	
444	2.50	1.10	0.08	1.80	M5：18－2（69）Eb	有铸流口薄
445	2.00	0.89	0.11	3.30	M5：18－2（70）Eb	
446	2.70	1.00	0.10	3.40	M5：18－2（71）Eb	
447	1.95	1.00	0.11	3.50	M5：18－2（72）Eb	
448	2.01	0.70	0.18	4.81	M5：18－2（73）Eb	背有铸凸厚
449	2.00	0.90	0.10	3.50	M5：18－2（74）Eb	
450	2.00	0.78	0.10	2.63	M5：18－2（75）Eb	
451	2.00	1.00	0.11	3.59	M5：18－2（76）Eb	
452	1.98	0.99	0.10	2.41	M5：18－2（77）Ec	
453	1.90	0.90	0.09	2.40	M5：18－2（78）Ec	
454	2.60	0.90	0.10	3.30	M5：18－2（79）Ec	
455	2.20	0.71	0.15	4.80	M5：18－2（80）Ec	
456	2.50	0.78	0.10	4.60	M5：18－2（81）Fa	
457	2.51	0.85	0.11	5.90	M5：18－2（82）Fa	
458	2.55	0.92	0.10	4.21	M5：18－2（83）Fa	
459	3.10	1.10	0.16	9.10	M5：18－2（84）Fa	有扉皮
460	2.50	0.91	0.09	4.10	M5：18－2（85）Fa	
461	2.40	0.90	0.10	4.91	M5：18－2（86）Fa	
462	2.59	0.89	0.09	3.70	M5：18－2（87）Fa	
463	3.00	1.10	0.09	5.12	M5：18－2（88）Fa	有铸流口
464	3.00	1.10	0.10	5.40	M5：18－2（89）Fa	
465	2.90	1.00	0.11	6.80	M5：18－2（90）Fa	
466	2.90	1.00	0.10	4.12	M5：18－2（91）Fa	
467	2.51	0.90	0.10	5.40	M5：18－2（92）Fa	
468	2.11	0.95	0.09	3.10	M5：18－2（93）Fa	
469	2.60	0.85	0.10	5.70	M5：18－2（94）Fa	
470	2.20	0.71	0.08	2.80	M5：18－2（95）Fa	
471	2.70	0.95	0.10	5.80	M5：18－2（96）Fa	
472	2.50	0.95	0.05	2.80	M5：18－2（97）Fa	轻薄铸流口
473	2.30	0.95	0.08	4.10	M5：18－2（98）Fa	有铸流口
474	2.41	0.90	0.09	4.50	M5：18－2（99）Fa	有铸流口

半两钱 （序号）	直　径 （厘米）	方穿边长 （厘米）	币　厚 （厘米）	重　量 （克）	编　号	备　注
475	2.51	0.90	0.09	4.00	M5：18－2（100）Fa	
476	2.50	0.95	0.10	5.50	M5：18－2（101）Fa	
477	2.50	0.81	0.11	5.40	M5：18－2（102）Fa	
478	2.50	0.95	0.10	5.30	M5：18－2（103）Fa	
479	2.40	1.00	0.10	4.50	M5：18－2（104）Fa	
480	2.50	0.80	0.10	5.90	M5：18－2（105）Fa	
481	2.40	0.90	0.10	4.70	M5：18－2（106）Fa	有铸流口
482	2.41	0.90	0.09	3.90	M5：18－2（107）Fa	
483	2.50	0.90	0.11	6.20	M5：18－2（108）Fa	
484	2.40	1.00	0.09	4.20	M5：18－2（109）Fa	
485	2.30	0.90	0.05	2.70	M5：18－2（110）Fa	有二铸流口
486	2.40	0.99	0.10	5.00	M5：18－2（111）Fa	有二铸流口
487	2.40	0.81	0.11	6.00	M5：18－2（112）Fa	
488	2.50	0.91	0.09	4.20	M5：18－2（113）Fa	
489	2.49	0.88	0.08	3.50	M5：18－2（114）Fa	有铸流口
490	2.50	0.99	0.09	3.90	M5：18－2（115）Fa	
491	2.40	0.95	0.15	4.10	M5：18－2（116）Fa	
492	2.50	0.85	0.10	4.19	M5：18－2（117）Fa	
493	2.25	0.91	0.08	2.70	M5：18－2（118）Fa	
494	2.51	1.05	0.05	2.71	M5：18－2（119）Fa	
495	2.60	0.89	0.09	5.10	M5：18－2（120）Fa	
496	2.41	0.95	0.10	5.10	M5：18－2（121）Fa	
497	2.50	0.91	0.10	4.41	M5：18－2（122）Fa	
498	2.41	0.89	0.10	5.10	M5：18－2（123）Fa	
499	2.41	0.90	0.10	4.42	M5：18－2（124）Fa	
500	2.61	0.90	0.10	4.40	M5：18－2（125）Fa	有残缺孔
501	2.50	0.80	0.11	4.70	M5：18－2（126）Fa	
502	2.50	0.89	0.10	5.98	M5：18－2（127）Fa	
503	2.51	0.92	0.10	3.60	M5：18－2（128）Fa	
504	2.21	0.90	0.09	1.82	M5：18－2（129）Fa	轻薄
505	2.50	0.90	0.10	4.61	M5：18－2（130）Fa	
506	2.55	0.90	0.07	2.81	M5：18－2（131）Fa	

续表一

半两钱（序号）	直　径（厘米）	方穿边长（厘米）	币　厚（厘米）	重　量（克）	编　号	备　注
507	2.59	0.81	0.12	7.30	M5：18－2（132）Fa	
508	2.41	0.95	0.09	3.60	M5：18－2（133）Fa	
509	2.40	0.95	0.08	3.20	M5：18－2（134）Fa	
510	2.31	0.92	0.10	4.20	M5：18－2（135）Fa	
511	2.35	0.91	0.11	4.80	M5：18－2（136）Fa	有铸流口
512	2.40	0.92	0.10	3.10	M5：18－2（137）Fa	有二铸流口
513	2.41	1.00	0.09	4.10	M5：18－2（138）Fa	
514	2.51	1.10	0.12	6.70	M5：18－2（139）Fa	
515	2.41	1.00	0.09	3.40	M5：18－2（140）Fa	
516	2.30	0.91	0.09	2.90	M5：18－2（141）Fa	
517	2.70	0.90	0.09	4.81	M5：18－2（142）Fa	
518	2.50	0.85	0.10	4.92	M5：18－2（143）Fa	
519	2.51	0.85	0.10	4.49	M5：18－2（144）Fa	
520	2.50	0.91	0.09	3.60	M5：18－2（145）Fa	
521	2.31	0.91	0.10	4.90	M5：18－2（146）Fa	
522	2.50	0.99	0.09	4.44	M5：18－2（147）Fa	
523	2.31	0.90	0.09	3.63	M5：18－2（148）Fa	
524	2.50	0.80	0.10	5.40	M5：18－2（149）Fa	
525	2.41	1.20	0.09	4.00	M5：18－2（150）Fa	断裂
526	2.00	0.91	0.19	5.40	M5：18－2（151）Fb	
527	2.40	1.10	0.11	2.50	M5：18－2（152）Fb	
528	1.90	0.71	0.10	3.20	M5：18－2（153）Fb	
529	1.99	0.80	0.11	3.90	M5：18－2（154）Fb	
530	2.00	0.70	0.10	2.91	M5：18－2（155）Fb	有扉皮
531	1.80	0.70	0.06	1.51	M5：18－2（156）Fb	轻薄
532	2.10	0.80	0.18	4.24	M5：18－2（157）Fb	有扉皮
533	2.40	1.00	0.12	4.62	M5：18－2（158）Fb	有扉皮
534	1.60	0.68	0.15	4.10	M5：18－2（159）Fb	
535	2.40	1.00	0.10	4.42	M5：18－2（160）Fb	
536	2.20	0.80	0.18	4.90	M5：18－2（161）Fb	
537	2.21	0.98	0.08	1.90	M5：18－2（162）Fb	轻薄
538	2.01	0.85	0.10	3.40	M5：18－2（163）Fb	

续表一

半两钱（序号）	直 径（厘米）	方穿边长（厘米）	币 厚（厘米）	重 量（克）	编 号	备 注
539	2.10	0.80	0.10	2.90	M5：18-2（164）Fb	
540	1.90	0.85	0.09	2.30	M5：18-2（165）Fb	
541	1.95	0.89	0.15	5.10	M5：18-2（166）Fb	有铸凸扉皮
542	1.51	0.75	0.08	1.80	M5：18-2（167）Fb	轻薄
543	2.10	0.95	0.10	4.11	M5：18-2（168）Fb	
544	2.31	0.81	0.08	2.43	M5：18-2（169）Fb	残缺
545	2.05	0.81	0.11	3.90	M5：18-2（170）Fb	
546	2.11	0.79	0.10	3.90	M5：18-2（171）Fb	
547	2.00	0.75	0.10	3.12	M5：18-2（172）Fb	
548	2.05	0.71	0.11	5.40	M5：18-2（173）Fb	
549	2.11	0.85	0.09	2.50	M5：18-2（174）Fb	断裂
550	2.10	1.00	0.11	4.80	M5：18-2（175）Fb	
551	2.11	0.75	0.09	4.50	M5：18-2（176）Ga	有二铸流口
552	2.10	0.85	0.09	2.61	M5：18-2（177）Ga	有铸流口
553	2.60	0.80	0.09	4.51	M5：18-2（178）Ga	
554	2.70	0.90	0.07	2.50	M5：18-2（179）Ga	背有铸凸
555	2.60	0.90	0.10	3.51	M5：18-2（180）Ga	
556	2.10	0.91	0.11	5.40	M5：18-2（181）Ga	有二铸流口铸凸
557	2.11	0.91	0.15	5.40	M5：18-2（182）Ga	有铸流口铸凸
558	2.20	0.91	0.10	3.72	M5：18-2（183）Ga	
559	2.11	0.89	0.10	4.30	M5：18-2（184）Ga	背有铸凸
560	2.20	0.80	0.10	3.50	M5：18-2（185）Ga	边缘铜汁不到
561	2.11	0.80	0.11	4.70	M5：18-2（186）Ga	
562	2.21	0.81	0.11	5.70	M5：18-2（187）Ga	有铸流口铸凸
563	2.00	0.76	0.10	3.20	M5：18-2（188）Ga	有扉皮
564	2.30	0.68	0.19	6.20	M5：18-2（189）Ga	
565	2.20	0.75	0.10	5.30	M5：18-2（190）Ga	
566	2.20	0.85	0.15	3.30	M5：18-2（191）Ga	有扉皮铸凸
567	2.20	0.81	0.09	2.80	M5：18-2（192）Ga	有扉皮
568	2.00	0.61	0.09	3.50	M5：18-2（193）Ga	有扉皮
569	2.10	0.89	0.10	3.20	M5：18-2（194）Ga	
570	2.15	0.80	0.11	2.20	M5：18-2（195）Ga	边缘铜汁不到

续表一

半两钱 （序号）	直　径 （厘米）	方穿边长 （厘米）	币　厚 （厘米）	重　量 （克）	编　　号	备　注
571	2.00	0.78	0.11	4.30	M5：18－2（196）Ga	有孔铜汁不到
572	2.21	0.60	0.14	5.70	M5：18－2（197）Ga	
573	2.30	0.71	0.10	3.60	M5：18－2（198）Ga	
574	2.20	0.79	0.10	4.40	M5：18－2（199）Ga	
575	2.20	0.80	0.09	3.10	M5：18－2（200）Ga	
576	1.98	0.90	0.10	3.30	M5：18－2（201）Ga	
577	2.00	0.70	0.10	4.70	M5：18－2（202）Ga	
578	2.11	0.80	0.11	4.90	M5：18－2（203）Ga	
579	2.10	0.75	0.11	4.10	M5：18－2（204）Ga	有铸流口
580	2.25	0.85	0.08	3.40	M5：18－2（205）Ga	
581	2.11	0.71	0.11	4.90	M5：18－2（206）Ga	
582	2.21	0.85	0.10	3.40	M5：18－2（207）Ga	
583	2.10	0.81	0.08	2.10	M5：18－2（208）Ga	
584	1.85	0.89	0.11	2.90	M5：18－2（209）Ga	
585	2.29	0.81	0.11	5.40	M5：18－2（210）Ga	
586	2.10	0.81	0.10	3.10	M5：18－2（211）Ga	
587	2.10	0.90	0.09	2.40	M5：18－2（212）Ga	有二铸流口
588	2.10	0.80	0.11	4.10	M5：18－2（213）Ga	穿边铜汁不到
589	2.10	0.85	0.10	4.60	M5：18－2（214）Ga	穿边铜汁不到
590	2.15	0.85	0.09	2.90	M5：18－2（215）Ga	穿边铜汁不到
591	2.01	0.69	0.09	2.60	M5：18－2（216）Ga	
592	2.11	0.81	0.11	3.80	M5：18－2（217）Ga	有扉皮
593	2.10	0.72	0.09	3.41	M5：18－2（218）Ga	有二铸流口
594	2.01	0.72	0.10	3.41	M5：18－2（219）Ga	
595	2.20	0.78	0.11	4.10	M5：18－2（200）Ga	有二铸流口
596	2.05	0.80	0.10	3.32	M5：18－2（221）Ga	
597	1.91	0.89	0.09	3.46	M5：18－2（222）Gb	铸流口
598	2.10	0.81	0.10	3.10	M5：18－2（223）Gb	
599	2.40	0.90	0.10	3.46	M5：18－2（224）Gb	
600	2.70	0.81	0.09	3.80	M5：18－2（225）Gb	
601	2.50	1.10	0.11	3.70	M5：18－2（226）Gb	有铸流口
602	1.80	0.90	0.11	3.40	M5：18－2（227）Gb	穿边铜汁不到

续表一

半两钱（序号）	直 径（厘米）	方穿边长（厘米）	币 厚（厘米）	重 量（克）	编 号	备 注
603	2.01	0.89	0.10	3.80	M5∶18-2（228）Gb	有廓皮
604	2.11	0.79	0.08	2.50	M5∶18-2（229）Gb	有铸流口
605	2.41	0.69	0.21	11.30	M5∶18-2（230）Ha	有铸凸厚重
606	2.30	0.90	0.19	6.10	M5∶18-2（231）Ha	
607	2.80	1.00	0.09	2.90	M5∶18-2（232）Ha	
608	2.80	1.00	0.19	6.10	M5∶18-2（233）Ha	有廓皮
609	2.70	0.90	0.19	7.70	M5∶18-2（234）Ha	
610	2.11	0.80	0.11	4.12	M5∶18-2（235）Ha	
611	2.15	0.88	0.15	5.70	M5∶18-2（236）Ha	有铸流口
612	1.95	0.90	0.09	2.90	M5∶18-2（237）Ha	有廓皮
613	2.11	0.81	0.10	2.62	M5∶18-2（238）Ha	
614	2.05	0.81	0.11	4.70	M5∶18-2（239）Ha	背有铸凸
615	2.30	0.81	0.15	4.12	M5∶18-2（240）Ha	有廓皮
616	2.05	0.75	0.09	3.40	M5∶18-2（241）Ha	有铸流口
617	2.10	0.70	0.15	5.20	M5∶18-2（242）Ha	有廓皮
618	2.10	0.70	0.15	5.20	M5∶18-2（243）Ha	背有铸凸
619	2.05	0.71	0.09	3.00	M5∶18-2（244）Ha	
620	2.11	0.85	0.09	2.90	M5∶18-2（245）Ha	有二铸流口
621	2.01	0.65	0.11	4.70	M5∶18-2（246）Ha	有铸流口
622	2.11	0.79	0.10	4.00	M5∶18-2（247）Ha	
623	2.21	0.85	0.10	3.30	M5∶18-2（248）Ha	有铸流口
624	2.01	0.80	0.08	2.00	M5∶18-2（249）Ha	
625	1.85	0.80	0.05	1.10	M5∶18-2（250）Ha	轻薄
626	2.00	0.70	0.10	4.50	M5∶18-2（251）Ha	有廓皮铸凸
627	2.21	0.90	0.11	3.40	M5∶18-2（252）Ha	有二铸流口
628	2.10	0.88	0.10	3.10	M5∶18-2（253）Ha	边缘残缺
629	2.11	0.70	0.12	4.80	M5∶18-2（254）Ha	有廓皮铸流口
630	2.11	1.00	0.09	2.10	M5∶18-2（255）Ha	
631	2.10	0.88	0.08	2.40	M5∶18-2（256）Ha	
632	2.20	0.75	0.11	3.80	M5∶18-2（257）Ha	有铸口廓皮铸凸
633	2.21	0.79	0.06	2.50	M5∶18-2（258）Ha	铜汁不到有孔
634	1.91	0.95	0.08	2.30	M5∶18-2（259）Ha	

续表一

半两钱（序号）	直　径（厘米）	方穿边长（厘米）	币　厚（厘米）	重　量（克）	编　号	备　注
635	2.11	0.99	0.10	2.90	M5：18－2（260）Ha	有二铸流口
636	2.10	0.81	0.11	4.00	M5：18－2（261）Ha	
637	2.00	0.80	0.10	3.50	M5：18－2（262）Ha	
638	2.11	0.85	0.09	3.30	M5：18－2（263）Ha	有二铸流口
639	2.25	0.91	0.08	2.70	M5：18－2（264）Ha	
640	2.20	0.71	0.11	4.50	M5：18－2（265）Ha	
641	2.05	0.75	0.15	4.50	M5：18－2（266）Ha	有铸流口
642	2.01	0.75	0.18	5.70	M5：18－2（267）Ha	有扉皮铸凸
643	2.00	0.70	0.10	3.70	M5：18－2（268）Ha	
644	2.11	0.70	0.11	4.00	M5：18－2（269）Ha	有扉皮铸流口
645	2.15	0.71	0.10	2.90	M5：18－2（270）Ha	有扉皮
646	2.00	0.80	0.09	2.97	M5：18－2（271）Ha	有扉皮
647	2.00	0.81	0.12	5.20	M5：18－2（272）Ha	有铸流口
648	2.15	0.85	0.10	2.60	M5：18－2（273）Ha	
649	2.05	1.00	0.13	4.80	M5：18－2（274）Ha	有铸流口铸凸
650	2.10	0.80	0.10	3.00	M5：18－2（275）Ha	有铸流口
651	2.20	0.80	0.08	2.00	M5：18－2（276）Ha	
652	2.21	0.80	0.07	1.98	M5：18－2（277）Ha	
653	2.00	0.81	0.08	2.60	M5：18－2（278）Ha	
654	2.00	1.00	0.10	4.50	M5：18－2（279）Ha	有铸流口
655	2.10	0.81	0.12	4.80	M5：18－2（280）Ha	有扉皮铸流口
656	2.01	1.01	0.06	1.50	M5：18－2（281）Hb	轻薄有扉皮
657	2.40	1.10	0.08	2.30	M5：18－2（282）Hb	
658	2.70	1.10	0.11	4.90	M5：18－2（283）Hb	有扉皮铸凸
659	1.96	0.95	0.08	1.50	M5：18－2（284）Hb	轻薄有扉皮流口
660	1.95	0.09	0.09	2.12	M5：18－2（285）Hb	轻薄有铸流口
661	2.00	0.81	0.09	2.21	M5：18－2（286）Hb	边缘残缺
三　四铢半两						
662	2.60	1.00	0.10	3.30	M5：18－3（1）A	有扉皮
663	2.50	1.00	0.10	3.28	M5：18－3（2）A	
664	2.50	0.90	0.11	3.38	M5：18－3（3）A	
665	1.95	0.81	0.15	5.61	M5：18－3（4）A	有扉皮

续表一

半两钱 （序号）	直 径 （厘米）	方穿边长 （厘米）	币 厚 （厘米）	重 量 （克）	编 号	备 注
666	1.96	0.76	0.08	3.00	M5：18－3（5）B	有铸流口
667	1.90	0.66	0.09	2.80	M5：18－3（6）B	有裂口
668	1.90	异形	0.10	2.50	M5：18－3（7）B	穿边铜汁不到
669	2.20	0.90	0.10	3.00	M5：18－3（8）B	
670	1.90	0.80	0.08	2.70	M5：18－3（9）B	
671	2.50	1.00	0.10	3.10	M5：18－3（10）B	
672	1.87	0.80	0.10	3.17	M5：18－3（11）B	
673	2.40	1.00	0.10	3.10	M5：18－3（12）B	
674	1.96	0.90	0.09	2.86	M5：18－3（13）C	
675	1.80	0.90	0.08	1.64	M5：18－3（14）C	
676	2.30	1.10	0.05	0.90	M5：18－3（15）C	轻薄
677	1.70	1.10	0.06	1.40	M5：18－3（16）C	有扉皮
678	1.65	1.00	0.06	1.70	M5：18－3（17）C	有扉皮
679	1.80	0.88	0.09	2.90	M5：18－3（18）C	有铸流口
680	1.80	0.88	0.12	3.61	M5：18－3（19）C	有铸流口
681	2.20	0.90	0.08	2.70	M5：18－3（20）C	有扉皮
682	2.20	0.80	0.11	2.80	M5：18－3（21）C	
683	1.81	0.80	0.08	2.20	M5：18－3（22）D	
684	1.80	0.90	0.05	1.81	M5：18－3（23）D	穿边铜汁不到
685	2.20	0.80	0.11	2.80	M5：18－3（24）D	穿内有扉皮
686	1.70	0.75	0.10	2.30	M5：18－3（25）D	
687	2.30	1.00	0.08	1.80	M5：18－3（26）D	有扉皮
688	1.70	0.95	0.05	1.40	M5：18－3（27）D	
689	1.70	0.96	0.04	1.18	M5：18－3（28）D	
690	2.20	0.90	0.09	2.20	M5：18－3（29）D	
691	2.10	1.00	0.05	1.60	M5：18－3（30）D	有扉皮
692	1.68	0.90	0.05	1.38	M5：18－3（31）D	
693	1.71	0.91	0.06	1.58	M5：18－3（32）D	
694	1.80	0.75	0.07	2.30	M5：18－3（33）D	背有铸凸
695	1.80	0.84	0.11	2.70	M5：18－3（34）D	
696	2.20	1.10	0.09	1.95	M5：18－3（35）D	有扉皮
697	1.68	0.86	0.05	1.20	M5：18－3（36）D	
698	2.20	1.00	0.08	1.61	M5：18－3（37）D	有扉皮

半两钱 （序号）	直 径 （厘米）	方穿边长 （厘米）	币 厚 （厘米）	重 量 （克）	编 号	备 注
699	1.80	1.00	0.09	1.90	M5：18 - 3（38）D	
700	1.89	0.78	0.10	2.50	M5：18 - 3（39）D	
701	1.81	0.80	0.09	2.40	M5：18 - 3（40）D	有犀皮
合 计	M5 出土半两钱币 701 枚，其中：秦半两 375 枚，八铢半两 286 枚，四铢半两 40 枚。钱币重量用天秤，尺寸用游标卡尺测量。					

秦半两　375 枚。据钱文字体变化，分为六型十二亚型（图版二四一、二四二）。

A 型　19 枚。据字体分 Aa 型、Ab 型二亚型。

Aa 型　11 枚。字形较大。

标本 M5：18 - 1（1），无内外郭，平背。半两二字笔画方折，两字上横短，半字竖笔下部略长。下有铸流口。直径 2.9 厘米，方穿边长 1.02 厘米，厚 0.1 厘米，重 6.7 克（图九八，2）。标本 M5：18 - 1（2），两字上横略长，半字竖笔较短。直径 3 厘米，方穿边长 1.1 厘米，厚 0.09 厘米，重 6 克（图九八，3）。标本 M5：18 - 1（3），两字上横长，半字竖笔下端钝粗。上下有铸流口，厚重。直径 3.01 厘米，方穿边长 1.01 厘米，币厚 1.9 厘米，重 16.9 克（图九八，4）。

Ab 型　8 枚。字形较小。

标本 M5：18 - 1（12），无内外郭，平背。有犀皮，上有铸流口。笔画方折，字体瘦劲。直径 2.65 厘米，方穿边长 0.75 厘米，厚 0.11 厘米，重 8.1 克（图九八，1）。标本 M5：18 - 1（13），半两二字字形近方，两字笔画较细，半字笔画较粗。有铸流口、犀皮。直径 3.2 厘米，方穿边长 0.94、0.12 厘米，重 8.5 克（图九八，8）。标本 M5：18 - 1（14），半两二字近方形，半字上宽下窄。厚重。直径 3.3 厘米，方穿边长 1.2 厘米，厚 0.18 厘米，重 8.7 克（图九八，7）。

B 型　116 枚。字体长方，字形略小。分 Ba 型、Bb 型二亚型。

Ba 型　68 枚。半两二字笔画较粗。

标本 M5：18 - 1（20），无郭平背，半字字体较长，两字字体近方。上下有铸流口。直径 3.1 厘米，方穿边长 1.1 厘米，厚 0.11 厘米，重 6 克（图九八，6）。标本 M5：18 - 1（21），无郭平背，背有一圆凸，上有铸流口。半两二字字体较长，笔画较粗。直径 3 厘米，方穿边长 0.9 厘米，厚 0.11 厘米，重 4.9 克（图九八，12）。标本 M5：18 - 1（22），半两二字笔画方折，两字转折笔画较粗。轻薄。直径 3.1 厘米，方穿边长 0.9 厘米，厚 0.05 克（图九八，11）。标本 M5：18 - 1（23），半两二字笔画较粗，笔画端方笔。上下有铸流口。直径 3.2 厘米，方穿边长 0.96 厘米，厚 0.1 厘米，重 5.4 克（图九八，10）。标本 M5：18 - 1（25），两字方折笔画较粗，半字竖笔中粗下细。直径 3.1 厘米，方穿边长 0.89 厘米，厚 0.1 厘米，重 5.9 克（图九八，5）。标本 M5：18 - 1（48），两字上横笔以下不清，正面左上边沿有一 "U" 缺口。直径 3 厘米，方穿边长 0.75 厘米，厚 0.09 厘米，重 4.1 克（图九八，9）。

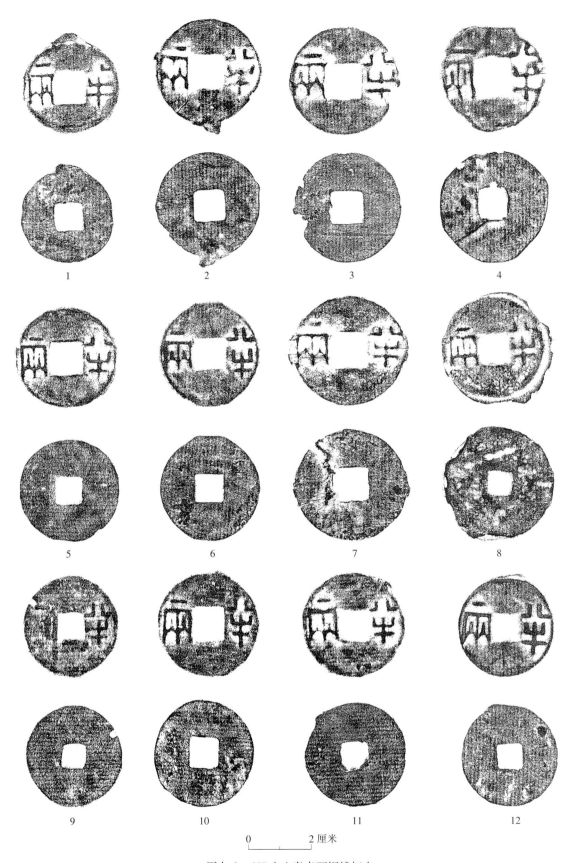

图九八　M5 出土秦半两铜钱拓本

1. M5：18－1（12）　2. M5：18－1（1）　3. M5：18－1（2）　4. M5：18－1（3）　5. M5：18－1（25）　6. M5：18－1（20）　7. M5：
18－1（14）　8. M5：18－1（13）　9. M5：18－1（48）　10. M5：18－1（23）　11. M5：18－1（22）　12. M5：18－1（21）

Bb 型 48 枚。笔画较细。

标本 M5：18 - 1（89），半字下横较长，两字竖笔较粗，上部带铸流口。直径 2.4 厘米，方穿边长 0.9 厘米，厚 0.09 厘米，重 4.6 克（图九九，6）。标本 M5：18 - 1（90），半字瘦长，两字上横短，有铸流口。直径 2.7 厘米，方穿边长 0.92 厘米，厚 0.1 厘米，重 3.84 克（图九九，4）。标本 M5：18 - 1（91），半字竖笔较粗，两字竖笔细长，有铸流口，扉皮。直径 2.7 厘米，方穿边长 0.84 厘米，厚 0.12 厘米，重 3.9 克（图九九，3）。标本 M5：18 - 1（92），半字上宽下窄，两字上横短，有扉皮和铸流口。直径 2.7 厘米，方穿边长 1 厘米，厚 0.1 厘米，重 3.74 克（图九九，2）。标本 M5：18 - 1（93），半字下横短粗，两字上横短粗。直径 2.6 厘米，方穿边长 0.94 厘米，厚 0.12 厘米，重 5.5 克（图九九，1）。标本 M5：18 - 1（94），半字字形较大，两字字形较小，轻薄。直径 2.4 厘米，方穿边长 1.1 厘米，厚 0.08 厘米，重 2.7 克（图九九，8）。标本 M5：18 - 1（95），半字上宽下窄，两字竖笔较长，背有铸凸。直径 2.6 厘米，方穿边长 0.98 厘米，厚 0.1 厘米，重 3.68 克（图九九，7）。

C 型 79 枚。依据字体分二型。

Ca 型 37 枚。字的形体略大，笔画较粗。

标本 M5：18 - 1（136），半字略小，两字字形较大，上横较长，有铸流口。直径 2.6 厘米，方穿边长 0.91 厘米，厚 0.09 厘米，重 6 克（图一〇〇，4）。标本 M5：18 - 1（137），半两二字笔画较粗，有铸流口。直径 2.6 厘米，方穿边长 0.84 厘米，厚 0.11 厘米，重 5.9 克（图九九，5）。标本 M5：18 - 1（138），半两二字字形瘦长，上缘有"U"形缺口和扉皮。直径 2.7 厘米，方穿边长 0.96 厘米，厚 0.09 厘米，重 3.5 克（图一〇〇，3）。标本 M5：18 - 1（139），半字上部"八"近竖笔，两字上横短，有铸流口。直径 2.6 厘米，方穿边长 1 厘米，厚 0.1 厘米，重 3.9 克（图一〇〇，2）。标本 M5：18 - 1（145），半字上宽下窄，下横短，两字下边笔借边。直径 2.6 厘米，方穿边长 0.94 厘米，厚 0.15 厘米，重 5.9 克（图九九，12）。标本 M5：18 - 1（156），半两二字笔画较粗，字形长方。有扉皮。直径 2.7 厘米，方穿边长 1 厘米，厚 0.15 厘米，重 4.7 克（图九九，11）。

Cb 型 42 枚。字形略小，笔画较细。

标本 M5：18 - 1（173），半字瘦长，两字上横短，铸造时铜汁不到。直径 2.6 厘米，方穿边长 1 厘米，厚 0.1 厘米，重 3.7 克（图九九，9）。标本 M5：18 - 1（174），半字上宽下窄，下横短，两字近方形方折，有铸流口。直径 2.7 厘米，方穿边长 0.9 厘米，厚 0.11 厘米，重 4.9 克（图九九，10）。标本 M5：18 - 1（175），半两二字转折处方折，半字下横和两字上横短，有扉皮。直径 2.7 厘米，方穿边长 0.9 厘米，厚 0.12 厘米，重 5.6 克（图一〇〇，1）。

D 型 82 枚。依据体量、字体大小，分二型。

Da 型 60 枚。钱体、字体略大。

标本 M5：18 - 1（215），半字上"八"方折，两字上横短，有铸流口。直径 2.9 厘米，方穿边长 1 厘米，厚 0.09 厘米，重 3.3 克（图一〇〇，7）。标本 M5：18 - 1（216），半两二字转折处方

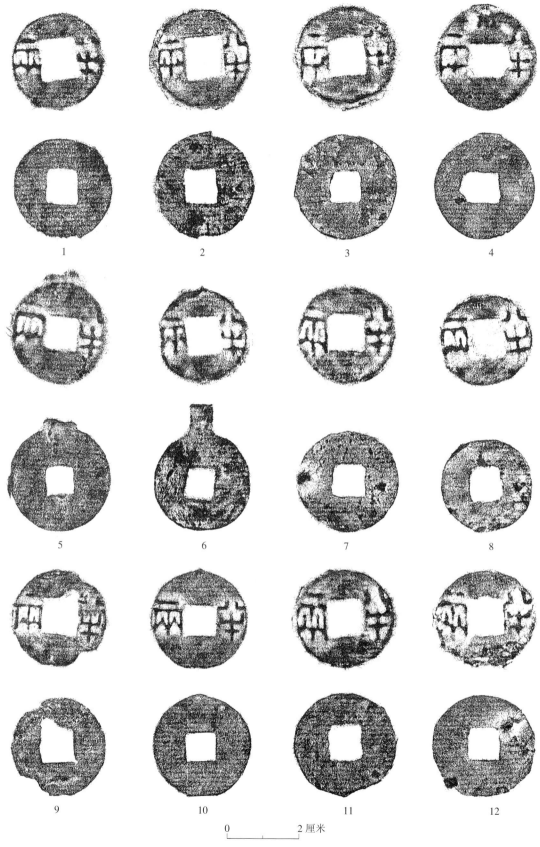

图九九　M5 出土秦半两铜钱拓本

1. M5∶18 - 1（93）　　2. M5∶18 - 1（92）　　3. M5∶18 - 1（91）　　4. M5∶18 - 1（90）　　5. M5∶18 - 1（137）　　6. M5∶18 - 1（89）
7. M5∶18 - 1（95）　　8. M5∶18 - 1（94）　　9. M5∶18 - 1（173）　　10. M5∶18 - 1（174）　　11. M5∶18 - 1（156）　　12. M5∶18 - 1（145）

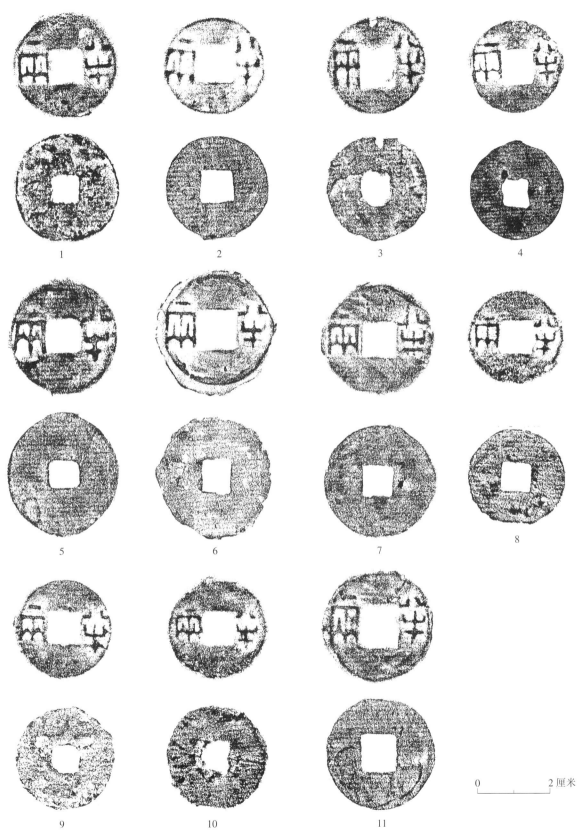

图一〇〇　M5 出土秦半两铜钱拓本

1. M5：18－1（175）　2. M5：18－1（139）　3. M5：18－1（138）　4. M5：18－1（136）　5. M5：18－1（217）　6. M5：18－1（216）
7. M5：18－1（215）　8. M5：18－1（278）　9. M5：18－1（276）　10. M5：18－1（275）　11. M5：18－1（218）　12. M5：18－1
（145）

折、半字下横、两字上横短，有扁皮。直径3厘米，方穿边长1.1厘米，厚0.15厘米，重7.2克（图一〇〇，6）。标本M5：18-1（217），半两二字笔画较粗，上下部有铸流口。直径2.9厘米，方穿边长0.9厘米，厚0.11厘米，重7.2克（图一〇〇，5）。标本M5：18-1（218），半两二字长方，笔画较粗，有铸流口和扁皮。直径3厘米，方穿边长1.1厘米，厚0.1厘米，重5.8克（图一〇〇，11）。

Db型　22枚。钱体、字体略小。

标本M5：18-1（275），半字上"八"笔画、两字上横笔画短，有铸流口。直径2.6厘米，方穿边长0.9厘米，厚0.12厘米，重4.8克（图一〇〇，10）。标本M5：18-1（276），半字上宽下窄，两字上横短，有扁皮。直径2.6厘米，方穿边长0.9厘米，厚0.12厘米，重5.6克（图一〇〇，9）。标本M5：18-1（278），半字下横、两字上横短，轻薄。直径2.5厘米，方穿边长0.9厘米，厚0.08厘米，重2.6克（图一〇〇，8）。

E型　79枚。依据字体、字形分二型。

Ea型　53枚。字形近方形，字体略小。

标本M5：18-1（297），半字上宽下窄，下横、两字上横短，有扁皮。直径2.7厘米，方穿边长0.9厘米，厚0.1厘米，重4.3克（图一〇一，4）。标本M5：18-1（299），半字上宽下窄，两字上横不清，有铸流口。直径2.7厘米，方穿边长0.9厘米，厚0.08厘米，重4.2克（图一〇一，3）。标本M5：18-1（300），半两二字笔画略细，有铸流口，钱背有铸凸。直径2.4厘米，方穿边长1厘米，厚0.1厘米，重4.1克（图一〇一，2）。标本M5：18-1（301），半字下横、两字上横略长，转折处方折。直径2.7厘米，方穿边长0.9厘米，厚0.1厘米，重4.1克（图一〇一，1）。标本M5：18-1（314），半字上"八"呈二横点，下横短，两字上横略长，有扁皮和铸流口。直径2.5厘米，方穿边长0.9厘米，厚0.1厘米，重3.9克（图一〇一，8）

Eb型　26枚。字形长方，字体略大。

标本M5：18-1（350），半字头呈"八"字，下横、两字上横短，有扁皮和铸流口。直径2.7厘米，方穿边长0.8厘米，厚0.08厘米，重3.8克（图一〇一，7）。标本M5：18-1（351），半字下横、两字上横略长，两字为"人"两。直径2.8厘米，方穿边长0.9厘米，厚0.1厘米，重3.8克（图一〇一，6）。标本M5：18-1（352），半字竖笔较细，下横短，两字为"人"两。直径2.7厘米，方穿边长0.8厘米，厚0.1厘米，重4克（图一〇一，5）。标本M5：18-1（353），半字上横呈方圆折，下横短，两字为"人"两，笔画饱满。有铸流口。直径2.6厘米，方穿边长0.9厘米，厚0.1厘米，重3.6克（图一〇一，9）。标本M5：18-1（354），半两二字修长，两字上横短。直径2.6厘米，方穿边长1.1厘米，厚0.12厘米，重4.8克（图一〇一，10）。

八铢半两　286枚。据字体形分八型十六亚型（图版二四三～二四五）。

A型　13枚。依据字形分三亚型。

Aa型　2枚。字形长方、体较大。

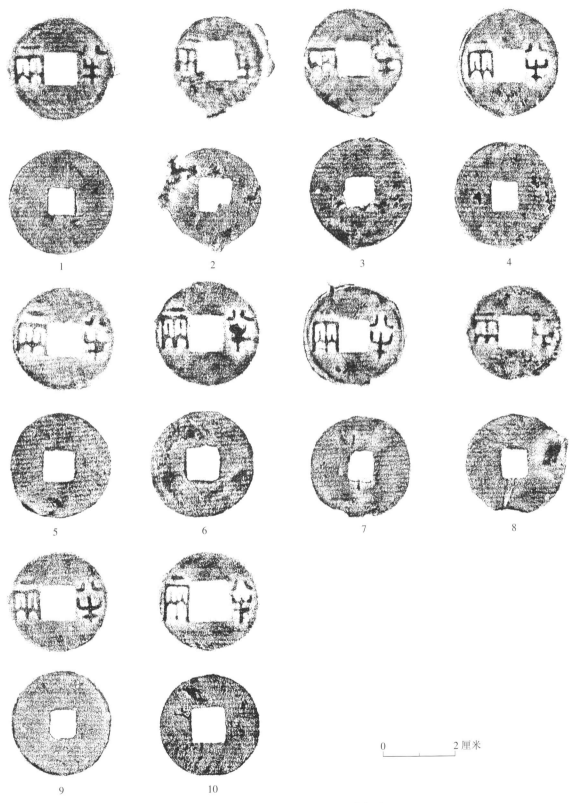

0 _____ 2 厘米

图一〇一　M5 出土秦半两铜钱拓本

1. M5：18－1（301）　2. M5：18－1（300）　3. M5：18－1（299）　4. M5：18－1（297）　5. M5：18－1（352）　6. M5：18－1
（351）　7. M5：18－1（350）　8. M5：18－1（314）　9. M5：18－1（353）　10. M5：18－1（354）

标本 M5：18 - 2（1），半两二字笔画较粗，方穿下部有一圆孔。直径 2.7 厘米，方穿边长 1 厘米，厚 0.11 厘米，重 4.61 克（图一〇二，4）。标本 M5：18 - 2（2），笔画较细，半字下横短，两字上横模糊。直径 2.7 厘米，方穿边长 1 厘米，厚 0.14 厘米，重 6.1 克（图一〇二，3）。

Ab 型　4 枚。字形近方、笔划略粗。

标本 M5：18 - 2（3），半字下横短，两字上横模糊。有铸流口，轻薄。直径 2.6 厘米，方穿边长 0.9 厘米，厚 0.06 厘米，重 2.1 克（图一〇二，2）。标本 M5：18 - 2（4），半字下横较长，两字上横较短。直径 2.6 厘米，方穿边长 0.9 厘米，厚 0.1 厘米，重 2.9 克（图一〇二，1）。

Ac 型　7 枚。字形较小，笔划较细。

标本 M5：18 - 2（8），笔画细，半两二字瘦长。直径 2.1 厘米，方穿边长 0.8 厘米，厚 0.1 厘米，重 3.3 克（图一〇二，8）。标本 M5：18 - 2（9），半字下横、两上横短，有铸流口。直径 2.1 厘米，方穿边长 0.75 厘米，厚 0.1 厘米，重 4.1 克（图一〇二，7）。

B 型　8 枚。依据字形、笔划分二亚型。

Ba 型　2 枚。字形较大，笔划略粗。

标本 M5：18 - 2（14），半两二字笔划粗，半字下横、两字上横短。背有铸凸，轻薄。直径 2.6 厘米，方穿边长 0.9，厚 0.04 厘米，重 1.5 克（图一〇二，6）。

Bb 型 6 枚。字形略小，笔划略小。

标本 M5：18 - 2（16），半字下横长，两字上横短，有扉皮。直径 2.5 厘米，方穿边长 0.9 厘米，厚 0.11 厘米，重 4 克（图一〇二，5）。标本 M5：18 - 2（17），半字竖笔较细，两字为“从”两，有铸流口。直径 2.4 厘米，方穿边长 1 厘米，厚 0.09 厘米，重 2.9 克（图一〇二，12）。标本 M5：18 - 2（18），半字略大，两字为“从”字两、偏小，背有菱形铸凸。直径 2.4 厘米，方穿边长 0.9 厘米，厚 0.09 厘米，重 3.26 克（图一〇二，11）。

C 型　4 枚。据字形、笔画分二亚型。

Ca 型　2 枚。字形规整，笔画匀称。

标本 M5：18 - 2（22），半字偏小，两字为“人”字两。直径 2.6 厘米，方穿边长 0.9 厘米，厚 0.05 厘米，重 2.2 克（图一〇二，10）。标本 M5：18 - 2（23），半下横、两字上横略长，“人”字两。有扉皮铸流口。直径 2.6 厘米，方穿边长 0.9 厘米，厚 0.12 厘米，重 5.4 克（图一〇二，9）。

Cb 型　2 枚。字形向右倾，笔画粗细不匀。

标本 M5：18 - 2（25），半字下横略长，“从”字两。有铸流口。直径 2.7 厘米，方穿边长 0.8 厘米，厚 1.2 厘米，重 4 克（图一〇三，4）。标本 M5：18 - 2（24），半两二字笔画略粗，“人”字两。有扉皮和铸流口，厚重。直径 2.6 厘米，穿边长 0.9 厘米，厚 0.2 厘米，重 7.88 克（图一〇三，3）。

D 型　23 枚。据字形笔画分二亚型。

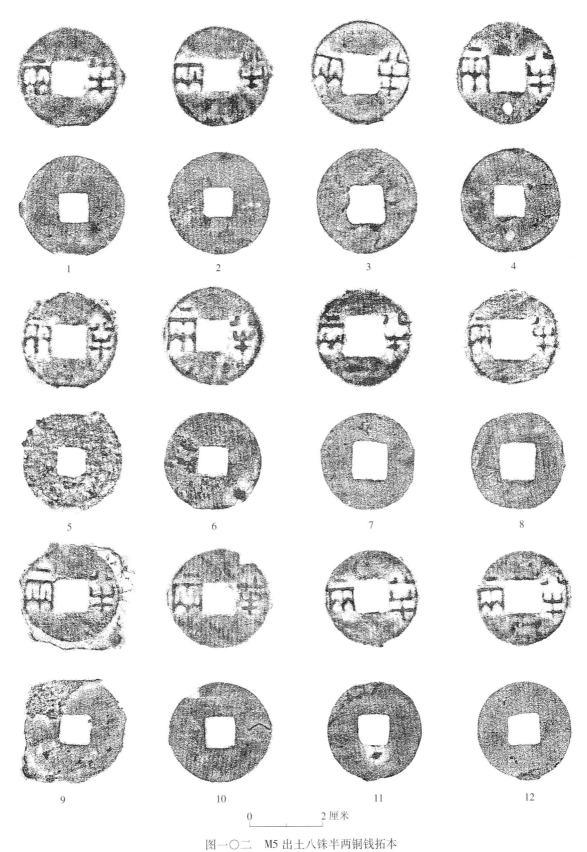

0   2 厘米

图一〇二　M5 出土八铢半两铜钱拓本

1. M5：18-2（4）　　2. M5：18-2（3）　　3. M5：18-2（2）　　4. M5：18-2（1）　　5. M5：18-2（16）　　6. M5：18-2（14）　　7. M5：
18-2（9）　　8. M5：18-2（8）　　9. M5：18-2（353）　　10. M5：18-2（354）　　11. M5：18-2（18）　　12. M5：18-2（17）

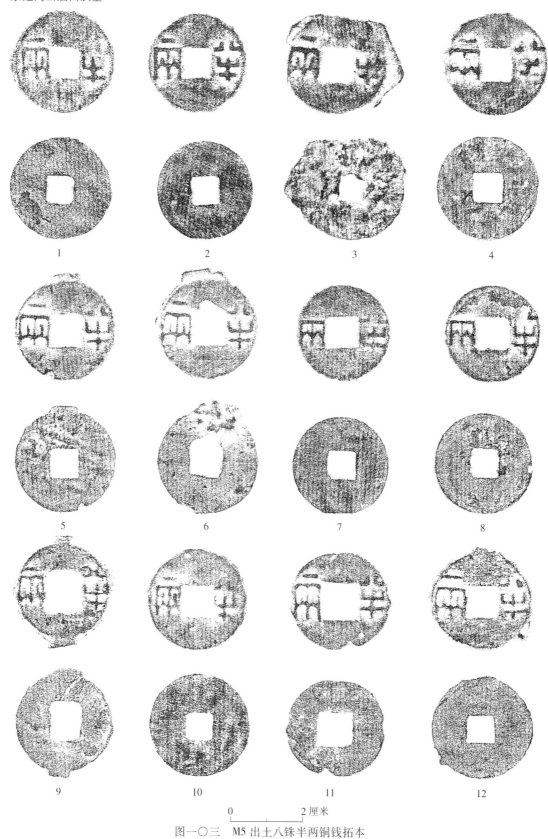

图一〇三　M5 出土八铢半两铜钱拓本

1. M5：18－2（30）　2. M5：18－2（29）　3. M5：18－2（24）　4. M5：18－2（25）　5. M5：18－2（50）　6. M5：18－2（36）
7. M5：18－2（37）　8. M5：18－2（36）　9. M5：18－2（69）　10. M5：18－2（68）　11. M5：18－2（57）　12. M5：18－2
（55）

Da 型 10 枚。字形略大、笔画略粗。

标本 M5：18 - 2 (29)，半下横、两上横短粗，轻薄。直径 2.6 厘米，方穿边长 0.8 厘米，厚 0.05 厘米，重 1.76 克 (图一〇三，2)。标本 M5：18 - 2 (30)，半字竖笔粗，"人"字两。直径 2.5 厘米，方穿边长 0.8 厘米，厚 0.1 厘米，重 2.8 克 (图一〇三，1)。

Db 13 枚。字形略小，笔画略细。

标本 M5：18 - 2 (36)，半字下横略长，两字上横短。直径 2.5 厘米，方穿边长 0.9 厘米，厚 0.11 厘米，重 3.81 克 (图一〇三，8)。标本 M5：18 - 2 (37)，半字下横长，"从"字两。直径 2.5 厘米，方穿边长 0.9 厘米，厚 0.09 厘米，重 3.1 克 (图一〇三，7)。

E 型 32 枚。据字形、笔画分二亚型。

Ea 型 19 枚。字形规整、较大。

标本 M5：18 - 2 (49)，半字上"八"方折，"人"字两。有铸流口和扉皮。直径 2.6 厘米，方穿边长 0.9 厘米，厚 0.11 厘米，重 4 克 (图一〇三，6)。标本 M5：18 - 2 (50)，半两二字右倾钱左下沿有"U"缺口，上缘有铸流口。直径 2.6 厘米，方穿边长 0.76 厘米，厚 0.11 厘米，重 4.4 克 (图一〇三，5)。标本 M5：18 - 2 (55)，半字下横、两字上横长，上缘有铸流口。直径 2.6 厘米，方穿边长 0.9 厘米，厚 0.09 厘米，重 3.6 克 (图一〇三，12)。标本 M5：18 - 2 (57)，半字下横长，两字长方为"人"两，边缘有缺。轻薄。直径 2.7 厘米，方穿边长 1.1 厘米，厚 0.08 厘米，重 1.9 克 (图一〇三，11)。

Eb 型 13 枚。字形草率、较小。

标本 M5：18 - 2 (68)，半字下横、两字上横短。直径 2.6 厘米，方穿边长 0.9 厘米，厚 0.08 厘米，重 2.71 克 (图一〇三，10)。标本 M5：18 - 2 (69)，半两二字变形，笔画较细。上下沿有铸流口，轻薄。直径 2.5 厘米，方穿边长 1.1 厘米，厚 0.08 厘米，重 1.8 克 (图一〇三，9)。标本 M5：18 - 2 (71)，半字上宽下窄，"人"字两。直径 2.7 厘米，方穿边长 1 厘米，厚 0.1 厘米，重 3.4 克 (图一〇四，4)。标本 M5：18 - 2 (79)，半两二字笔画较细，字体草率，有扉皮。直径 2.6 厘米，方穿边长 0.9 厘米，厚 0.1 厘米，重 3.3 克 (图一〇四，3)。

F 型 95 枚。据钱体、字体分二亚型。

Fa 型 70 枚。钱径、字形较大。

标本 M5：18 - 2 (88)，半两二字右高左低，半字向左倾，有铸流口。直径 3 厘米，方穿边长 1.1 厘米，厚 0.09 厘米，重 5.12 克 (图一〇四，2)。标本 M5：18 - 2 (89)，半字下横短，上宽下窄，"人"字两，笔画粗，有铸流口。直径 3 厘米，方穿边长 1.1 厘米，厚 0.1 厘米，重 5.4 克 (图一〇四，1)。标本 M5：18 - 2 (84)，半字长方，笔画粗，两字上横短，"人"两，有扉皮，厚重。直径 3.1 厘米，方穿边长 1.1 厘米，厚 0.16 厘米，重 9.1 克 (图一〇四，8)。标本 M5：18 - 2 (90)，半字上宽下窄，笔画粗，两字上横短，"人"两，有铸流口。直径 2.9 厘米，方穿边长 1 厘米，厚 0.11 厘米，重 6.8 克 (图一〇四，7)。标本 M5：18 - 2 (91)，半字下横、两字上横短，半字较小，两字较

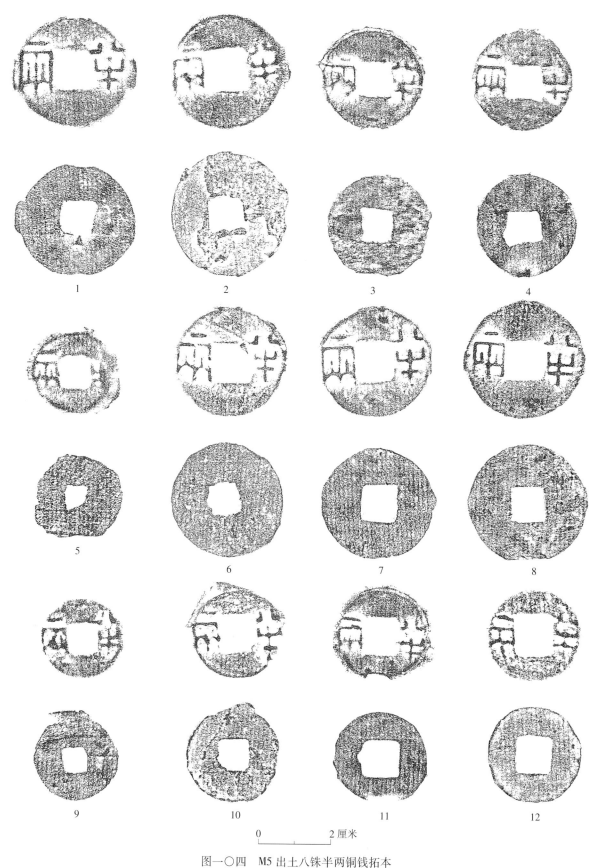

图一〇四　M5 出土八铢半两铜钱拓本

1. M5：18-2（30）　2. M5：18-2（29）　3. M5：18-2（24）　4. M5：18-2（25）　5. M5：18-2（50）　6. M5：18-2（36）
7. M5：18-2（37）　8. M5：18-2（36）　9. M5：18-2（69）　10. M5：18-2（68）　11. M5：18-2（57）　12. M5：18-2
（55）

大，有扉皮和铸流口。直径2.9厘米，方穿边长1厘米，厚0.1厘米，重4.12克（图一〇四，6）。

Fb 25枚。钱径、字形较小。

标本M5：18－2（157），半字模糊，两字变形，有扉皮。直径2厘米，方穿边长0.8厘米，厚0.18厘米，重4.24克（图一〇四，5）。标本M5：18－2（152），半两二字瘦长，字体草率。直径2.4厘米，方穿边长1.1厘米，厚0.11厘米，重2.5克（图一〇四，12）。标本M5：18－2（158），半字偏大，两字偏小，有扉皮。直径2.4厘米，方穿边长1厘米，厚0.12厘米，重4.62克（图一〇四，11）。标本M5：18－2（160），半字瘦长，上宽下窄，"从"字两，有扉皮和铸流口。直径2.4厘米，方穿边长1厘米，厚0.1厘米，重4.42克（图一〇四，10）。标本M5：18－2（161），半字下横长，两字模糊，有铸流口。直径2.2厘米，方穿边长0.8厘米，厚0.18厘米，重4.9克（图一〇四，9）。

G型 54枚。据字形分二亚型。

Ga型 46枚。字形较大，笔画略粗。

标本M5：18－2（178），半两二字右倾，半字上宽下窄，"人"字两，有铸流口。直径2.6厘米，方穿边长0.8厘米，厚0.09厘米，重4.51克（图一〇五，4）。标本M5：18－2（179），半字下横较长，"人"两，方穿上边铜汁不到，残缺。背有铸凸。直径2.7厘米，方穿边长0.9厘米，厚0.07厘米，重2.5克（图一〇五，3）。标本M5：18－2（180），半字下横、两上横较长，有铸流口。直径2.6厘米，方穿边长0.9厘米，厚0.1厘米，重3.51克（图一〇五，2）。

Gb型 8枚。字形略小，笔画较细。

标本M5：18－2（224），半两二字残损，半字下横、两上横较长，有铸流口。直径2.4厘米，方穿边长0.9厘米，厚0.1厘米，重3.46克（图一〇五，1）。标本M5：18－2（225），半字上宽下窄，"从"两。直径2.7厘米，方穿边长0.81厘米，厚0.09厘米，重3.8克（图一〇五，7）。标本M5：18－2（226），半字上宽下窄，"从"字两，有铸流口。直径2.5厘米，方穿边长1.1厘米，厚0.11厘米，重3.7克（图一〇五，6）。

H型 57枚，据钱径、字形分二亚型。

Ha型 51枚。钱径、字形较大

M5：18－2（232），半字上宽下窄，两字上横长。直径2.8厘米，方穿边长1厘米，厚0.09厘米，重2.9克（图一〇五，5）。标本M5：18－2（233），半两二字笔画较粗，"人"两，有扉皮。直径2.8厘米，方穿边长1厘米，厚0.19厘米，重6.1克（图一〇五，11）。标本M5：18－2（234），半字下横长，两字上横短，厚重。直径2.7厘米，方穿边长0.9厘米，厚0.19厘米，重7.9克（图一〇五，8）。

Hb型 6枚。钱径，字形小、笔画细。

标本M5：18－2（282），半两二字草率，略显模糊，有扉皮。直径2.4厘米，方穿边长1.1厘米，厚0.08厘米，重2.3克（图一〇五，10）。标本M5：18－2（283），半字下横、两字上横长，有扉皮和铸流口。直径2.7厘米，方穿边长1.1厘米，厚0.11厘米，重4.9克（图一〇五，9）。

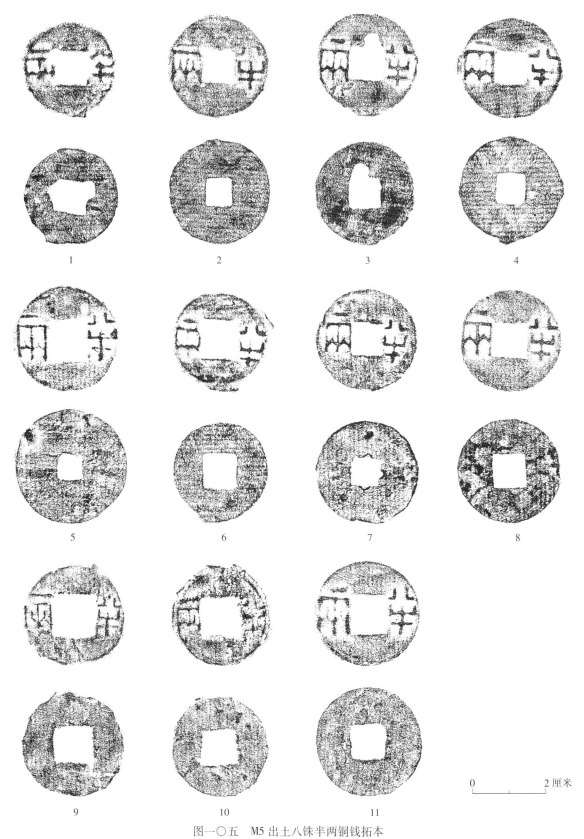

图一〇五　M5 出土八铢半两铜钱拓本

1. M5：18－2（224）　2. M5：18－2（180）　3. M5：18－2（179）　4. M5：18－2（178）　5. M5：18－2（232）　6. M5：18－2（226）　7. M5：18－2（225）　8. M5：18－2（234）　9. M5：18－2（283）　10. M5：18－2（282）　11. M5：18－2（233）

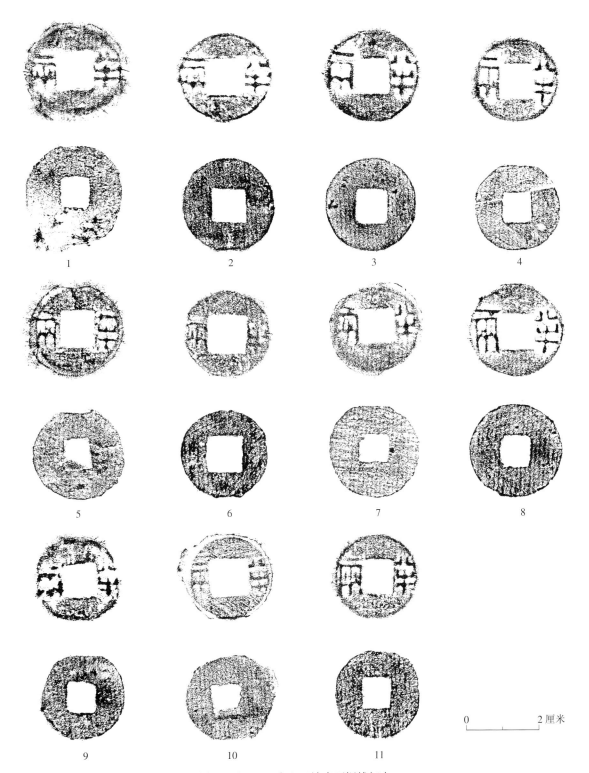

图一〇六　M5 出土四铢半两铜钱拓本

1. M5：18 - 3（1）　　2. M5：18 - 3（2）　　3. M5：18 - 3（3）　　4. M5：18 - 3（8）　　5. M5：18 - 3（20）　　6. M5：18 - 3（15）　　7. M5：
18 - 3（12）　8. M5：18 - 3（10）　9. M5：18 - 3（29）　10. M5：18 - 3（30）　11. M5：18 - 3（21）

四铢半两　40 枚。据字形分四型。

A 型　4 枚。半两二字近方形。

标本 M5：18 − 3（1），半字下横、两字上横长，半字下宽上窄，有扉皮。直径 2.6 厘米，方穿边长 1 厘米，厚 0.1 厘米，重 3.3 克（图一〇六，1）。标本 M5：18 − 3（2），半字下横、两字上横长，"人"两，有铸流口。直径 2.5 厘米，方穿边长 1 厘米，厚 0.1 厘米，重 3.28 克（图一〇六，2）。标本 M5：18 − 3（3），半字下宽上窄，竖笔下部加粗，"从"两。直径 2.5 厘米，方穿边长 0.9 厘米，厚 0.11 厘米，重 3.38 克（图一〇六，3）。

B 型　8 枚。字形大，瘦长。

标本 M5：18 − 3（8），半字竖笔下部加粗，"从"字两。直径 2.2 厘米，方穿边长 0.9 厘米，厚 0.1 厘米，重 3 克（图一〇六，4）。标本 M5：18 − 3（10），半字竖笔右斜，下端加粗，"人"两。直径 2.5 厘米，方穿边长 1 厘米，厚 0.1 厘米，重 3.1 克（图一〇六，8）。标本 M5：18 − 3（12），半两二字草率，有扉皮。直径 2.4 厘米，方穿边长 1 厘米，厚 0.1 厘米，重 3.1 克（图一〇六，7）。

C 型　9 枚。字形长方，略微草率。

标本 M5：18 − 3（15），半字竖笔较粗，两字变形，"人"两，轻薄。直径 2.3 厘米，方穿边长 1.1 厘米，厚 0.05 厘米，重 0.9 克（图一〇六，6）。标本 M5：18 − 3（20），半两二字笔画细，半字头"八"相连，有扉皮。直径 2.2 厘米，方穿边长 0.9 厘米，厚 0.08 厘米，重 2.7 克（图一〇六，5）。标本 M5：18 − 3（21），半字下横长，两字上横短，"人"字两。直径 2.2 厘米，方穿边长 0.8 厘米，厚 0.11 厘米，重 2.8 克（图一〇六，11）。

D 型　19 枚。字形较小，笔画粗细不一。

标本 M5：18 − 3（29），半两二字草率，半字竖笔较粗。直径 2.2 厘米，方穿边长 0.9 厘米，厚 0.09 厘米，重 2.2 克（图一〇六，9）。标本 M5：18 − 3（30），半字下横长，两字上横短，"人"字两，有铸流口和扉皮，轻薄。直径 2.1 厘米，方穿边长 1 厘米，厚 0.05 厘米，重 1.6 克（图一〇六，10）。标本 M5：18 − 3（35），半字下横、两字上横较长，两字草率，直径 2.2 厘米，方穿边长 1.1 厘米，厚 0.09 厘米，重 1.95 克（图一〇七，1）。标本 M5：18 − 3（37），半字下横斜上挑，"人"字两左边"人"模糊，有扉皮。直径 2.2 厘米，方穿边长 1 厘米，厚 0.08 厘米，重 1.61 克（图一〇七，2）。标本 M5：18 − 3（26），半字较大，下横较长，两字较小，上横较短，有扉皮。直径 2.3 厘米，方穿边长 1 厘米，厚 0.08 厘米，重 1.8 克（图一〇七，3）。标本 M5：18 − 3（24），半两二字笔画匀称，半字头"八"方折，"从"字两，有扉皮。直径 2.2 厘米，方穿边长 0.8 厘米，厚 0.11 厘米，重 2.8 克（图一〇七，4）。

4. 银器

1 件。

银环首柄 1 件。M5：69，直柄，似半圆形环首。直柄横切面呈倒梯形。直柄长 3 厘米，环首长径 2.6 厘米（图一〇八，4；图版二四六）。

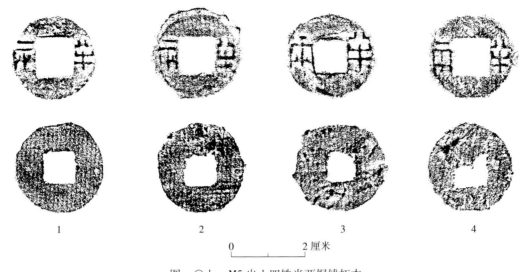

图一〇七　M5 出土四铢半两铜钱拓本

1. M5：18 - 3（35）　2. M5：18 - 3（37）　3. M5：18 - 3（26）　4. M5：18 - 3（24）

5. 铁器

1 件。

铁剑 1 柄。M5：67，扁茎，中有凸脊，剑身窄长，断为二段，断面呈菱形。出土在椁室东边，随葬时带有髹漆的木质剑鞘，出土时剑身应带剑鞘，但剑鞘仅残留有髹黑漆的漆皮碎片。长 96.7 厘米，宽 2.5 厘米（图一〇八，1；图版二四七）。

6. 漆器

20 件。包括漆杯（卮）1 件，漆樽 1 件，漆盘 6 件，漆圆盒 5 件，漆盒盖 2 件，漆盒底 1 件，漆耳杯 3 件，漆壶 1 件。

漆杯（卮）　1 件。M5：6，木胎。方唇，平沿，口微敞，直壁下收，平底。器内壁施涂朱色，外壁以朱色弦纹从上至下分四区。一区（上层），以朱色曲折纹间以圆点装饰，二区（二层），在上、下弦纹间饰朱色宽带状纹一周装饰，三区（三层），在上、下弦纹间以对角状三角弧线、间以点状线装饰，四区（下层），易宽带状朱色装饰一周。口径 9.4 厘米，底径 8.2 厘米，高 9.7 厘米。残朽（图一〇八，2、3；图一〇九，1、2）。

漆樽　1 件。M5：7，木胎。带盖。盖、身套合而成。方唇，平沿，直腹，直壁，平底。底部有三矮蹄状足，器表底沿口有一周铜箔，器身上部近口沿处有铜指錾。有器盖为弧形顶，盖上嵌入三铜纽，盖沿扣有一周铜箔装饰。外壁以黑漆饰底色，并用朱色带状纹、弦纹将盖顶分为三区，内区用黑色绘以四蒂纹，圆圈，并在四蒂、圆圈用朱色绘以圆点；中区外区以等距用黑色绘六组菱形纹，每五个菱形组成一组。在菱形中用朱色点绘圆点；外区用朱色绘以六组线条粗细不等的弧线勾连、间以圆点装饰。盖内壁顶分内、外两区，外区绘有一周朱色，内区用黑色绘以圆形底，再在黑色底上用朱色绘以交叉的弧线勾连纹。器身以黑漆饰底，从上至下用朱色带状弦纹分为四区，一区（上层），朱绘菱形的连续几何纹一周装饰，二区（二层），以朱色绘线条粗细不等的弧形勾连点线

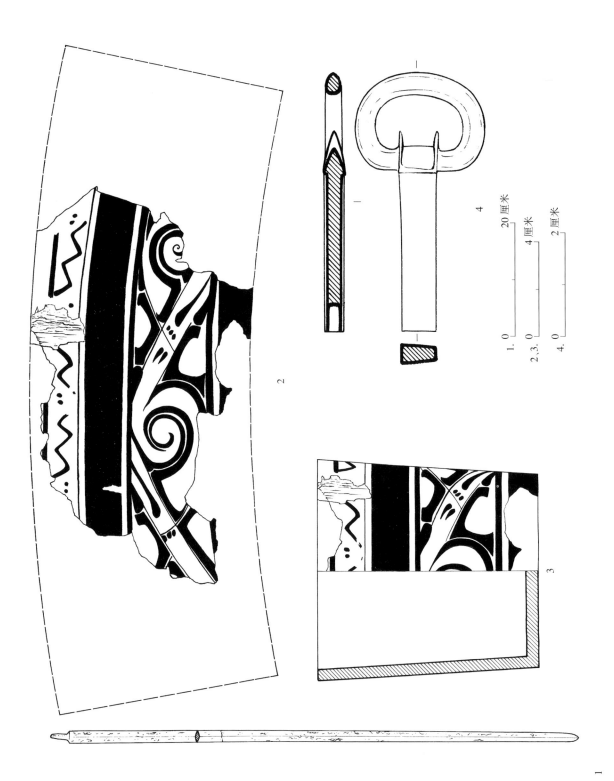

图一〇八　M5 出土器物

1. M5：67 铁剑及出土时的现状　2. M5：6 漆杯（卮）纹饰展开图　3. M5：6 漆杯（卮）　4. M5：69 银环首柄

图一〇九　M5 出土器物

1. M5 : 6 漆杯（卮）（复原图）　2. M5 : 6 漆杯（卮）（复原图）

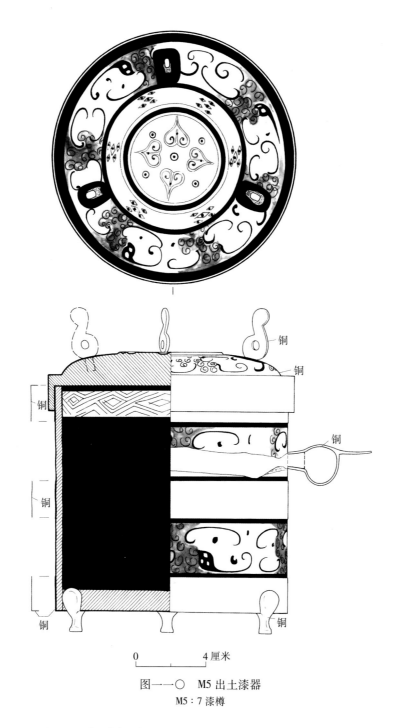

图一一〇　M5 出土漆器
M5∶7 漆樽

纹一周装饰，三区（三层），用铜箔粘贴一周，四区（下层）以朱色绘线条粗细不等的弧形勾连点线纹一周装饰。器底内壁，分内、外两区，外区绘有一周朱色，内区用黑色绘以圆形底，再在黑色底上用朱色绘以交叉的弧线勾连纹（图一一〇～一一四；图版二四八）。器盖直径 13.9 厘米，器盖高 3.25 厘米，器身口径 13.9 厘米，通高 15.4 厘米（图版二四九）。

漆盘　6 件。M5∶8，木胎。圆形，方唇，平折沿，浅弧腹，平底。外壁施涂黑漆。折沿平面与浅弧腹用黑漆饰底色，在沿外缘与内折处饰朱色弦线纹，在弦线纹间的沿面用朱色的连续曲折线间以

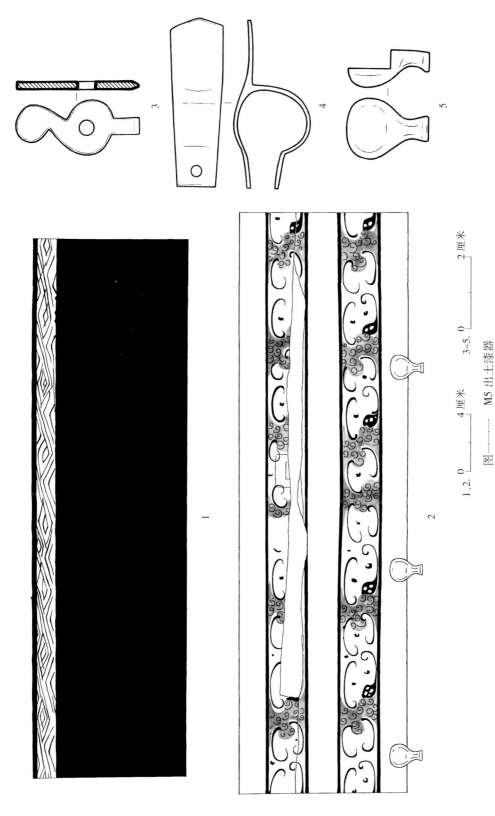

图一一一　M5 出土漆器

1. M5：7 漆樽杯内壁纹饰展开图　2. M5：7 漆樽杯身纹饰展开图　3. M5：7 漆樽铜配件铜纽　4. M5：7 漆樽铜配件铜柄　5. M5：7 漆樽铜配件铜足

图一一三　M5 出土漆器

1. M5∶7 漆樽底内纹饰　2. M5∶7 漆樽底内纹饰

0　　　　　4厘米

图一一三　M5 出土漆器
1. M5 : 7 漆樽盖内纹饰　2. M5 : 7 漆樽盖内纹饰

0   4厘米

图一一四 M5 出土漆器

M5：7 漆樽（复原图）

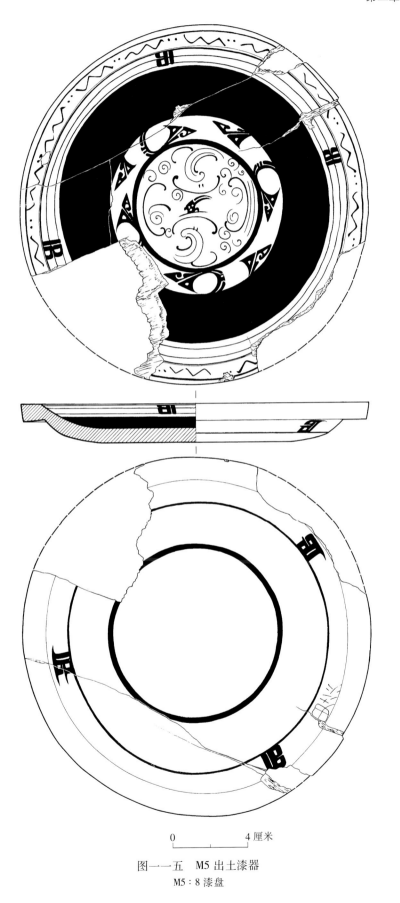

0   4厘米

图一一五 M5 出土漆器

M5：8 漆盘

0   4 厘米

图一一六　M5 出土漆器
M5：8 漆盘（复原图）

圆点装饰，浅弧腹壁上饰二周朱色弦线纹，周边用朱色"IB"图符四个，等距装饰。盘底外区施朱色饰底，内区施黑色作圆形底，在黑色圆形底上，用朱色绘一周弦纹将黑色圆形底分为内、外二区，外区用朱色绘以八组变形的弧形三角状纹装饰，内区用朱色绘以线条粗细不等的勾连弧线纹装饰。直径18.9厘米，高2.1厘米（图一一五、一一六；图版二五〇）。M5：16，木胎。方唇，平折沿，浅斜弧壁，平底。器表外壁施以髹黑漆，折沿处、腹壁与底交接处和底部分别用朱色施绘三周弦纹。腹壁上残存二朱色绘的"IB"图符。内壁沿面朱绘弦纹，腹壁残存"IB"图符，底部用两周带状弦纹分为内外二区，外区朱绘八组变形弧线三角圆点纹一周，内区朱绘线条粗细不等的勾连弧线纹。直径18.8厘米，高2.45厘米。残朽（图一一七）。M5：57，木胎，圆形。平折沿，浅弧腹，平底。器外壁施以髹黑漆，折沿与腹壁处、底部分别饰朱色的宽窄不等的带状弦纹。沿下残存一连体"日日"图符。盘内壁沿面饰朱绘组点、双变形弧线纹，浅腹壁施髹涂朱色漆，底部用朱色带状、弦线纹区分为内外二区，外区用朱色圆点和连续变体几何折线纹装饰，内区是朱色组点、双线变体卷云纹。残径23.7厘米，残高1厘米（图一一八）。M5：60，木胎。圆形，方唇，平折沿，浅弧腹壁，平底。器表外壁髹以黑漆，腹壁与底交接处、底部分别用朱色施绘两周弦线、带状纹。沿下有疑似朱书"五□十"数字，腹壁残存朱色连体"日日"图符。内壁沿面外沿饰朱色弦纹，沿面绘圆点、曲折线纹一周。浅腹壁饰三周弦线纹，残存一连体"日日"图符，腹壁与底连接处饰朱色宽带纹一周。底部中心施髹土黄色变形鸟纹，并用朱色线钩鸟冠、眼睛、翅羽等。环绕鸟纹周边分别髹以土黄、朱色的变形云纹，在云纹团内用锋刃的髹漆工具剐蹭出大小不等的鱼子纹。直径24.7厘米，高1.6厘米。残（图一一九；图版二五一）。M5：77，木胎。圆形。从残存的装饰观察同上。直径23.6厘米，高2.9厘米。残（图一二〇）。M5：63，木胎。圆形。方唇，平折沿，敞口，浅弧腹壁，平底。器表外壁髹黑漆，腹壁与底连接处、底部施朱绘宽窄不等的弦线和带状纹。沿外下朱书"五□十"数字（图版二五二）；腹壁残存连体"日日"图符，刻有"黑"字（图片）；底部烙印"成□市"等铭文。盘内壁沿面内外分别饰两周朱色弦线，中将盘底间饰双波曲线一周，腹壁饰组点、双变形弧线纹，盘底用朱色，弦线、宽带状纹三周，将盘底分为外、中、内三区，外区施髹涂朱色漆，中区用朱色点、双变形几何形折线装饰，内区底部用朱色组点，三组双线变体卷云纹装饰。直径26.3厘米，高2.7厘米。残（图一二一、一二二；图版二五三）。

漆圆盒　5件。M5：12，木胎。圆形。应是盖、身套合而成。外壁髹黑漆，内壁用朱色髹涂。盒壁已朽毁，残存盒盖、盒底。盖、底内壁有烙印或刻的"市府"等铭。直径28.9厘米，胎壁厚1.7厘米。残（图一二三，1～2；图版二五四、二五五）。M5：18，木胎。圆形。盒内装满半两钱币，是为名副其实的"钱盒"。外壁髹以黑漆作底。盒盖为浅弧面平顶，弧面上有三周凸弦棱将盒盖顶部分为三区，内区顶面中心涂团状朱色，再在团状朱色内用锋刃的髹漆工具刮划出如意云头和圆圈状纹饰；围绕顶面中心纹饰，用朱色、土黄金色分别各自绘涂四组勾连弧线和变形的流体状团云，在流体状团云内用锋刃的髹漆工具刮划出螺旋纹，朱色与土黄金色所绘纹饰相互交叉间隔；盒盖周边用朱色和土黄金色分别饰绘勾连弧线并间以螺旋纹间隔，在两周勾连弧线纹之间用四周朱色弦纹

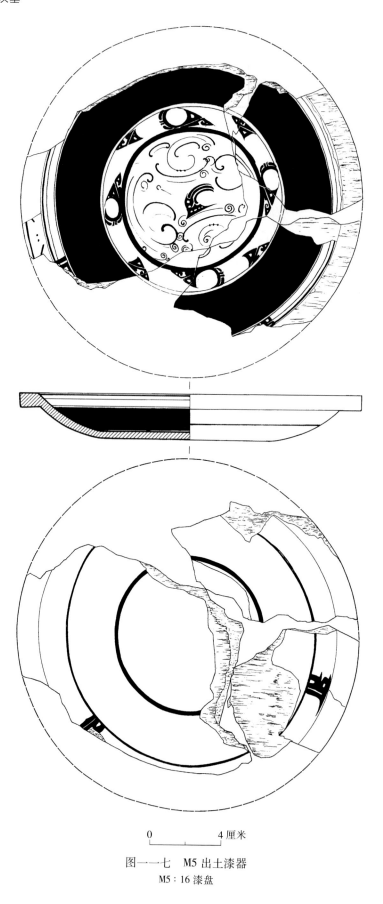

0 _____ 4厘米

图一一七　M5 出土漆器

M5：16 漆盘

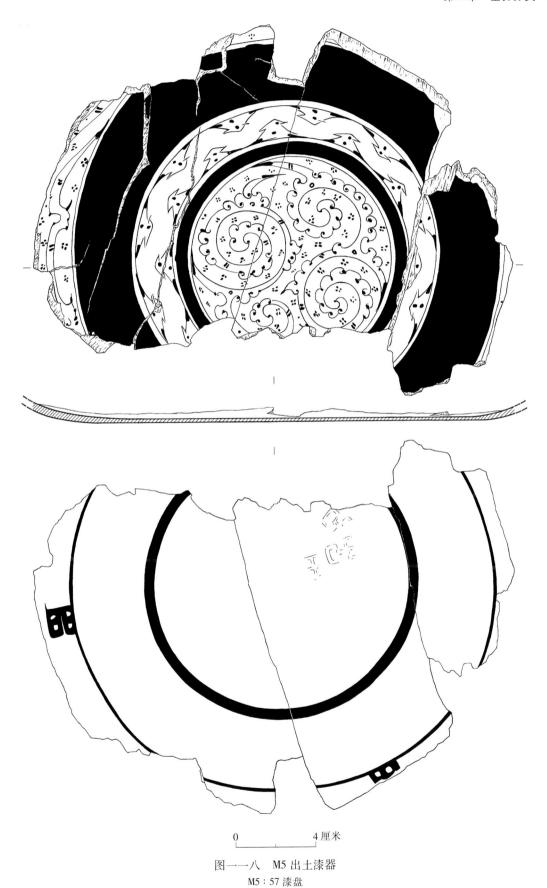

0   4厘米

图一一八　M5 出土漆器

M5：57 漆盘

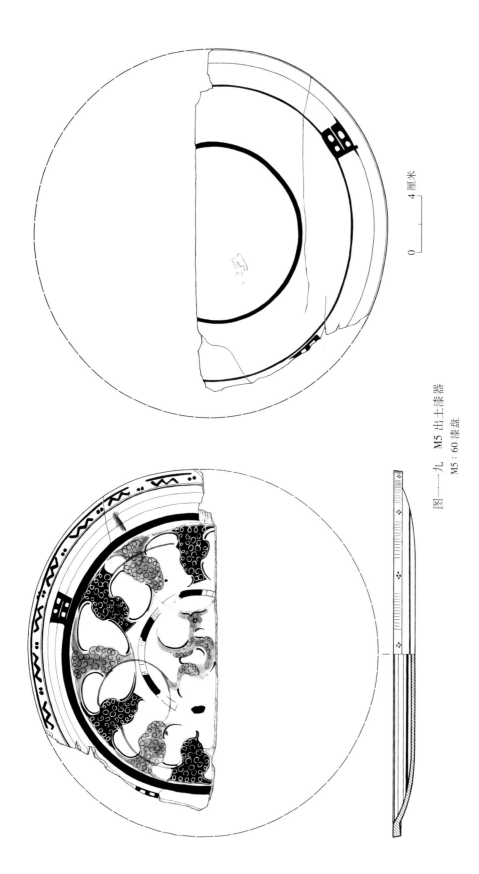

图一一九 M5 出土漆器
M5 : 60 漆盘

0   4 厘米

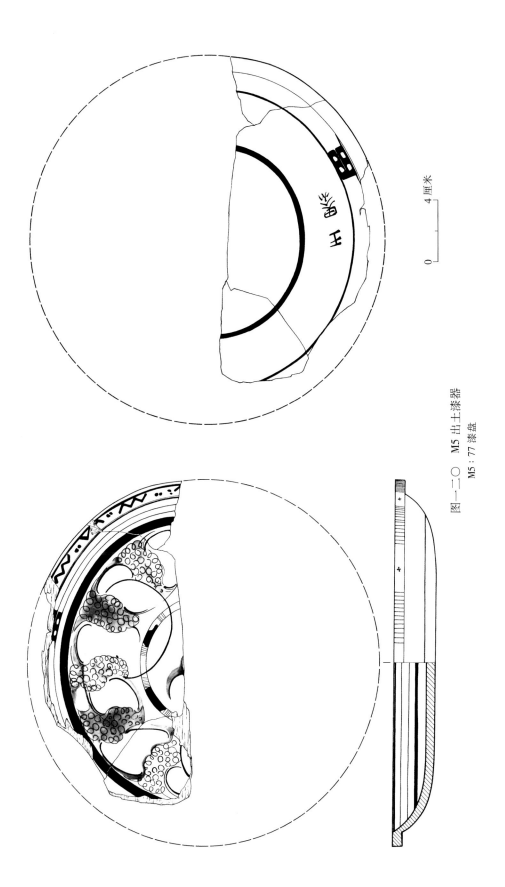

图一二〇 M5 出土漆器
M5：77 漆盘

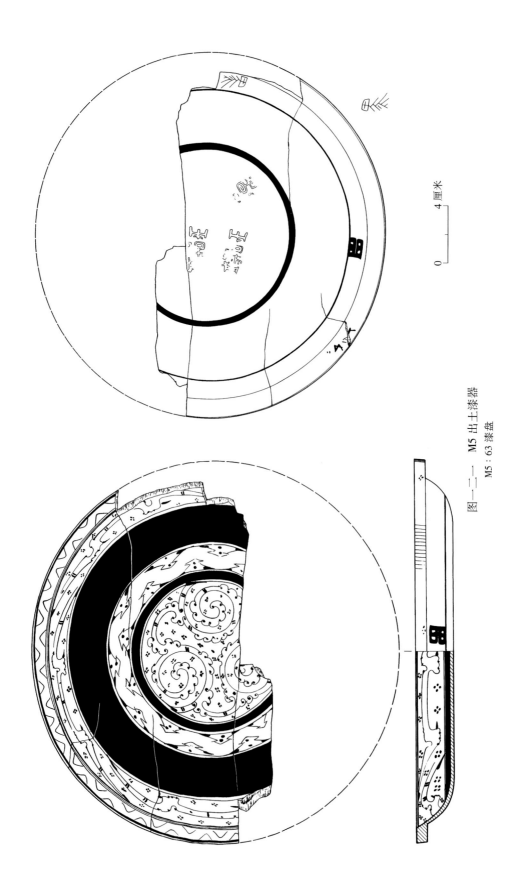

图一二一 M5 出土漆器

M5：63 漆盘

0   4 厘米

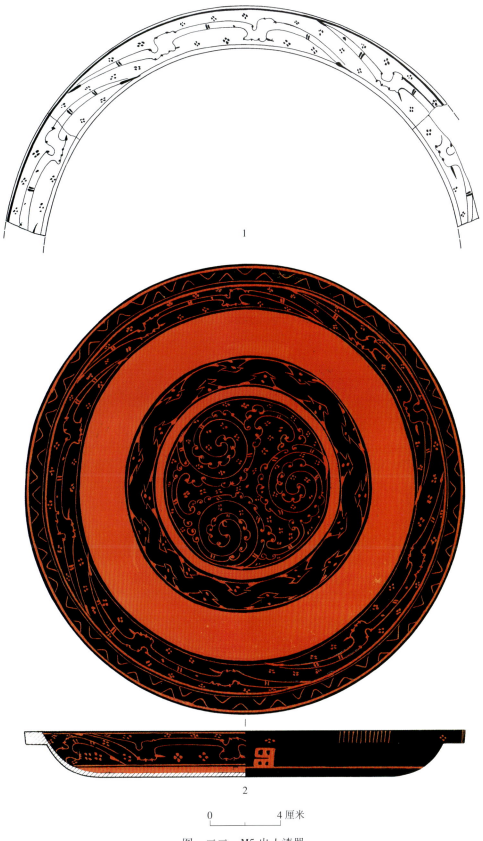

图一二二　M5 出土漆器

1. M5：63 漆盘局部纹饰展开图　2. M5：63 漆盘（复原图）

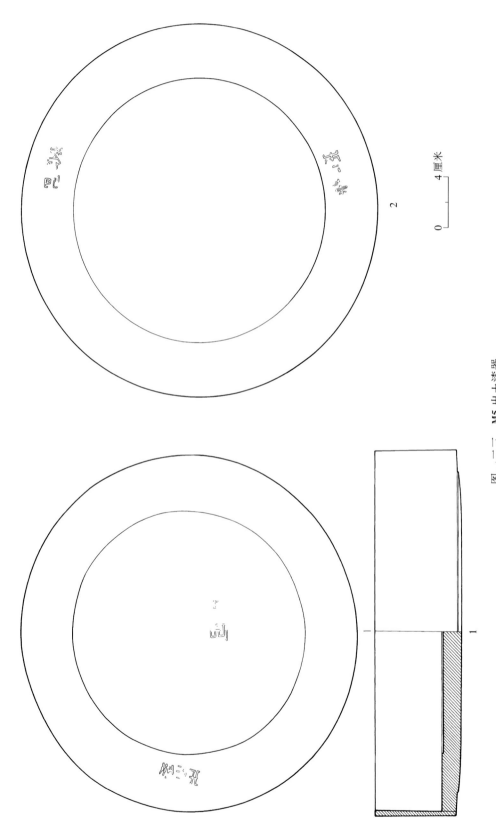

图一二三 M5 出土漆器

1. M5 : 12 漆圆盒 2. M5 : 12 漆圆盒盒内顶盖文字

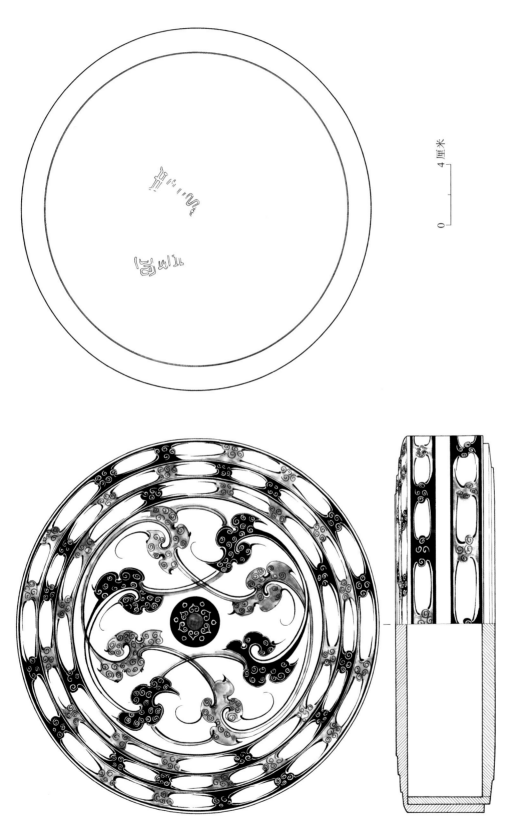

図一二四　M5 出土漆器
M5：18 漆圆盒

0　　　4厘米

0   4厘米

图一二五 M5：18 漆圆盒（复原图）

将其区分为上下两周纹饰装饰。钱盒盖顶内壁遗存有半两钱的压印痕。盒底烙印有疑似"市府"等文字的铭文。直径24.5厘米，高6.8厘米（图一二四、一二五；图版二五六、二五七）。M5：20，木胎。圆形。器表通体髹以黑漆，内壁用朱色髹涂。盖顶有三周凸弦棱，平底。盒盖直径30.4厘米，盖高9.4厘米，盒底直径29厘米，高7.1厘米。直径30.4厘米，通高9.4厘米。盒壁、底残朽（图一二九，1；图版二五八）。M5：23，木胎，圆形。鼓弧形盖，盖身有三周凹弦纹，盖顶有圈足状纽。盒下半部有凸起的子口，弧腹壁，圜底，圈足。腹壁有三周凹弦纹。通体髹黑漆作底。内壁用朱色髹涂。盒盖纹饰由上至下分三区，每区之间用朱色带状纹分隔，三周凹弦纹涂以朱色。上区（顶）用涂黄金色绘图三组变体云纹，并用朱色勾勒弧形勾连线，间以组点；中区（盖身上部），用土黄金色涂绘流动状变体云纹一周，并用朱色勾勒弧形勾连线间以组点；下区（近口沿处），绘以土黄金色的波曲线间圆点环绕一周。盒的下半部器身，三周凹弦纹涂以朱色。纹饰主要分二区，上区（子口下）用土黄金色绘波曲线间以圆点环绕一周；下区（近圈足）用朱色绘变形几何纹、土黄金色绘变形圆点三角弧线纹环绕一周。直径21厘米，通高9.3厘米（图一二六～一二八；图版二五九）。M5：75，保存较差，仅存部分器身，有凸起的子口，直口，直腹，平底。髹黑漆，口沿下至上腹部朱绘三周弦纹，口沿下弦纹朱绘带状纹一周，腹部弦纹间施点状装饰。直径25厘米，高9厘米（图一二九，2）。

漆圆盒盖　2件。M5：21，木胎。挖制。圆形。应是盖、身字母扣合而成。弧形顶，顶部有圈足状纽。弧壁下沿处有一周凹弦纹。内壁用朱色髹涂，器外壁髹以黑漆作底。盖顶与盖身弧壁之间用朱色带状分隔为二区，内区以圈足状纽内为内区，用四组变形勾连弧线卷云纹装饰，外区同样用朱色的变形勾连弧线卷云纹、变体凤鸟纹环绕弧壁一周装饰。直径19.9厘米，高3.7厘米。残（图一三〇，一三一）。M5：70，木胎。挖制。圆形。应是盖、身字母扣合而成。垂沿，折弧腹壁，平顶。内壁烙印"市府素"字样铭文，并用朱色髹涂装饰，外壁髹以黑漆作底。折弧壁与平顶边沿处用朱色分饰两周带状纹将顶与弧壁分为内外二区，内区（顶面），用土黄金色涂绘五组变形团状云纹，并间以弧线勾连纹，中心用朱色绘以变体凤鸟纹装饰；盖顶弧壁同样用土黄金色绘涂一周变形团状云纹，并间以朱色弧线勾连纹；垂沿面绘以朱色绘上下连续的弧线勾连纹环绕一周。直径16.2厘米，高1.8厘米（图一三二，1；图版二六〇）。

漆圆盒底　1件。M5：10，木胎。圆形。应是盖、身字母扣合而成。仅存盒底，内壁用朱色髹涂，外壁髹以黑漆。平底。边沿处用朱色书写疑是"一千"字样的数字铭文。直径20.9厘米，底厚1.1厘米。残（图一三二，2；图版二六一）。

漆耳杯　3件。M5：13，木胎。挖制椭圆形，敞口，弧腹壁，平底，月牙形双耳，上翘。内外壁髹以黑漆。长18.3厘米，宽14.7厘米，高4.3厘米。残朽（图一三三，1）。M5：73，木胎。椭圆形，敞口，浅腹弧壁，平底。月牙形双耳，上翘。外壁髹涂黑漆作底，双耳、腹壁上部同样髹黑漆作底，双耳上施绘朱色波曲间以二圆圈纹装饰，上腹壁用朱色绘变形几何纹、弧线三角形等纹饰。下腹壁及底用朱色髹涂装饰。长19.8厘米，宽14.5厘米，高4.1厘米。朽坏（图一三三，2、4）。M5：74，木胎。挖制外壁髹黑漆，内壁用朱色髹涂。内壁底有针刻和烙印文字，残朽不能辨识（图一三三，3）。

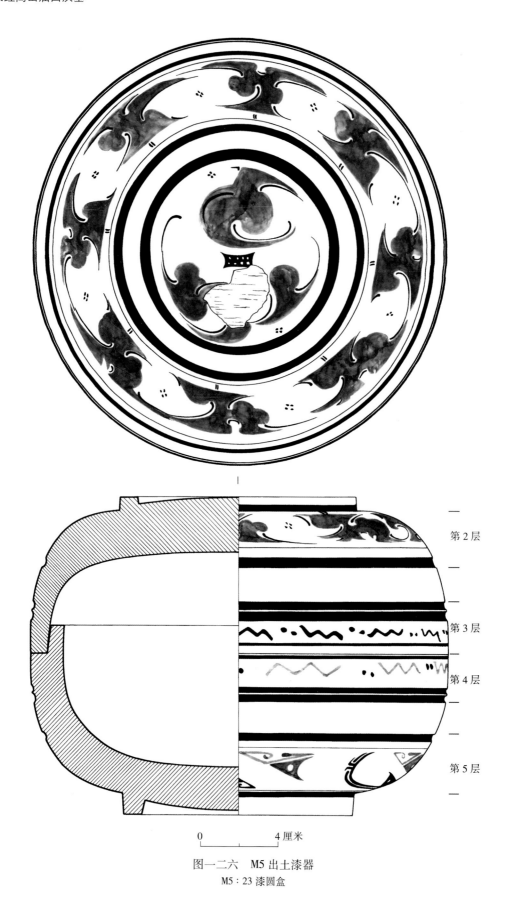

第2层

第3层

第4层

第5层

0   4厘米

图一二六　M5 出土漆器

M5：23 漆圆盒

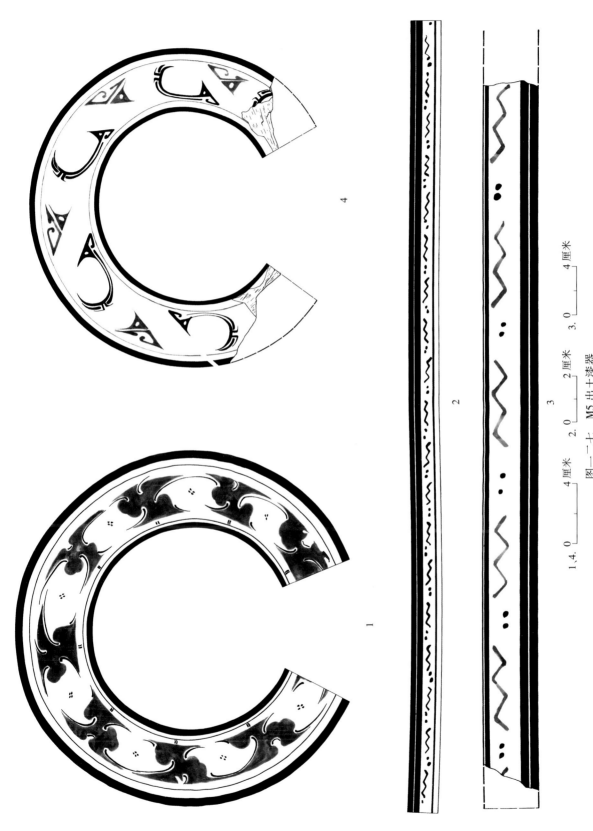

图一二七　M5 出土漆器

1. M5：23 漆圆盒（第二层纹饰展开图）　2. M5：23 漆圆盒（第三层纹饰展开图）　3. M5：23 漆圆盒（第四层纹饰展开图）　4. M5：23 漆圆盒（第五层纹饰展开图）

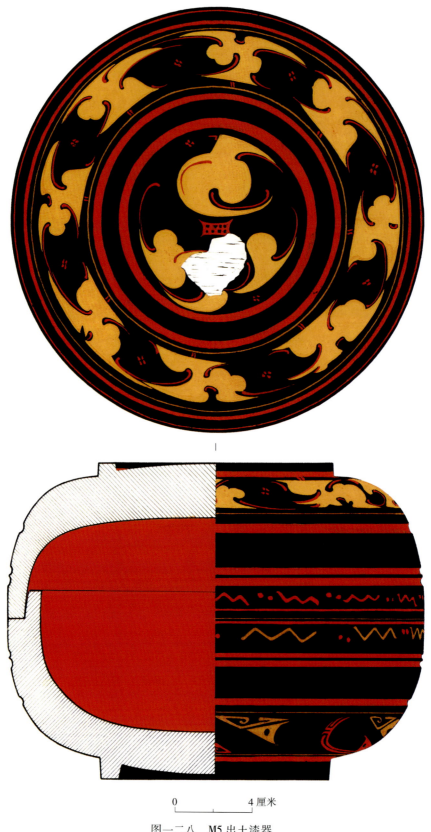

0   4厘米

图一二八　M5 出土漆器

M5：23 漆圆盒（复原图）

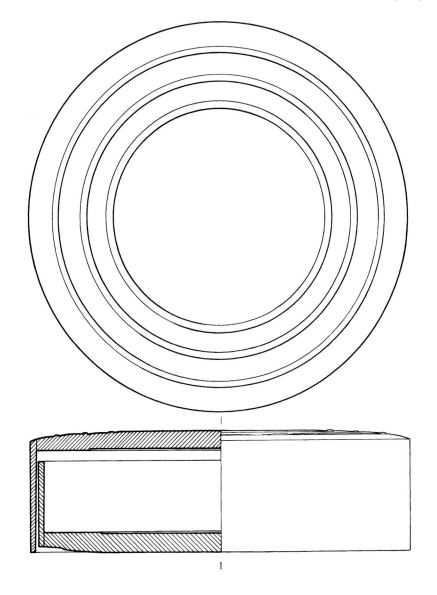

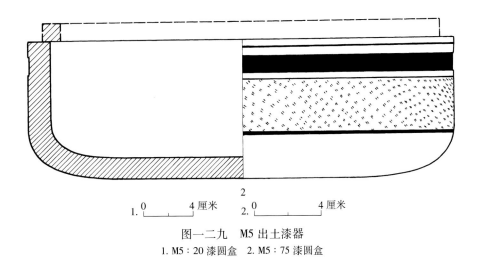

图一二九 M5 出土漆器
1. M5:20 漆圆盒 2. M5:75 漆圆盒

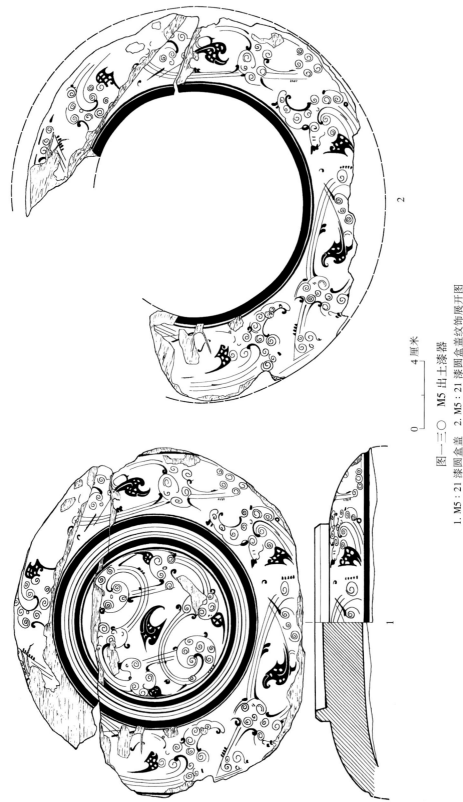

0   4厘米

图一三〇　M5 出土漆器

1. M5：21 漆圆盒盖　2. M5：21 漆圆盒盖纹饰展开图

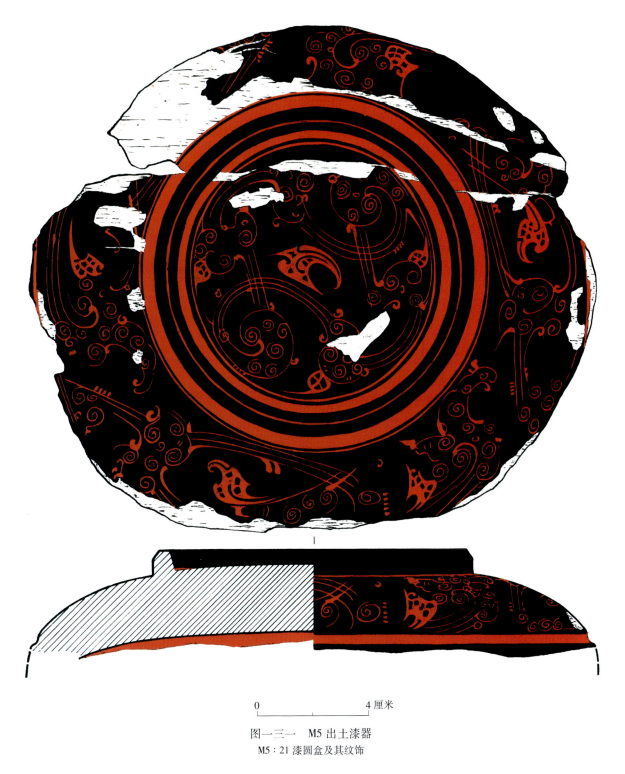

0　　　　　　　4厘米

图一三一　M5 出土漆器
M5：21 漆圆盒及其纹饰

　　漆壶　1件。M5：58，木胎。尖方唇，敞口，束颈，鼓腹，圈足。内壁用朱色髹涂，外壁髹以黑漆作底，施绘纹饰从上至下为，口沿下用朱色施绘三周弦线纹，在弦线纹之间绘朱色波曲间以圆点装饰一周，在颈上部与颈肩之间用朱色绘两周宽带状纹，在宽带纹之间绘朱色变形几何纹、弧形勾连卷云纹。腹部饰勾连弧线、变体凤鸟和圆圈状漩涡纹，壶底与圈足饰朱色宽带纹一周，圈足绘

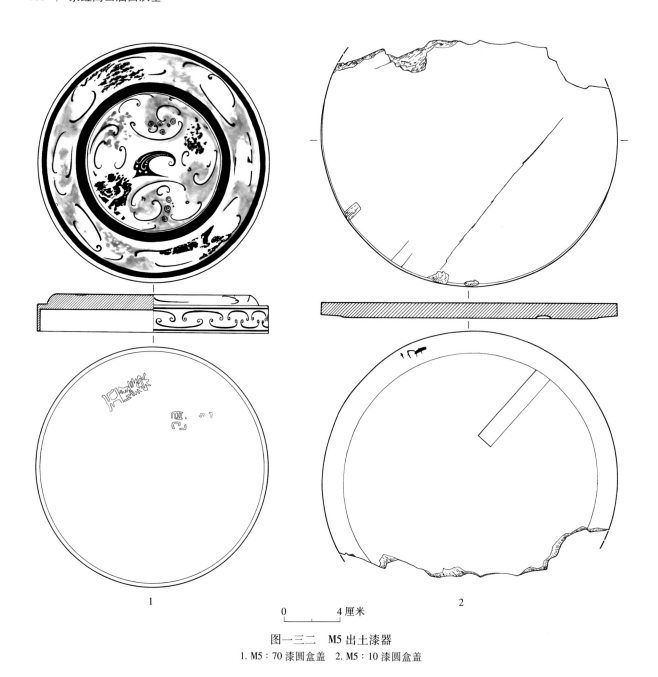

图一三二　M5 出土漆器

1. M5：70 漆圆盒盖　2. M5：10 漆圆盒盖

波曲间以圆点纹一周，其下绘朱色弦纹一周。口径 12 厘米，腹径 22.3 厘米，足径 12.6 厘米，通高 30 厘米（图一三四、一三五）。

7. 木器

37 件。包括木璧 5 件、木马 2 件、木马头 1 件、木臼形器 1 件、俎豆 1 件、车轮形器 3 件、木圆形饰片 1 件、厚型木板 2 件、宽长条形木板 1 件、小长方形木板 2 件、木门 1 件、大圭形木片 1 件、弧面长条形木片 1 件、条形木片 1 件、薄梯形长条木片 1 件、带纹饰长条木片 2 件、弧面三角形木条 3 件、凸弧面木条 1 件、有棱木条 2 件、微斜面木条 1 件、长方形木条（棍）2 件、长圆木棍 1 件、长方形木板 1 件。

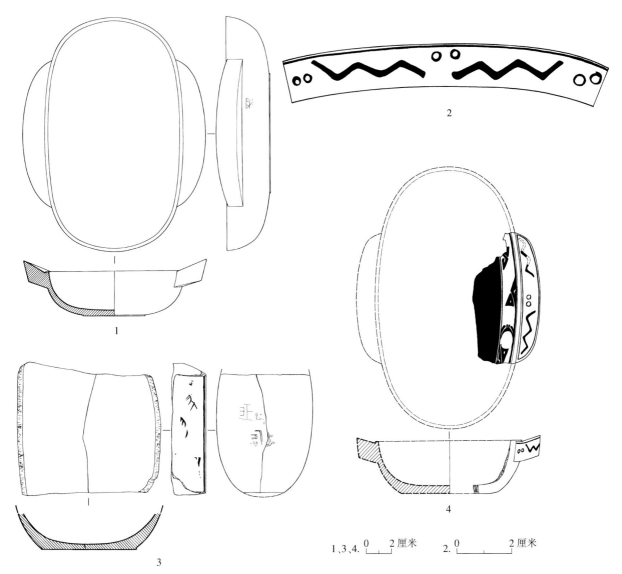

图一三三　M5 出土漆器
1. M5：13 耳杯　2. M5：73 耳杯耳沿边上纹饰展开图　3. M5：74 耳杯　4. M5：73 耳杯

木璧　5 件。M5：9，圆形。肉大于好。正面外缘用黑墨色涂饰宽 1.1～1.5 厘米宽带状纹一周，内缘同样用黑墨色涂饰宽 1.1～1.5 厘米宽带状纹一周，在壁身先用朱色涂饰作底，再在其上用黑色勾绘六组双弧线勾连纹和变体云纹。直径 25 厘米，好（穿孔）径 5.7 厘米，厚 0.3 厘米（图一三六，1；图一三七，1；图版二六二）。M5：14，木胎。圆形，肉大于好。正面外缘用深黑的墨色涂饰宽 1.1～1.6 厘米宽带状纹一周，内缘同样用黑墨色涂饰宽 0.7～1.2 厘米宽带状纹一周，壁身用淡黑的墨色涂绘。直径 24.8 厘米，好（穿孔）径 5.6 厘米，厚 0.4 厘米。边沿略残（图一三六，2；图一三七，2；图版二六三）。M5：22，木胎。圆形。肉大于好。正面外沿用黑墨色涂绘 1～1.6 宽带状纹一周，好（穿孔）同样用黑墨色涂饰宽 1.2～1.3 厘米宽带状纹一周，在壁身用淡朱色髹涂作底，再在其上用墨色绘双钩六组弧线勾连纹和卷云纹并填涂。直径 24.1 厘米，好（穿

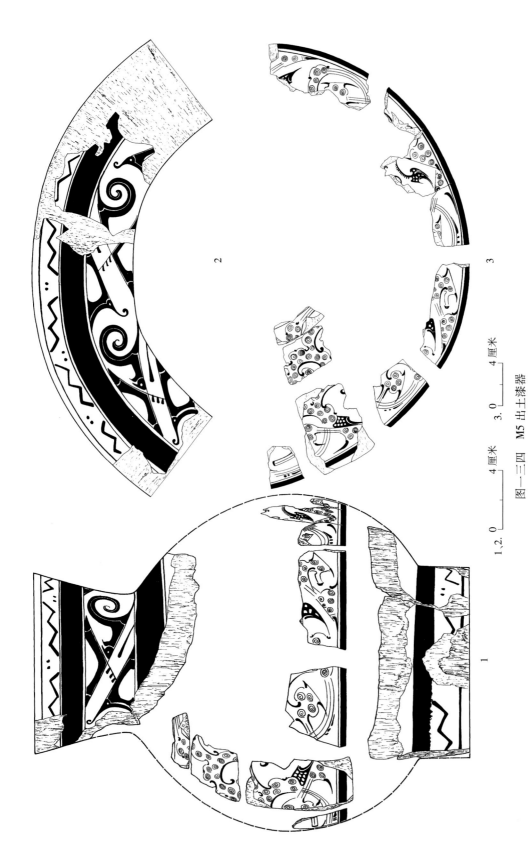

图一三四　M5 出土漆器

1. M5：58 漆壶　2. M5：58 漆壶颈部纹饰展开图　3. M5：58 漆壶腹部纹饰展开图

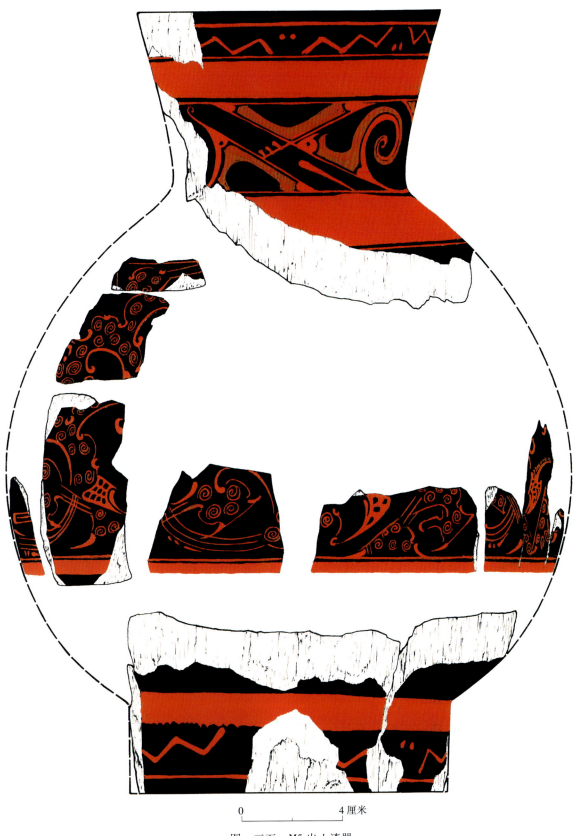

0   4厘米

图一三五 M5 出土漆器

M5：58 漆壶（复原图）

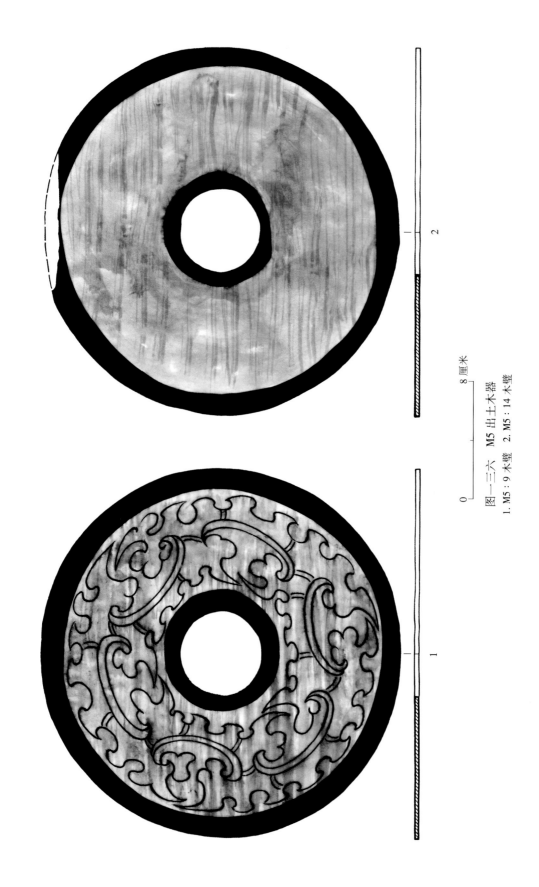

0   8 厘米

图一三六 M5 出土木器

1. M5：9 木璧   2. M5：14 木璧

图一三七　M5 出土木器
1. M5：9 木璧　2. M5：14 木璧

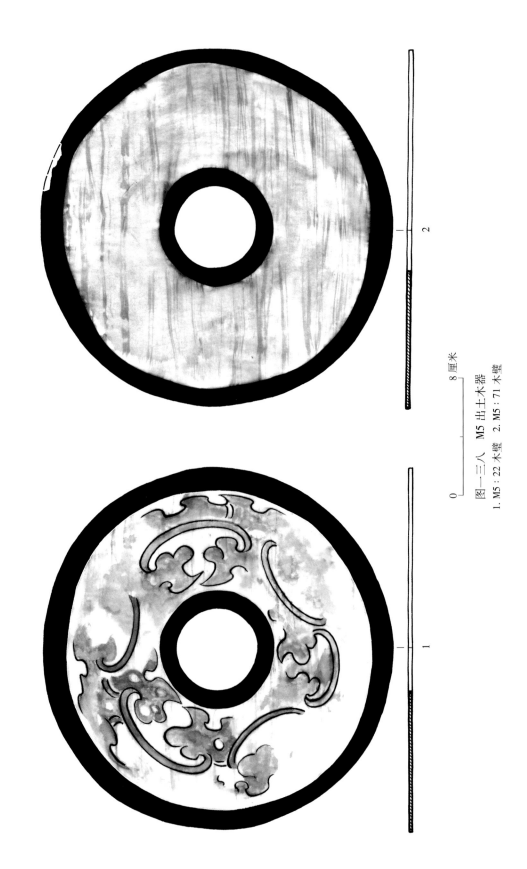

图一三八 M5 出土木器
1. M5：22 木璧　2. M5：71 木璧

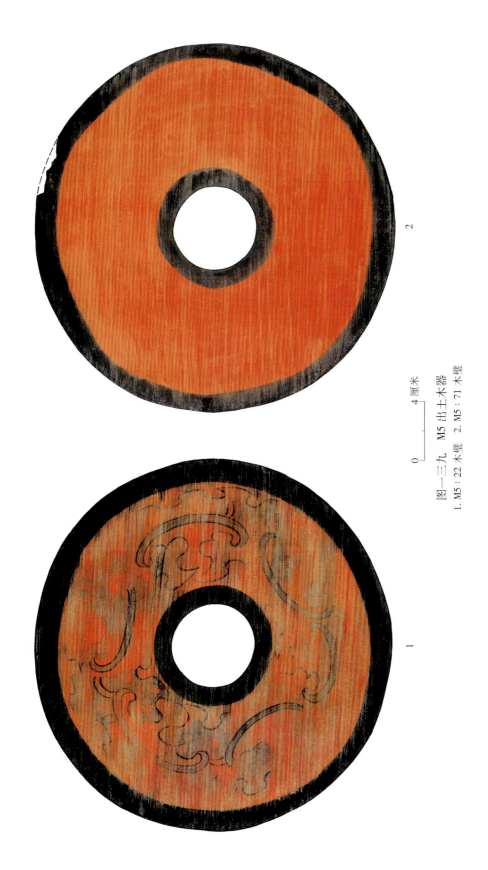

图一三九 M5 出土木器
1. M5：22 木璧 2. M5：71 木璧

0 ____ 4 厘米

孔）径5.7厘米，厚0.4厘米（图一三八，1；图一三九，1；图版二六四）。M5：38，圆形。肉大于好。M5：71，圆形。肉大于好。正面外缘用深黑的墨色涂饰宽1.1～1.6厘米宽带状纹一周，内缘同样用黑墨色涂饰宽0.7～1.2厘米宽带状纹一周，壁身用淡黑的墨色涂绘。直径24.6厘米，好（穿孔）径5.5厘米，厚0.3厘米（图一三八，2；图一三九，2；图版二六五）。

木马　2件。M5：33，由马头、马身、四足、一尾拼装组成。从马足观察，应为站立状，马头、尾残缺。身长25.5厘米，宽8.9厘米，马足长11.6厘米，通高20.5厘米（图一四〇，4；图版二六六、二六七）。M5：34，由马头、马身、四足、一尾拼装组成。直颈、昂首，尾下垂上卷，呈站立状。长44.7厘米，宽11.5厘米，马足长12.2厘米，通高34.6厘米（图一四〇，1；图版二六八、二六九）。

马头　1件。M5：76，仅存马头、足。直颈，昂首。头长7.2厘米，宽2.5厘米，高4.6厘米，足长9.1厘米，宽2.8厘米（图一四〇，2、3；图版二七〇）。

木臼形器　1件。M5：11，长方形，一端削角。一边有一长方形孔，孔长2厘米，宽1.4厘米，深2.8厘米。顶面凿有一圆形上大下小的锥状形凹，凹的直径12.2厘米，深8.4厘米。臼形器长21.8厘米，宽15.6厘米，高10.5厘米（图一四〇，5；图版二七一）。

俎豆　1件。M5：72，长椭圆形豆盘，盘面正中有一长方形穿孔，以便插入底座时期平稳、固定，底座残。穿孔边长3.3厘米，宽2.7厘米；豆盘长径36.4厘米，短径16.1厘米，残高6.4厘米（图一四一，1；图版二七二）。

车轮形器　3件，M5：35，圆形，外缘两面斜削磨边，内缘沿面有不等距圆孔孔径0.1～0.15厘米，疑似安装车轮辐条的插孔。外径21厘米，内径17.7厘米，轮沿厚1.1厘米（图一四一，4；图版二七三）。M5：47，圆形。外缘两面斜削磨边，内缘沿面有一周直径0.1的圆孔，似为安装车轮的辐条。外径19.7厘米，内径14.2厘米，轮沿厚0.8厘米（图一四一，2；图版二七四）。M5：56，圆形，形制同上。外径21.65厘米，内径15.9厘米，轮沿厚0.85厘米。残（图一四一，3；图版二七五）。

木圆形饰片　1件。M5：48，圆形。正面用朱色点绘圆点。直径2.8厘米，厚0.2厘米（图一四一，5）。

厚型木板　2件。两件木板中编号M5：44－1多为碎块，较残。从略。M5：44－2，厚重，体量较大，一端近角处有直径0.5厘米圆形穿孔一个，一端残断。长59.7厘米，宽21.6厘米，厚1.55厘米（图一四一，6）。

宽长条形木板　1件。M5：45，一端头平直，一角残损，一端头微带弧形，正面用墨绘涂成平行宽带状纹。长43.8厘米，宽11.1厘米，厚0.4厘米（图一四二，1；图版二七六）。

小长方形木板　2件。M5：41，正面用朱色涂绘。长28.5厘米，宽6厘米，厚0.3厘米（图一四二，4；图版二七七）。M5：53，形制、大小、尺寸同前（图一四二，5）。

木门　1件。M5：40，残存上门柱头，门柱脚残损。高9.1厘米，宽7.2厘米，厚0.3厘米（图一四二，6；图版二七八）。

大圭形木片　1件。M5：36，上端头为圭形，下端头平齐。正面绘涂朱色，长22.2厘米，宽10.5厘米，厚0.55厘米（图一四二，2；图版二七九）。

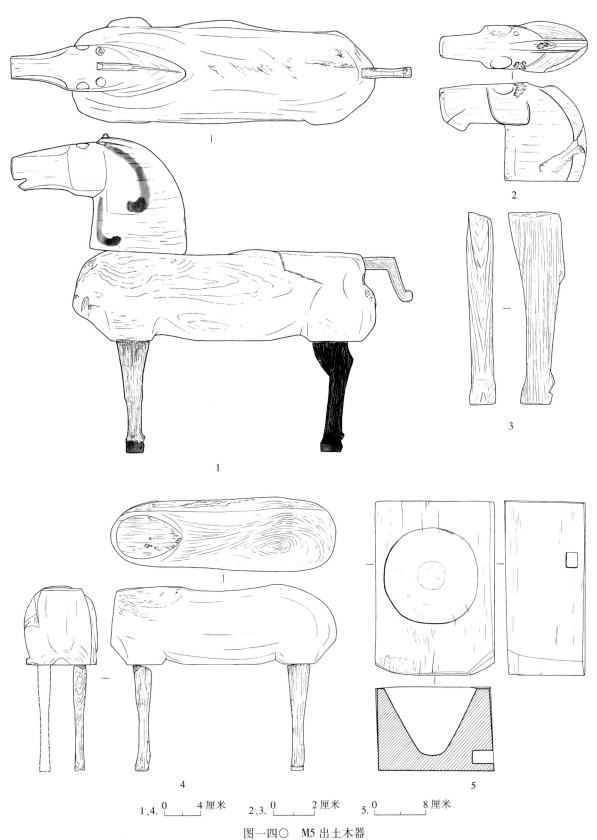

图一四〇 M5 出土木器

1. M5：34 木马 2. M5：76 马头 3. M5：76 马腿 4. M5：33 木马 5. M5：11 木臼形器

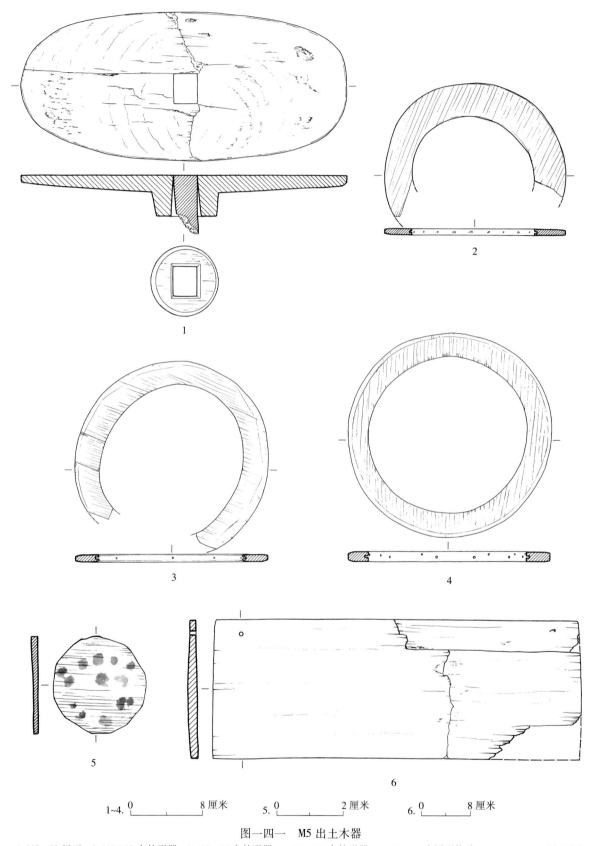

图一四一 M5 出土木器

1. M5：72 俎豆　2. M5：47 车轮形器　3. M5：56 车轮形器　4. M5：35 车轮形器　5. M5：48 木圆形饰片　6. M5：44－2 厚型木板

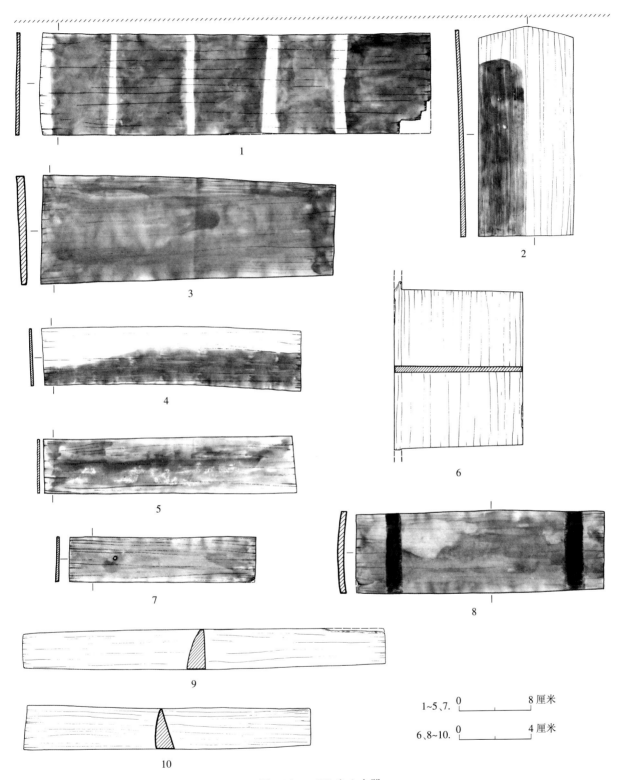

图一四二　M5 出土木器

1. M5∶45 宽长条形木板　2. M5∶36 大圭形木片　3. M5∶49 薄梯形长条木片　4. M5∶41 小长方形木板　5. M5∶53 小长方形木板
6. M5∶40 木门　7. M5∶52 条形木片　8. M5∶38 弧面长条形木片　9. M5∶43 弧面三角形木条　10. M5∶37 弧面三角形木条

弧面长条形木片　1件。M5：38，木片正面微凸弧，用墨绘涂黑色带状纹，在带状纹中间用朱色绘涂。长14.5厘米，宽6厘米，厚0.4厘米（图一四二，8）。

条形木片　1件。M5：52，正面用朱色绘涂。长10.15厘米，宽4厘米，厚0.15厘米（图一四二，7）。

薄梯形长条木片　1件，M5：49，一端宽，一端窄，正面用朱色涂绘。长16.2厘米，宽4.9～5.8厘米，厚0.45厘米（图一四二，3）。

带纹饰长条木片　2件。M5：59-1，正面用墨涂绘带状纹框，框内以白色涂底，用墨、朱二色绘上下两排连续勾连弧线漩涡状纹。长56.4厘米，宽10.6厘米，厚0.6厘米（图一四三，1；图一四四，1；图版二八〇）。M5：59-2，正面用墨涂绘带状纹框，框内以灰白色涂底，用白、墨、朱三色绘上下两排连续勾连弧线纹。长58.6厘米，宽9.6厘米，厚0.6厘米（图一四三，2；图版二八一）。以上二件彩绘长条形木片疑似木车车厢的边板。

弧面三角形木条　3件。其中二件相同，一件略。M5：37，横剖面呈湖面三角形。长15.75厘米，宽2.5厘米，厚1厘米（图一四二，10）。M5：43，形制同前。长19.7厘米，宽2.05厘米，厚1厘米（图一四二，9）。

凸弧面木条　1件。M5：50，正面凸弧，背面平滑，两端整齐，形似秦汉尺牍状。长51.5厘米，宽3.1厘米，厚0.4厘米（图一四五，1）。

有棱木条　2件。M5：39，横剖面呈上窄下宽的梯形，两边缘削成斜面有棱。长10厘米，宽1.65厘米，厚0.35厘米（图一四五，2）。M5：42，形制同前。长20.15厘米，宽2.15厘米，厚0.5厘米（图一四五，3）。

微斜面木条　1件。M5：51，两端平直，一边厚向另一边逐渐减薄。长15.85厘米，宽3.1厘米，厚0.5厘米（图一四五，4）。

长方形木条（棍）　3件。两件形制、尺寸相同。标本M5：55，一端磨蚀，一端残。长20.2厘米，宽1.55厘米，厚0.7厘米（图一四五，5）。标本M5：54，正面用朱色涂绘。长37.5厘米，宽4.8厘米，厚0.4厘米（图一四五，6）。

长圆木棍　1件。M5：46，横剖面呈圆形。直径0.85厘米，长30.5厘米（图一四五，7）。

上述木器除木壁、木马、木臼形器外，似木车散乱之后的残存木构件的可能性极大，由于墓葬早年被盗，加之极易朽坏的木质长期埋于地形潮湿的墓穴内，木车模型的木构件，朽坏残损应有一定数量。推测当时随葬的应是木质马拉车。

8. 竹制品

9件。包括竹笥1件，竹签刷1件，竹签5根，竹编绳2段。

竹笥　1件。M5：65-1，漂移至木棺下，出土时已坍塌。方圆形状为圆角长方形。竹笥口沿用竹篾夹口，两边分别竹篾条六道穿绕捆绑固牢，两端分别用四道竹篾条穿绕捆绑固定。长60厘米，宽48厘米，高10厘米（图一四六，1、5；图版二八二）。

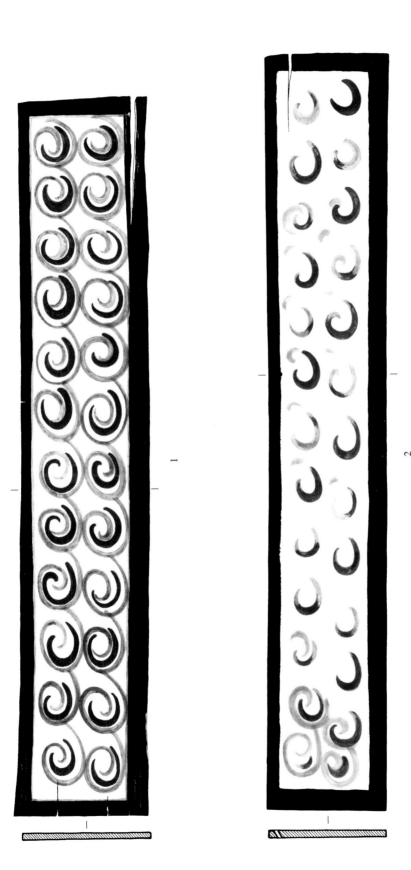

图一四三 M5 出土木器

1. M5：59-1 带纹饰长条木片 2. M5：59-2 带纹饰长条木片

1

2

0 ___ 4厘米

图一四四 M5 出土木器

1. M5:59-1 带纹饰长条木片（复原图） 2. M5:59-2 带纹饰长条木片

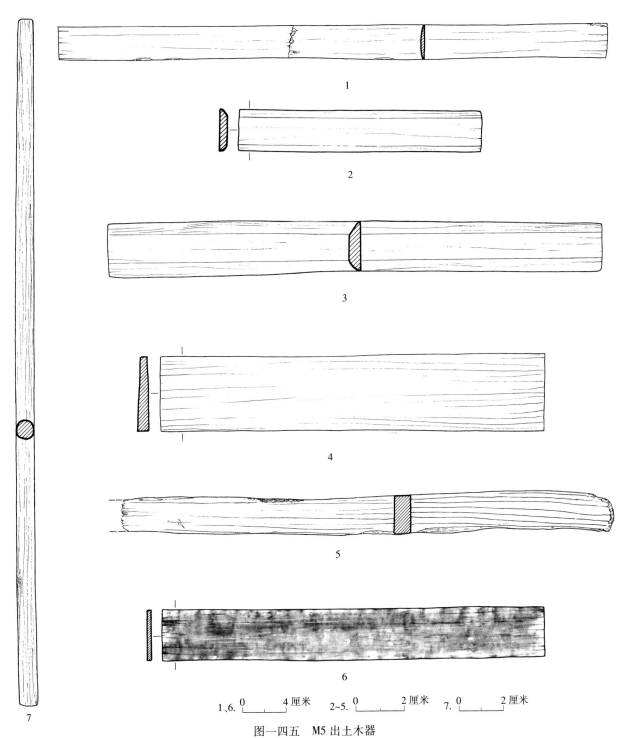

图一四五　M5 出土木器

1. M5：50 凸弧面木条　2. M5：39 有棱木条　3. M5：42 有棱木条　4. M5：51 微斜面木条　5. M5：55 长方形木条（棍）　6. M5：54 长方形木条　7. M5：46 长圆木棍

　　竹绳　2 段。两端相同。M5：65－2，用竹篾条三股编绕拧成竹制绳索。与竹笥同时出土当用于捆扎。残长 17 厘米（图一四六，3；图版二八三）。M5：64，制作方法、形状、粗细同前（图一四六，4）。

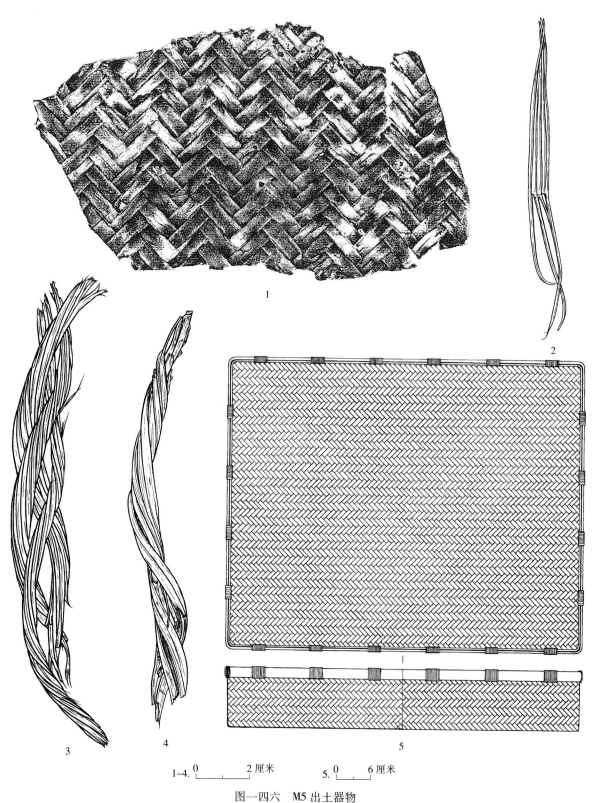

图一四六 M5 出土器物

1. M5：65－1 竹笥篾纹　2. M5：68 竹签刷　3. M5：65－2 竹绳　4. M5：64 竹绳　5. M5：65－1 竹笥复原图

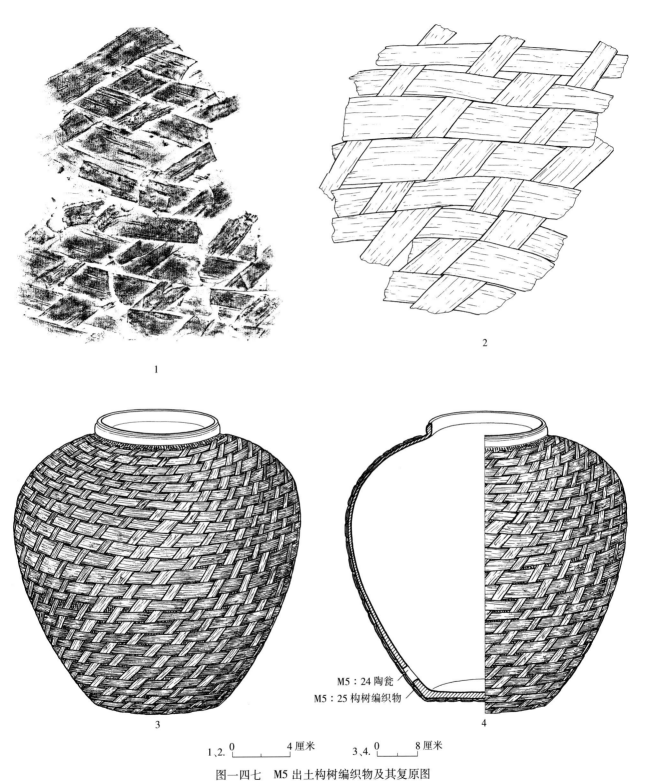

图一四七 M5 出土构树编织物及其复原图

1. M5：24 陶瓮外编织物 2. M5：25 构树编织物 3. M5：25 构树编织物复原图 4. M5：24、M5：25 构树编织物复原图

竹签刷 1 件。M5：68，头端疑似用铜帽箍紧固定，下端是截分开的刷签。缩水之后卷缩。长 11.5 厘米，宽 0.7 厘米（图一四六，2）。

竹签　5 根。M5：78，两端针尖状，中不略粗。长 9.2 厘米（图版二八四）。

9. 其他

不同材质器物　5 件。构树皮编织物 1 件，棕鞋 1 双，有粮食，果核，人牙碎片。

构树编织物　1 件。M5：25，原是陶瓷外表的包裹物，可能与保温、防损有关。清理出土时已坏朽，仅能带土取一小残块。作斜网状交叉编织（图一四七；图版二八五）。

棕鞋　1 双。M5：66，用棕丝先编成细棕绳，再用细棕绳纵横（经纬）交叉编织成型。鞋头、斜面封闭。足后跟裸露，有棕绳鋬，鞋口呈圆角长方形。残长 27.5 厘米，宽 14.2 厘米（图版二八六）。

高粱籽　6 克。M5：78，出土于椁箱底淤土内，经淘洗提取。重量为去掉水分晒干后重量，是为高粱（图版二八七）。

果核残块　M5：79，出土棺内淤泥，经淘洗取得，似为李子的果核（图版二八八）。

人牙碎屑　M5：80，出土于棺内淤泥，淘洗获取。仅见人牙釉质齿冠碎片（图版二八九）。

八号墓葬（M8）

M8 位于墓地的中部偏西北，墓圹西南角与 M1 墓圹东北角相距 22.5 米，东南角与 M7 墓圹西北角相距 13.4 米。墓向 265°。

一　墓葬形制

（一）墓圹与填土

1. 墓圹

墓圹呈长方形，墓圹四壁竖直。墓口东西长 3.92 米，南北宽 1.64 米，墓口至椁箱顶板处深 2.60 米，墓口至墓圹底深 3 米。

2. 填土

墓坑内填土为褐色黏土，土质细密、紧实。填土内无其他包含物。清理墓圹填土时，墓圹壁与填土能自然分开剥离。墓圹内近椁箱板填白（青）色膏泥，厚 0.04 米，其下是木椁。墓圹四壁与椁箱顶、壁板铺填白（青）色膏泥，是为已达到防潮、防水、密闭、保护的目的（图版二九〇~二九四）。

（二）葬具

1. 木椁

木椁顶部盖板已经朽坏仅存少量碎块，因此不清楚椁箱顶板使用的准确数和尺寸。椁箱四周壁

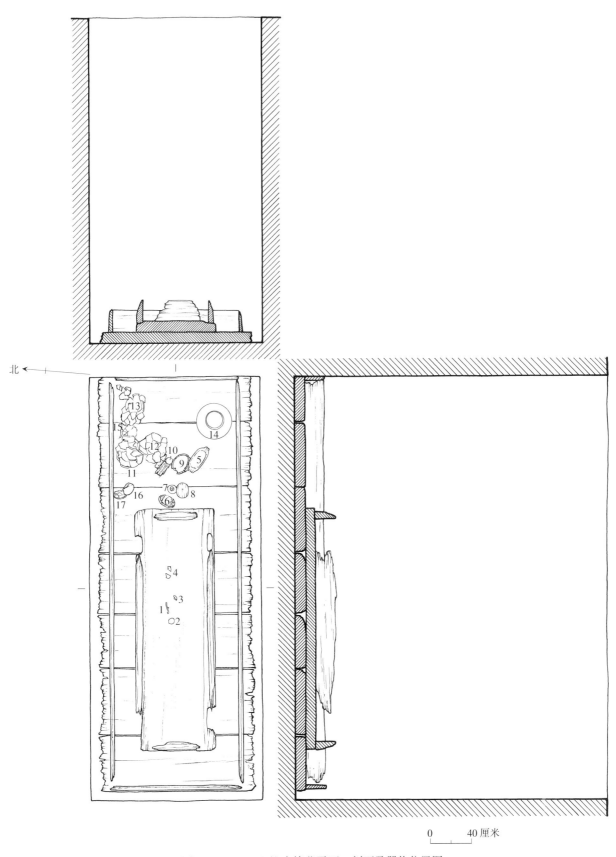

北 ←

0 ___ 40 厘米

图一四八　M8 土坑木椁墓平面、剖面及器物位置图

1. 铜带钩　2. 铜环　3. 铜镜　4、17. 翻沿陶罐　5. 双耳长杯　6. 漆圆盒　7. 铜器座　8. 器盖　9. 铜釜　10. 铜镜　11. 鼓肩陶罐　12. 陶罐底　13. 广肩陶罐　14. 鼓腹陶罐　15. 陶鼎足　16. 铜鍪

板保存不完整。南北两边边板长 3.7 米，残存高 0.18 米，厚 0.04 米，东西两端壁板宽 1.26 米，厚 0.06 米。椁箱底使用木板 7 块，长 1.5 米，宽 0.6 ~ 0.41 米，厚 0.1 米。椁箱是在墓圹挖成后，先铺垫平椁箱底板后，把两端似挖有凹槽的东、西两壁板放置墓圹内的东西两壁后，在嵌入南、北二壁的椁箱壁板形成椁室。在墓圹壁与木椁之间形成的缝隙中填充约 0.04 米的白（青）色膏泥以达到封护箱体的目的。待椁内放妥木棺、利用棺西端挡头与椁室壁板间的空间形成足箱，在箱内放置随葬器物后，盖上椁箱顶板后覆盖一层约 0.04 米厚的膏泥，一椁一棺一足箱的墓葬形制即成，木椁长 3.82 米，宽 1.44 米，高 0.3 米（残）。

2. 木棺

M8 的木棺盖、棺边板、棺端挡头损毁严重，其盖板的大小、尺寸不明。木棺底板用一整块木板制成，底板南北两边沿附近分别对称凿出 2 个长方形穿孔，露出的四个穿孔中，有三个已经朽坏，但能看出其形状大小，以东南端附近的一个保存较为完整的孔为例，孔长 0.14 米，宽 0.05 米，深 0.1 米。木棺两棺边分别对应制作出比孔径略小的凸榫以便插入棺底板使棺边板固定。木棺两端挡头朽坏严重，宽 0.46 米，高 0.2 米，厚 0.08 米。木棺口小底大，底长 2.22 米，宽 0.94 米，高 0.4 米。

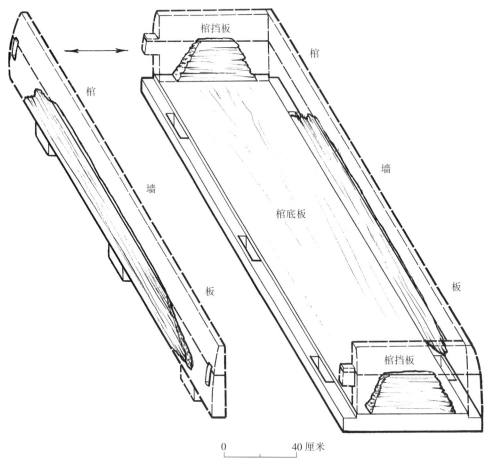

图一四九　M8 木棺结构分解复原图

（三）葬式

在清理椁箱与木棺内的堆积时没有发现有墓主人遗骸的残存痕迹，但从木棺墓保存状况和随葬物置放的位置等墓葬现象观察，推测墓主人的葬式似为仰身直肢葬。

二　随葬器物分布

M8 墓葬规模不大，随葬器物主要分布在足箱内，木棺内也有少量分布（图一四八、一四九）。

三　随葬器物

随葬器物不多，共计 17 件，按质地可分陶器，铜器，漆器四类。其中陶器 6 件，铜器 7 件，漆器 3 件。

1. 陶器

7 件，包括各形陶罐 5 件，罐底 1 件，鼎足 1（组）件。

广肩陶罐　1 件。M8：13，泥质灰陶。方唇，卷沿，直口，斜弧腹下收，平底。口径 17.3 厘米，腹径 27.4 厘米，底径 14.8 厘米，高（复原）27.4 厘米（图一五〇，1）。

鼓腹陶罐　1 件。M8：14，泥质灰陶。圆唇，平沿，直口，溜肩，腹下收，底内凸。通体施拍印纹装饰。口径 17.8 厘米，腹径 34.8 厘米，底径 16.8 厘米，高 29.4 厘米（图一五〇，3、4；图版二九五）。

鼓肩陶罐　1 件。M8：11，泥质灰陶，圆唇，沿外翻，口微侈，斜溜肩，腹下收，平底，底微凹。肩以下施拍印绳纹装饰。口径 9.8 厘米，腹径 19.4 厘米，底径 11 厘米，高 18 厘米（图一五〇，2；图版二九六）。

翻沿陶罐　2 件。M8：17，泥质灰陶。圆唇，侈口，束颈，鼓肩，弧腹，残。口径 10.4 厘米，残高 5.2 厘米（图一五一，3）。M8：4，夹细砂灰陶。尖圆唇，直口，残。口径 12.4、残高 2 厘米（图五一，2）。

陶罐底　1 件。M8：12，泥质灰陶。弧腹下收，平底。腹径 22 厘米，底径 10.4 厘米，高（残）12 厘米（图一五一，1；图版二九七）。

陶鼎足　1（组）件。M8：15，泥质灰黑陶。鼎腿上宽，腿下部圆柱状。残。上宽 4.4 厘米，下部足径 1.8 厘米，高 10.2 厘米（图一五一，4；图版二九八）。

2. 铜器

7 件。包括铜釜 1 件，铜鏊 1 件，铜带钩 1 件，铜镜 2 件，铜环 1 件，铜器座 1 件。

铜釜　1 件。M8：9，方唇，斜折沿，侈口。残。口径 17.6 厘米（图一五二，1）。

铜鏊　1 件。M8：16，上部残。鼓腹，圜底。腹径 12.4 厘米，高 7 厘米（图一五二，3）。

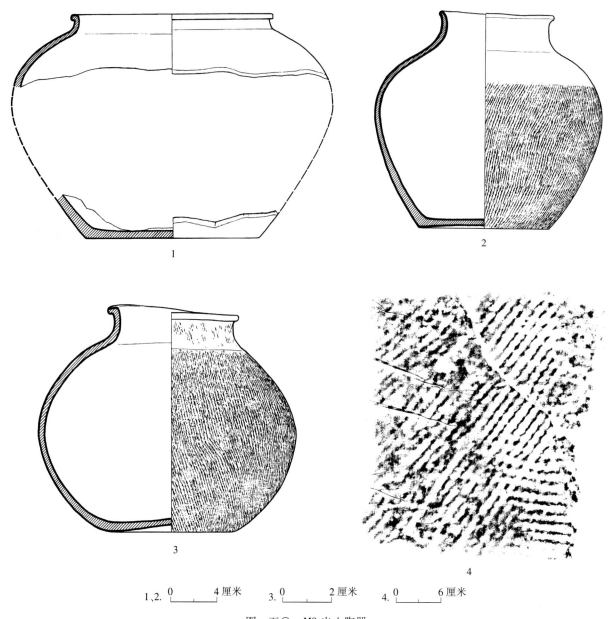

图一五〇 M8 出土陶器
1. M8:13 广肩陶罐 2. M8:11 鼓肩陶罐 3. M8:14 鼓腹陶罐 4. M8:14 鼓腹陶罐纹饰拓片

铜带钩 1件。M8:1，兽首钩头，瞪目，竖耳，口微张。背部中央有一圆柱状纽銎。长11厘米（图一五二，4；图版二九九）。

铜镜 2件。M8:3，圆形，镜面轻薄。背有两周凸弦纹。残。直径8厘米，厚0.15厘米（图一五二，2；图版三〇〇）。M8:10，形制，厚薄同上，背部中央有一纽，纽上有三道凸弦纹。直径9.65厘米（图一五二，5；图版三〇一）。

铜环 1件。M8:2，圆形，剖面呈扁圆形，直径5.9厘米，厚0.25厘米（图一五二，7；图版三〇二）。

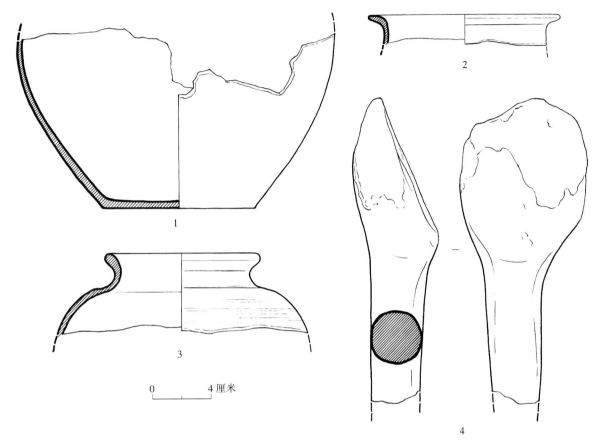

图一五一 M8 出土陶器

1. M8：12 陶罐底　2. M8：4 翻沿陶罐　3. M8：17 翻沿陶罐　4. M8：15 陶鼎足

铜器座　1件。M8：7，圆形，底有圆形穿孔，上凸圆柄中空，残留有木胎漆器的木胎遗留物，底部圆孔保留髹涂的黑漆漆皮。底座直径7.9厘米，高3.5厘米（图一五二，6；图版三〇三）。

3. 漆器

3件。包含有器盖，双耳长杯，漆圆盒残件。

器盖　1件。M8：8，木胎。圆形，伞状面平顶，伞状面上两周凸棱，顶部中央有纽，表面髹黑漆。残。直径11.3厘米，高2.8厘米（图一五三，2；图版三〇四）。

双耳长杯　1件。M8：5，木胎。圆角长方形，两端有耳形柄，器底近两端处有弧形矮足。外壁髹以黑漆，内壁髹涂朱赭色漆，漆皮多脱落。残。长24厘米，宽7.8厘米，高3.7厘米（图一五三，3；图版三〇五）。

漆圆盒残器　1件。M8：6，木胎，圆形，旋挖制成。髹黑漆底，器表外口沿上部施朱绘二凹弦纹、带状纹，口沿下和腹下部之间饰朱色、线条粗细相等的交叉弧线勾连纹，并间以朱赭色点彩装饰（图一五三，1）。

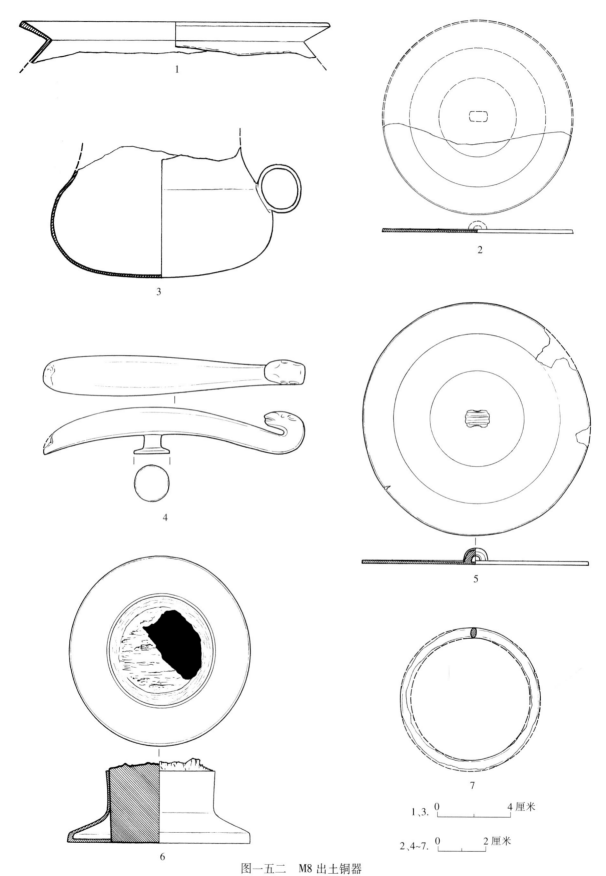

图一五二　M8 出土铜器

1. M8：9 铜釜　2. M8：3 铜镜　3. M8：16 铜鍪　4. M8：1 铜带钩　5. M8：10 铜镜　6. M8：7 铜器座　7. M8：2 铜环

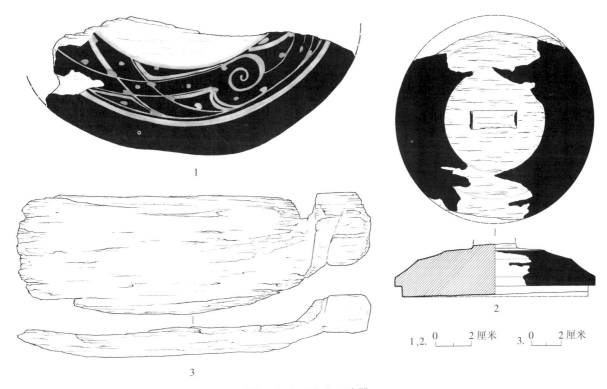

图一五三　M8 出土漆器
1. M8：6 漆圆盒　2. M8：8 器盖　3. M8：5 双耳长杯

十一号墓葬（M11）

M11 位于严道镇青仁村一组的刘家杠，发掘清理前已被灾后重建工程 G108 线改道施工取土挖残。当考古发掘工作人员到达现场时，墓葬墓圹上部及其填土已经揭去约 0.6 米厚，墓葬东南部墓圹，椁箱边板、足箱隔板已经损毁。

一　墓葬形制

（一）墓圹与填土

1. 墓圹

墓圹呈长方形，墓圹南边及其填土被施工毁损，墓圹四壁竖直。墓口东西长 3.8 米，南北宽 1.84 米，墓口至椁箱顶处深 2.06 米，墓口至墓圹底深 2.6 米。有生土二层台，椁箱顶至墓圹壁间的二层台呈倾斜面。基底长 3.3 米，宽 1.44 米。

2. 填土

墓坑内填土为黄褐色黏土，土质细密、紧实。填土内无其他包含物。清理墓圹填土时，墓圹壁与填土能自然分开剥离。墓圹内近椁箱板填白（青）色膏泥，厚 0.06 米，其下是木椁。墓圹四壁与椁箱顶、壁板铺填白（青）色膏泥，是为已达到防潮、防水、密闭、保护的目的。

（二）葬具

1. 木椁

木椁顶部盖板已经朽坏仅存少量碎块，因此不清楚椁箱顶板使用的准确数和尺寸。椁箱南壁边板施工毁损。北边边板长 3.22 米，高 0.48 米，厚 0.08 米，东西两端壁板宽 1.44 米，厚 0.08 米。椁箱底使用木板 4 块，长 1.44 米，宽 0.68～0.31 米，厚 0.08 米。椁箱是在墓圹挖成后，先把两端挖有凹槽的东、西两壁板放置于墓圹内的东西两壁后，铺垫平椁箱底板，底板只铺在墓圹底中西部，南边底部没有铺设椁箱底板。嵌入南、北二壁的椁箱壁板形成椁室。在墓圹壁与木椁之间形成的缝隙中填充约 0.06 米的白（青）色膏泥以达到封护箱体的目的。木椁长 3.3 米，宽 1.44 米，高 0.58 米。待椁内放妥木棺，在棺西端挡头与椁室壁板间用一块长方形木板隔出足箱，在箱内放置随葬器物后，盖上椁箱顶板后覆盖一层约 0.06 米厚的膏泥，一椁一棺一足箱的墓葬形制即成（图版三〇六～三〇八）。

2. 木棺

M11 的木棺盖、棺南壁边板损毁严重，其盖板的大小、尺寸不明。木棺底板用一整块木板制成，底板南北两边沿附近分别对称凿出 2 个长方形穿孔，孔长 0.04 米，宽 0.02 米，深 0.06 米。棺底板长 2.02 米，宽 0.77 米，厚 0.06 米。木棺两棺边分别对应制作出比孔径略小的凸榫以便插入棺底板使棺边板固定，同时在棺边两端挖出凹槽，以便棺端挡头。棺边板长 2.04 米，高 0.62 米，厚 0.10 米。木棺两端挡头制作出与凹槽相对应的凸榫以便嵌入固定。木棺挡头宽 0.46 米，高 0.4 米，厚 0.08 米。木棺四壁下厚上薄，显现出木棺底大口小状（图一五四、一五五），长 2.04 米，宽 0.77 米，高 0.62 米。

（三）葬式

在清理椁箱与木棺内的堆积时没有发现有墓主人遗骸的残存痕迹，但从木棺墓保存状况和随葬物置放的位置等墓葬现象观察，推测墓主人的葬式似为仰身直肢葬。

二 随葬器物分布

M11 墓葬规模不大，随葬器物主要分布在足箱内，木棺内也有少量分布。

三 随葬器物

随葬器物不多，共计 6 件，按质地可分陶器、铜器两类。其中陶器 4 件，铜器 2 件。

1. 陶器

陶器 4 件。包括陶罐 3 件，陶釜 1 件。

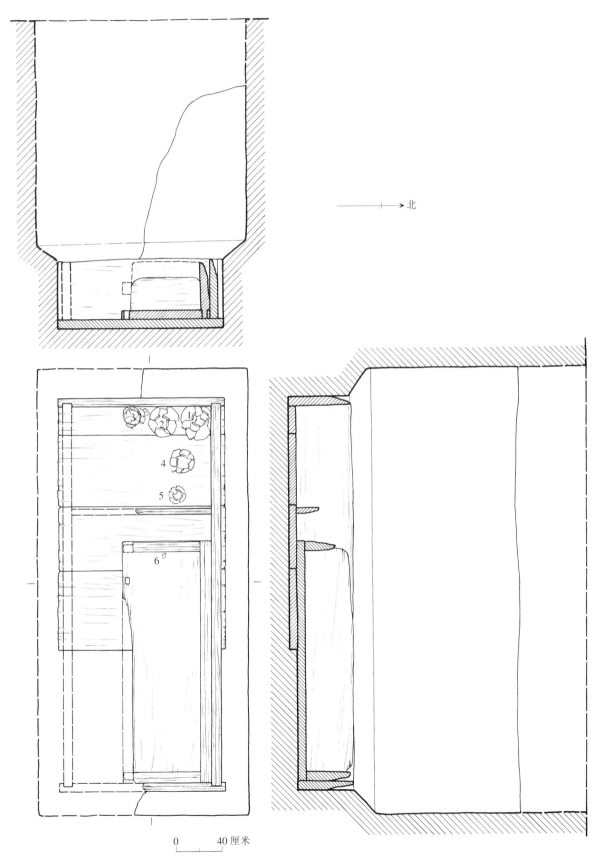

图一五四 M11 土坑木椁墓平面、剖面及器物位置图

1. 圜底陶罐 2. 深腹陶罐 3. 鼓腹陶罐 4. 陶釜 5. 铜釜 6. 铜镜

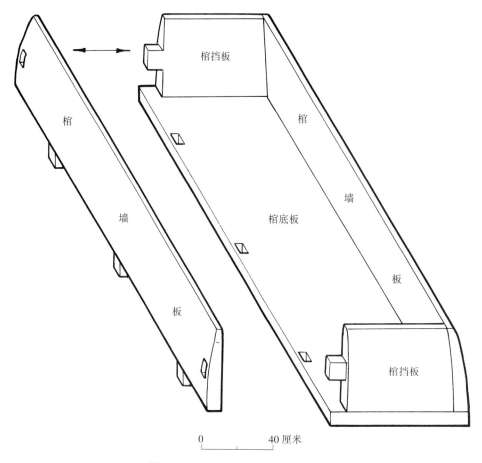

图一五五　M11 木棺结构分解复原图

圜底陶罐　1件。M11：1，夹砂灰黑陶。方圆唇，沿外撇，侈口，束颈，斜溜肩，鼓腹下垂。器表施拍印绳纹装饰。口径18厘米，腹径32.4厘米，高27.6厘米（图一五六，2、3；图版三〇九）。

深腹陶罐　1件。M11：2，夹砂灰陶。尖圆唇，平沿，直口，束颈，鼓肩，斜弧腹下收，平底。器表施拍印绳纹装饰。口径11.7厘米，腹径24.1厘米，底径13.9厘米，高26.7厘米（图一五六，9、10；图版三一〇）。

鼓腹陶罐　1件。M11：3，夹砂黑灰陶。方圆唇，斜折沿，直口，束颈，斜溜肩，圜平底。器表饰拍印绳纹。口径15.9厘米，腹径27.6厘米，高24.9厘米（图一五六，1；图版三一一）。

陶釜　1件。M11：4，夹砂灰陶。尖唇，平沿，直口，束颈，折肩，弧腹，圜底。器表施拍印绳纹。口径19.5厘米，腹径24.4厘米，高16.3厘米（图一五六，5、6；图版三一二）。

2. 铜器

2件。包括铜釜1件，铜镜1件。

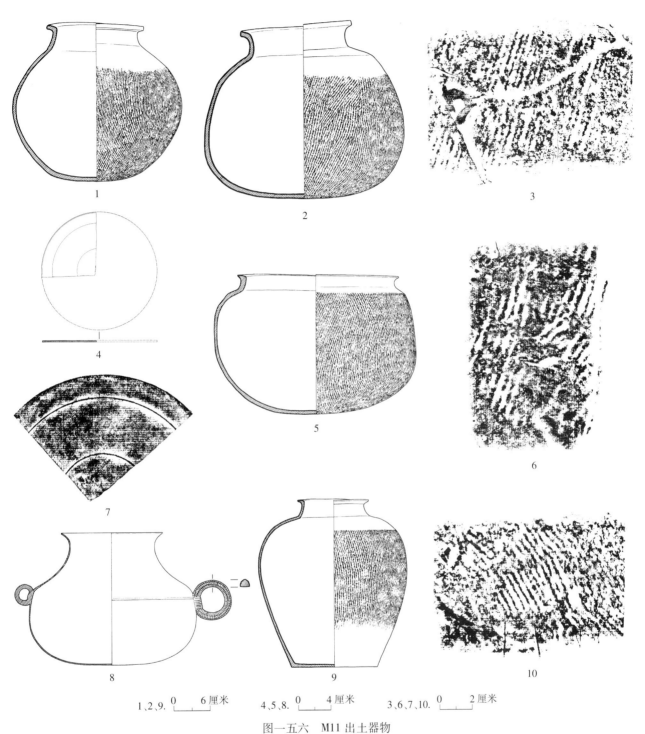

图一五六 M11 出土器物

1. M11：3 鼓腹陶罐 2. M11：1 圜底陶罐 3. M11：1 圜底陶罐纹饰拓片 4、7. M11：6 铜镜 5. M11：4 陶釜 6. M11：4 陶釜纹饰拓片
8. M11：5 铜釜 9. M11：2 深腹陶罐 10. M11：2 深腹陶罐纹饰拓片

铜釜 1件。M11：5，尖圆唇，沿外撇，侈口，斜肩，鼓腹，圜平底。上腹部饰有一周凸弦纹，肩腹处有两个大小不同的对称环耳，大耳为辫索纹环耳。口径 12.4 厘米，腹径 20.4 厘米，高 15.8 厘米（图一五六，8）。

铜镜　1 件。M11：6，圆形，镜身轻薄，背面饰两周凸弦纹，残。直径 13.9 厘米，厚 0.2 厘米（图一五六，4、7；图版三一三）。

贰　土坑墓

六号墓葬（M6）

一　墓葬形制

（一）墓圹与填土

1. 墓圹

M6 位于墓地中部偏西，被编号 M9 的东汉砖室墓打破，M6 又打破 M7。M6 开口于耕土层下，墓向 265°。墓圹呈长方形，四壁竖直。墓口东西长 4.4 米，南北宽 2.02 米，墓口至墓底深 1.9 米。

2. 填土

墓坑内填土为黄灰色黏土，土质细，夹杂少量岩石碎削、夯筑紧实。填土内出土二件石器。清理墓圹填土时，墓圹壁与填土能自然分开剥离（图版三一四、三一五）。

（二）葬具

清理墓圹内填土至墓底不见木椁、木棺痕迹，是墓应该没有使用棺、椁作为葬具。

（三）葬式

墓底中部没有保存有墓主遗骸的痕迹，其葬式不明。

二　随葬器物分布

墓圹填土内出土 2 件石器。随葬品集中放置于墓葬的东北角，随葬的漆木器已经朽坏，仅见漆木器的残痕，如木胎漆案痕（图一五七）。

三　随葬器物

墓葬填土出土有石器 2 件。墓内随葬器物集中放置于墓圹内的东北角，主要有陶器，计 2 件，铜器 2 件，各类半两钱 73 枚。石器包含有砸击石器，石斧形器；陶器有广肩陶罐、束颈陶罐；铜器有铜釜、铜镜；钱币有秦半两、八铢半两和四铢半两。

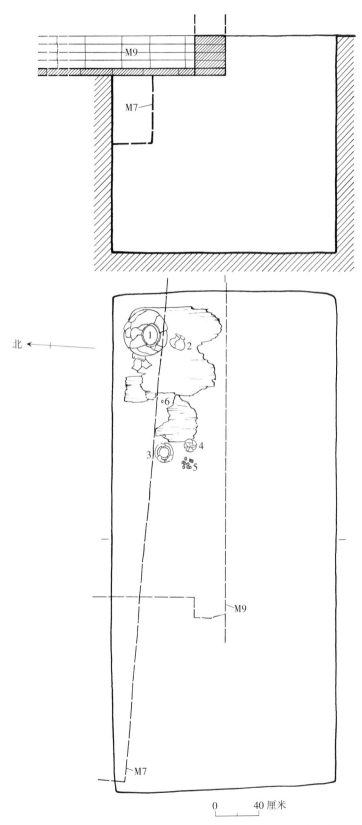

0   40 厘米

图一五七　M6 土坑墓平面、剖面及器物位置图

1. 广肩陶罐　2. 束颈陶罐　3. 铜釜　4. 铜镜　5. 铜钱　6. 石斧形器　7. 砸击石器

1. 石器

2件。砸击石器1件，石斧形器1件。

砸击石器　1件。M6：7，石灰岩卵石。弧刃，刃部有明显使用痕迹，砸击使用后的留有砸击点，剥落石片后的疤痕。呈上窄下宽的梯形，宽11.2厘米，厚5.6厘米，高10厘米（图一五八，1；图版三一六）。

石斧形器　1件。M6：6，浅灰色砂岩。单面斜弧刃，刃部保留有明显的使用痕迹。不规则长方形，宽9.6厘米，厚3.4厘米，高13.2厘米（图一五八，3；图版三一七）。

2. 陶器

2件。束颈陶罐1件，广肩陶罐1件。

束颈陶罐　1件。M6：2，泥质橙红陶。尖唇，沿外撇，侈口，残。口径11.2厘米（图一五八，5）。

广肩陶罐　1件。M6：1，泥质灰黄陶。尖圆唇，直口，有领，斜弧腹下收。器表施拍印细绳纹，残（图一五八，2；图版三一八）。

3. 铜器

2件。铜釜1件，铜镜1件。

铜釜　1件。M6：3，束颈，斜肩，弧腹，圜平底。肩腹处饰一周凸弦纹，并有大小不同的两个对称环耳，大耳为辫索纹环耳。残。口径11.2厘米，腹径18.6厘米，复原高14.3厘米（图一五八，4；图版三一九）。

铜镜　1件。M6：4，圆形，镜身壁薄。背面饰两周凸弦纹。残。直径10.9厘米，厚0.15厘米（图一五八，6、7；图版三二〇）。

4. 钱币

73枚。秦半两3枚，八铢半两59枚，四铢半两11枚（图版三二一）。见《M6出土半两钱统计表》。

秦半两　3枚。圆形，无廓方穿。标本M6：5-1（1）无郭，平背。半两二字笔画方折，两字上横短，半字竖笔下部略长。直径3.5厘米、方穿边长1.2厘米、币厚0.1厘米。重6克。

八铢半两　59枚。标本M6：5-2（16），半两二字较小，字形偏方，"两"上横较短，字直角方折，内成连山，"半"字上宽下窄，方穿较小。直径3厘米，方穿边长0.8厘米，肉厚0.15厘米，重6.7克。厚重（图一五九，1）。M6：5-2（20），"两"上横较长，方折，内成双人，"半"字上宽下窄。直径2.8厘米，方穿边长1厘米，厚0.17厘米。重7.5克，厚重（图一五九，6）。M6：5-2（56），半两二字较大，字形长方，"两"字上横略长，内成连山，"半"字上横方折，方穿较大。直径3.3厘米，方穿边长1.3厘米，厚0.07厘米，重4.8克（图一五九，2）。M6：5-2（57），"两"字方折，内双人两，"半"字修长，上宽下窄。直径3.5厘米，边长1.1厘米，厚0.12厘米，重7.14克，厚重（图一五九，3）。M6：5-2（31），半两二字较小，"两"字内成双

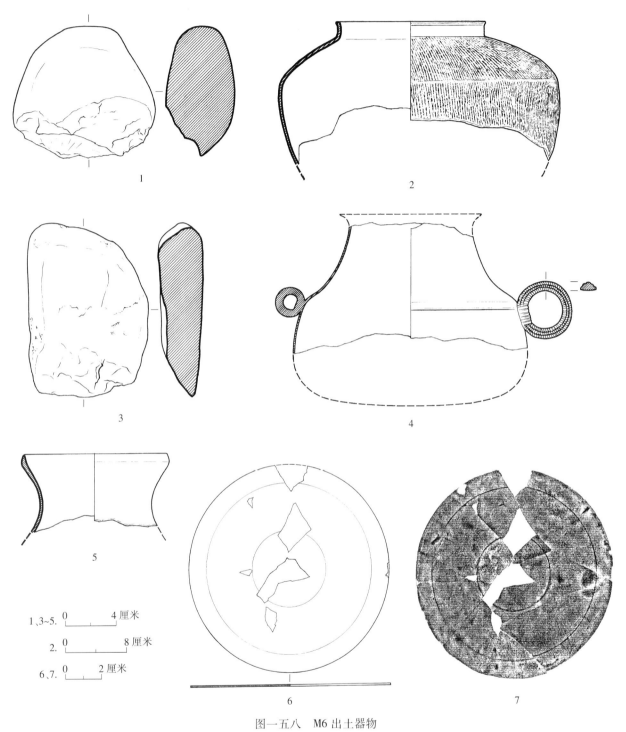

图一五八　M6 出土器物

1. M6：7 砸击石器　2. M6：1 广肩陶罐　3. M6：6 石斧形器　4. M6：3 铜釜　5. M6：2 束颈陶罐　6. M6：4 铜镜　7. M6：4 铜镜

人，"半"字下横较长。左、下沿有流口。直径 3 厘米，方穿边长 1.1 厘米，厚 0.16 厘米，重 6.8 克，厚重（图一五九，4）。M6：5－2（32），半两二字长方，"两"方折，内成二长人，"半"字上宽下窄，上横方折较宽。直径 2.9 厘米，方穿边长 1 厘米，厚 0.08 厘米。重

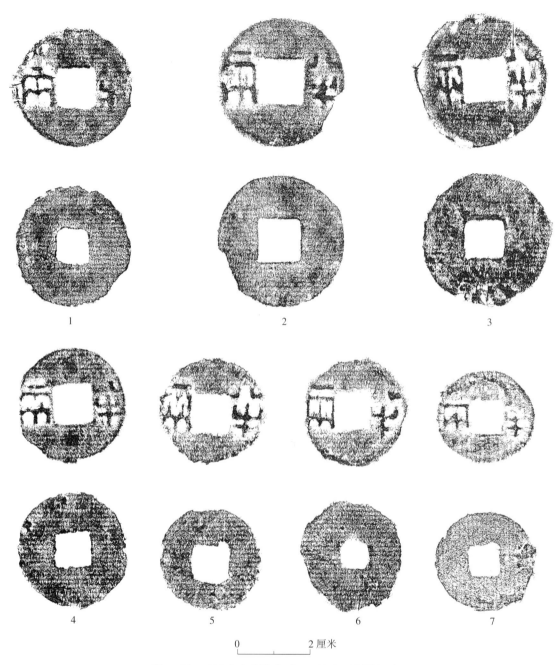

图一五九　M6出土八铢半两、四铢半两铜钱拓本

1. M6：5－2（16）　　2. M6：5－2（56）　　3. M6：5－2（57）　　4. M6：5－2（31）　　5. M6：5－2（32）　　6. M6：5－2（20）

7. M6：5－3（5）

4.41克（图一五九，5）。

四铢半两　11枚。标本M6：5－3（5），字形均较方正，大小等同，与穿孔高低对应。"两"字内成"山"字形，"半"字二横等齐，下有流口。直径2.6厘米，方穿边长0.9厘米，厚0.1厘米，重3.4克（图一五九，7）。

表二　M6 出土半两钱统计表

半两钱 （序号）	直　径 （厘米）	方穿边长 （厘米）	币　厚 （厘米）	重　量 （克）	编　号	备　注
一　秦半两						
1	3.50	1.20	0.10	6.00	M6：5－1（1）	
2	3.50	1.20	0.12	7.30	M6：5－1（2）	
3		1.20	0.10	4.00	M6：5－1（3）	残
二　八铢半两						
4	3.00	0.80	0.05	2.70	M6：5－2（1）	
5	2.90	0.60	0.05	3.00	M6：5－2（2）	有铸流口
6	2.90	0.80	0.07	4.90	M6：5－2（3）	有铸流口
7	3.01	0.90	0.07	4.90	M6：5－2（4）	
8	2.80	1.10	0.06	2.70	M6：5－2（5）	
9	2.90	0.90	0.05	2.60	M6：5－2（6）	
10	3.00	0.90	0.07	2.90	M6：5－2（7）	
11	3.00	0.90	0.12	6.00	M6：5－2（8）	
12	3.10	0.90	0.11	4.80	M6：5－2（9）	
13	3.05	0.90	0.09	4.91	M6：5－2（10）	
14	2.60	1.10	0.10	3.08	M6：5－2（11）	
15	2.80	0.90	0.08	3.50	M6：5－2（12）	
16	3.00	0.80	0.10	4.80	M6：5－2（13）	
17	2.90	0.80	0.05	2.70	M6：5－2（14）	
18	3.00	1.10	0.05	3.00	M6：5－2（15）	
19	3.00	0.80	0.15	6.70	M6：5－2（16）	厚重
20	3.10	0.80	0.09	4.50	M6：5－2（17）	
21	3.00	0.80	0.03	2.50	M6：5－2（18）	轻薄
22	3.00	0.70	0.11	5.50	M6：5－2（19）	
23	2.80	1.00	0.17	7.41	M6：5－2（20）	厚重
24	3.00	0.80	0.07	4.00	M6：5－2（21）	
25	3.00	1.00	0.12	5.20	M6：5－2（22）	
26	2.90	1.00	0.10	3.70	M6：5－2（23）	
27	3.10	0.90	0.07	4.90	M6：5－2（24）	
28	3.00	0.90	0.06	4.02	M6：5－2（25）	
29	3.00	0.90	0.05	3.60	M6：5－2（26）	
30	3.10	1.00	0.06	4.22	M6：5－2（27）	

续表二

半两钱 （序号）	直 径 （厘米）	方穿边长 （厘米）	币 厚 （厘米）	重 量 （克）	编 号	备 注
31	3.10	0.80	0.07	4.60	M6：5-2（28）	
32	3.00	0.80	0.06	4.21	M6：5-2（29）	有铸流口
33	3.00	0.80	0.07	4.90	M6：5-2（30）	
34	3.00	1.10	0.16	6.80	M6：5-2（31）	厚重
35	2.90	1.00	0.08	4.41	M6：5-2（32）	
36	3.00	0.80	0.08	4.70	M6：5-2（33）	
37	3.10	0.80	0.05	3.28	M6：5-2（34）	
38	3.10	0.70	0.05	3.58	M6：5-2（35）	
39		0.90	0.05	3.50	M6：5-2（36）	残
40		0.80	0.04	2.60	M6：5-2（37）	残
41		0.60	0.04	2.00	M6：5-2（38）	残
42		0.50	0.06	3.90	M6：5-2（39）	残
43		0.60	0.08	4.70	M6：5-2（40）	残
44	3.00	0.90	0.05	3.50	M6：5-2（41）	
45		0.80	0.05	2.90	M6：5-2（42）	残
46	2.90	0.80	0.06	4.00	M6：5-2（43）	
47	3.10	0.90	0.07	5.61	M6：5-2（44）	
48	3.00	0.80	0.06	5.20	M6：5-2（45）	
49	2.90	0.80	0.06	4.30	M6：5-2（46）	有铸流口
50		0.80	0.06	3.80	M6：5-2（47）	残
51	2.90	0.90	0.06	4.20	M6：5-2（48）	
52	3.10	0.90	0.06	5.15	M6：5-2（49）	
53	3.00	1.00	0.05	5.10	M6：5-2（50）	
54	2.90	0.80	0.05	3.90	M6：5-2（51）	
55	3.00	1.00	0.05	3.70	M6：5-2（52）	
56	2.90	0.90	0.05	3.30	M6：5-2（53）	
57	3.00	0.90	0.04	3.01	M6：5-2（54）	
58	3.00	0.90	0.03	2.01	M6：5-2（55）	轻薄
59	3.30	1.30	0.07	4.80	M6：5-2（56）	（图）
60	3.50	1.10	0.12	7.14	M6：5-2（57）	厚重（图）
61	2.90	0.80	0.10	6.22	M6：5-2（58）	
62	3.00	0.80	0.07	4.30	M6：5-2（59）	

续表二

半两钱 （序号）	直 径 （厘米）	方穿边长 （厘米）	币 厚 （厘米）	重 量 （克）	编 号	备 注
三　四铢半两						
63	2.70	0.80	0.08	2.50	M6∶5-3（1）	残
64	2.90	0.90	0.08	2.90	M6∶5-3（2）	残
65	2.80	0.90	0.06	2.20	M6∶5-3（3）	残
66	2.70	1.10	0.03	1.37	M6∶5-3（4）	轻薄
67	2.60	0.90	0.10	3.40	M6∶5-3（5）	
68	2.70	0.90	0.09	2.95	M6∶5-3（6）	
69	2.60	1.10	0.04	1.99	M6∶5-3（7）	
70	2.40	0.80	0.12	3.72	M6∶5-3（8）	有铸流口
71	2.80	0.80	0.09	4.20	M6∶5-3（9）	厚重
72	2.50	0.80	0.13	3.88	M6∶5-3（10）	
73	2.60	0.90	0.12	3.80	M6∶5-3（11）	
合 计	M6 出土半两钱币 73 枚，其中：秦半两 3 枚，八铢半两 59 枚，四铢半两 11 枚。钱币重量用天秤称重，尺寸用游标卡尺测量。					

七号墓葬（M7）

一　墓葬形制

（一）墓圹与填土

1. 墓圹

M7 位于墓地中部偏西，被 M9、M6 打破。开口于耕土层下，墓向 270°。墓圹呈长方形，四壁竖直。墓圹上大下小，有生土二层台。墓口至生土二层台东西长 5.06 米，南北宽 3.09 米，深 0.98 米。生土二层台东西长 4.04 米，南北宽 1.8 米，深 1.3 米。

2. 填土

墓坑内填土为黄褐色黏土，土质细，夹杂少量红砂岩碎削、小石块，夯筑紧实。填土内无包含物。清理墓圹填土时，墓圹壁与填土能分开剥离（图版三二二～三二四）。

（二）葬具

清理墓圹内填土至墓底不见木椁、木棺痕迹。

（三）葬式

墓底中部没有保存墓主遗骸的痕迹，其葬式不明。

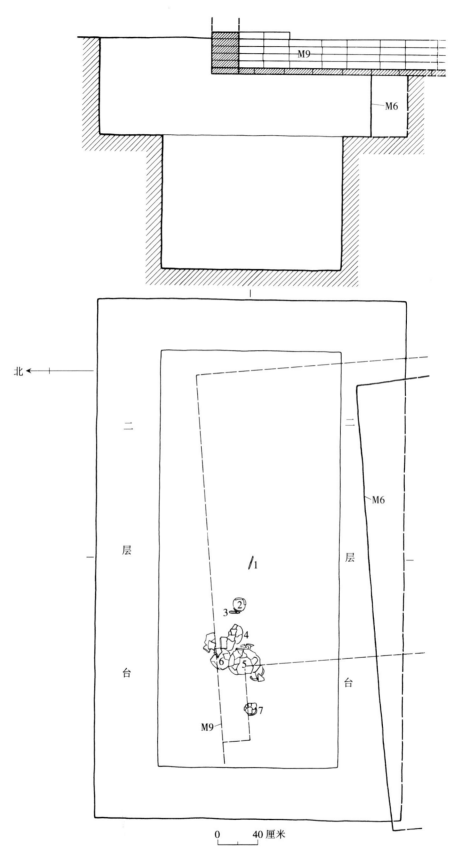

北

M9

M6

M6

M9

0 ___ 40 厘米

图一六〇 M7 土坑墓平面、剖面及器物位置图
1. 铜带钩 2. 铜釜 3. 铁镈 4、5. 广肩罐 6. 束颈陶罐 7. 直口陶罐

二　随葬器物分布

随葬品集中放置于墓葬的中部偏西，随葬的漆木器已经朽坏，仅见漆木器的残痕，器形不明。陶器已成碎片，能辨认出器形的有釜、罐类；铜器有铜釜碎片（图一六〇）。

三　随葬器物

墓内随葬器物　主要有陶器 4 件，铜器 2 件，铁器 1 件。陶器有广肩陶罐、束颈陶罐；铜器有铜釜、铜带钩，铁器有铁镈残片。

1. 陶器

4 件。包括广肩陶罐 2 件，束颈陶罐 1 件，直口陶罐 1 件。四件陶器均为碎片，残缺较多，不能修复。

广肩罐　2 件。M7∶4，夹细砂灰陶，火候较低。方圆唇，口微外敞，直颈，弧腹下收，平底。器表肩部以下饰竖绳纹。口径 12 厘米，腹径 17 厘米，高 12 厘米（图一六一，1）。M7∶5，泥质灰陶。方唇，口微外敞，直颈，弧腹下收。器表肩部以下饰绳纹。口径 13.8 厘米，腹径 21.4 厘米，残高 10.5 厘米（图一六一，2）。

束颈陶罐　1 件。M7∶6，泥质灰陶。圆唇，沿外撇，侈口，溜肩，鼓腹。残。肩以下饰绳纹。口径 11.8 厘米，残高 5.2 厘米（图一六一，3）。

直口陶罐　1 件。M7∶7，泥质红陶。圆唇，折沿，残。口径 10.4 厘米，残高 1.7 厘米（图一六一，4）。

2. 铜器

2 件。包括带钩 1 件，铜釜 1 件。

铜带钩　1 件。M7∶1，钩头残。钩身中粗向两端渐变细，呈弓形，背部中央有圆柱状纽銎。长 14.3 厘米（图一六一，5；图版三二五）。

铜釜　1 件。M7∶2，残存少量铜碎片。圆唇，折沿，直口，残。口径 12.8 厘米，残高 1 厘米（图一六一，6）。

3. 铁器

1 件。

铁镈　1 件。M8∶11，圆弧形，锈蚀严重，残。长 7.5 厘米，宽 2.7 厘米（图一六一，7）。

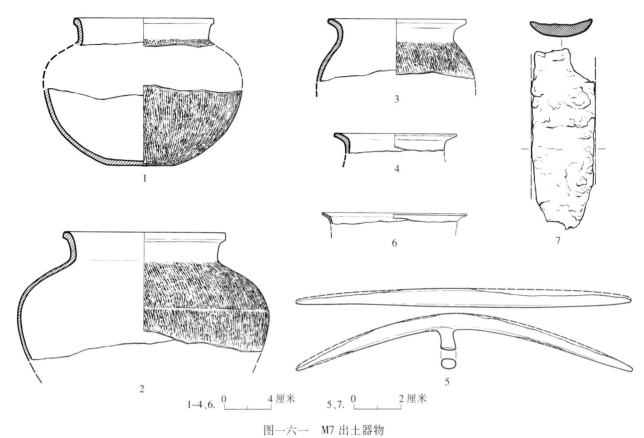

1~4、6. |0————4 厘米| 5、7. |0————2 厘米|

图一六一 M7 出土器物

1. M7：4 广肩罐 2. M7：5 广肩罐 3. M7：6 束颈陶罐 4. M7：7 直口陶罐 5. M7：1 铜带钩 6. M7：2 铜釜 7. M7：3 铁铧

叁 砖室墓

九号墓葬（M9）

一 墓葬形制

（一）墓圹与填土

M9 位于墓地中部偏西，墓向 270°。开口于耕土层下，打破 M6、M7（图一六二；图版三二六）。

1. 墓圹

墓室顶部，四壁早已毁损，残存墓室四壁墙基砌筑的汉砖五层，墓底用平面呈梯形的灰色青砖镶嵌平铺，墓底西部铺砖和墓室南壁西端砌砖以及墓道、墓门毁损不存。砖长 32 厘米，宽 26 厘米，厚 8 厘米。墓室为长方形，长 3.6 米，宽 2.62 米，残存深 0.28 米。

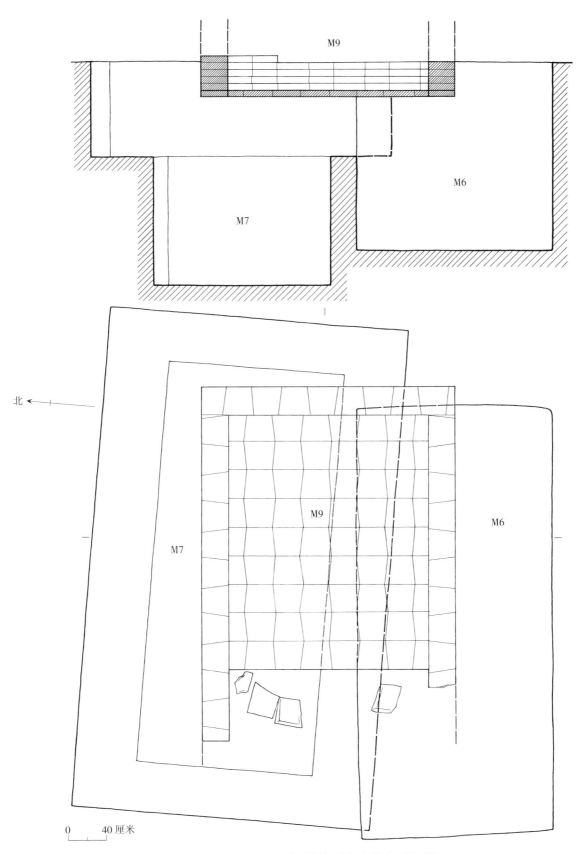

图一六二 M6、M7、M9 墓之间打破关系平面、剖面图

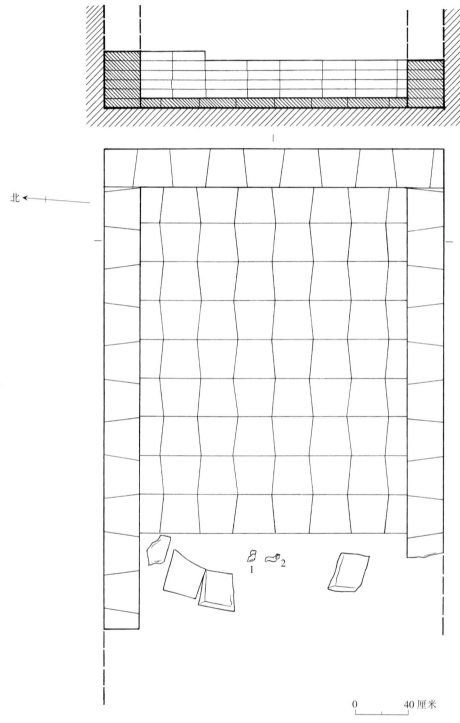

图一六三　M9 砖室墓平面、剖面及器物位置图
1. 陶罐底　2. 陶鸡

2. 填土

墓坑内填土为灰黄色土，土质较细，夹杂少量红砂岩碎快、石块和汉砖残块。填土内无包含物。

（二）葬具

墓葬早年被毁严重，墓室内不见棺、椁等葬具，墓室内的底部淤土堆积不见墓主遗骸痕迹，其葬式不明。

二 随葬器物分布

随葬品不多，仅在墓室西端发现2件残存的陶器（图一六三）。

三 随葬器物

墓葬出土残陶器有陶罐底、陶鸡计2件。

1. 陶器

2件。陶罐底1件。M9：1，泥质灰陶。斜腹下收，平底。底径9.4厘米，残高8厘米（图一六四，1；图版三二七）。

陶鸡 1件。M9：2，泥质灰陶。立足，收翅，残（图一六四，2；图版三二八）。

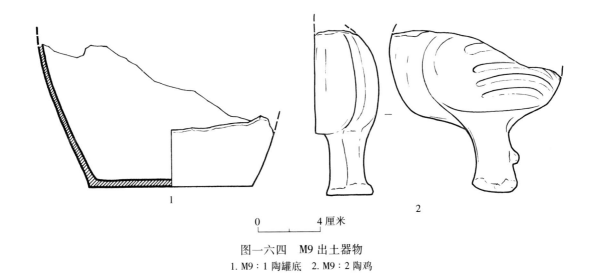

0　　　4厘米

图一六四 M9出土器物
1. M9：1 陶罐底 2. M9：2 陶鸡

第三章　结语

　　高山庙西汉墓地位于荥经县城严道镇西约 2.5 千米处，是全国重点文物保护单位严道古城遗址的重要组成部分。墓葬分布在当地称之为"寺经坪"的缓平坡地上，因地震后当地政府改建县城环城公路，在施工中被揭露。经过实地调查和抢救发掘，初步得知，墓地周围的区域皆属小地名为"寺经坪"的缓平坡地，随着岁月的变迁，墓葬的封土堆虽然消失，但地形、地势并没有发生大的改变，基本保持了原有地貌。10 座墓葬的墓向绝大多数呈东西向，只有 1 座（M5）墓葬的墓向呈南北向。土坑木椁类墓葬没有叠压或打破的现象，可以初步推测，高山庙西汉墓地的墓葬是有意为之，而呈有规律的分布。因为是配合震后公路的改建工程，因此我们只是在施工宽度约 25 米的范围清理发掘揭露的墓葬，在 25 米之外的北面，特别是南面尚有相当数量墓葬。通过本次清理发掘 10 座墓葬，初步揭示出高山庙古墓葬是一处保存较为完整的西汉时期的墓地。虽然多数墓葬早年被盗的程度不同，但通过清理发掘仍然出土一批有价值的文物，对探讨墓主身份、文化属性、墓地与严道古城遗址的关系等具有重要的学术价值。

一　墓葬年代

　　高山庙清理发掘的 10 座墓葬，皆未发现有明确记录墓葬下葬年代的文字资料。但墓地内一组墓葬的打破关系，从层位学角度确定了墓地内墓葬早晚的相对年代；墓地内清理的墓葬中，有 2 座墓葬出土有半两钱币，也为 10 座墓葬相对年代的推断提供了重要的佐证，可以判定：10 座墓葬的相对年代为东汉至西汉初年。层位学上可确认一组叠压打破关系的相关墓葬：

　　M9→M6→M7→生土

1. 砖室墓的年代

　　九号（M9）墓是一座仅残存墓室底部的砖室墓，开口于耕土层下。从清理出用于建筑墓室的残砖观察，有下宽上窄、上厚下薄、带子母榫的异形砖，这些残砖适用于墓葬圈拱和券顶，据此可知九号墓葬的墓室是圈拱券顶砖室墓，墓室内残存遗物 2 件，1 件陶罐底，1 件陶鸡残片，2 件陶器均为泥质灰陶，火候较高，是四川东汉时代的券拱砖室墓墓内随葬器物中的常见物品，据此可以判定 M9 的时代为东汉时期。

2. 土坑竖穴墓的年代

M6、M7 为土坑竖穴墓，从层位上观察，M6 打破 M7，这从地层上为两座墓相对年代提供了层位学依据。

M6，被 M9 打破，又打破 M7，因此依据层位可判定 M6 的相对年代，即 M6 早于 M9，晚于 M7。M6 出土器物有石器、陶器、铜器和 70 余枚半两钱币，观察这些出土器物，其中 2 件石器出土于墓葬填土，估计是早期石器混入墓葬填土，至迟也与墓葬埋葬的时间相当，由于墓葬出土陶器、铜器种类简单，数量较少，用器物来推判是墓的时代，例证乏力。好在墓内出土 70 余枚半两钱币，为是墓时代的推判提供有力证据。70 余枚半两钱币中，经过分类、比选和鉴别，包含有秦半两 3 枚、八铢半两 59 枚、四铢半两 11 枚。四铢半两钱币是三类钱币中铸造、使用年代相对最晚的一类，据《汉书·文帝纪》记载："五年夏四月，除盗铸钱令，更造四铢钱。"因此四铢半两钱始铸于西汉文帝时期，一直延续至汉武帝时代。从钱币的钱文字体观察，并结合墓葬出土器物的形制，可以初步推判 M6 的时代是在西汉文帝时期，至迟也不会晚于西汉武帝时代。

M7，从层位上观察，被 M6 打破，其相对年代当晚于 M6，从墓葬形制、结构看，M7 与 M6 的墓葬形制相同，俱为土坑竖穴墓。再从 M7 出土器物观察，M7 的相对年代的时间刻度略早于 M6，但 M7 的年代仍然是处于西汉初期。

3. 土坑竖穴木椁墓

土坑竖穴木椁墓是高山庙西汉墓地主要墓葬类型，包括 M1、M2、M3、M4、M5、M8、M11 七座。其中只有 M3、M4 未被盗。M4 出土陶器 3 件和 1 件铜器，种类数量较少，M3 出土器物数量较多，但墓室棺、椁深埋于潮湿的黏土中，置放于木椁内，随葬的漆、木器，木棺等器物长期浸泡在水中，木棺已漂移，数量较多的漆、木器已散架朽坏，无法修复和复原。对了解是墓随葬品的原状组合存在困难。但在距 M3 北面 10 米发掘的 M5，是墓早年被盗，随葬品的原始组合虽然已遭破坏，但墓室木椁箱中出土一件漆圆盒（M5：18），盒内盛满半两钱币，经过整理和统计、比对、鉴别可分三类：包括秦半两计 375 枚，八铢半两 286 枚，四铢半两 40 枚。这为 M5 时代推断提供重要依据。三类钱币中铸造、流通、使用时间最晚的是四铢半两钱，因此 M5 号墓的下葬年代当在西汉初的文帝时期，至迟不会晚于西汉武帝时期。M5 出土不完整的陶器组合器物主要有：陶壶类和陶罐类数量居多，分别有 5 件和 4 件，釜、甑、瓮各 1 件，陶器共计 13 件。铜器组合有：釜、盘、钫、蒜头壶各 1 件，铜铃 2 件，铜器共计 6 件。墓内出土数量较多的漆、木器，具有西汉初期的时代特征。漆器主要有：漆盘、漆圆盒、漆耳杯，数量居多，分别是 6 件、5 件和 3 件，还有盒盖 2 件，盒底、樽、杯（卮）、壶各 1 件，共计 20 件。木器能辨认器形的主要有：木马、马头 3 件，车轮形器 3 件，木璧 4 件，臼形器、俎豆、圆形饰片各 1 件和数量较多、疑似为木车的木构件 37 件。上述漆器的器类、器形、纹饰，木器中的木马见于绵阳双包山西汉墓[①]，不仅如此，墓内的部分陶器、铜器、漆器等在湖北云梦大坟头也能见到[②]。综合上述，将 M5 的时代推断在西汉初年的文帝时期，且不会晚于武帝时期是有钱币以及陶、铜、漆、木器等证据作为支撑的。同时，M5 也是本次抢救发掘清理的墓葬等级和规模最大的一座西汉土坑竖穴木椁墓。

M3 是一座未被盗掘的木椁墓葬，出土器物数量较多，出土陶器组合有陶罐类 3 件，还有釜、鏊各 1 件。铜器有铜铃 3 件，铜锣（明器）、蒜头壶、盘、鍪、釜各 2 件，蒜头壶、盘、鍪、镜各 1 件，计 11 件。漆器有耳杯 5 件，盘、盒、壶各 2 件，卮、盒盖、木条各 1 件，计 14 件。木器数量较多主要有涂朱砂圆片 11 件，圆木片 14 件，大小圭形木片（木圭）10 件，木璧 8 件，木环、木马、案足、木门、木车轴头形器各 4 件，木纺轮形器 3 件，木俑、门栓斗、轴状器各 2 件，木梳、木篦、竹签刷、木猪、木杵、臼形器各 1 件以及疑似为木车构件木器计 206 件。

M3 与 M5 出土器物比较，M3 出土陶器数量不多，器类单调，与 M5 出土陶器有一定区别，但 M3 出土铜器中的蒜头壶、盘、鍪、铃与 M5 出土同类器物几乎完全相同；漆木器中的耳杯、盘、圆盒、盒盖、卮等与 M5 出土同样器物十分接近；木器中的木璧、木马、臼形器等同样也见于 M5 出土的随葬漆木器中。M3 虽然没有出土推断年代的重要依据之一的钱币，但与 M5 比较，无论是墓葬形制，还是出土铜器、漆木器种类、器形、纹饰等与 M5 都有许多相同和一致之处。M3 内出土的木梳、木篦，连弧谷纹铜镜等也是具有西汉初期时代特征的典型器物。因此，M3 墓葬的时代与 M5 的时代相当，即西汉文帝时期。

M4 与 M3 并排，紧挨 M3，相距 30 厘米。墓葬形制较小，出土器物不多，主要有陶器和铜器两类，陶器有罐类 2 件、豆 1 件，铜有带钩 1 件。其中陶器中的溜肩罐在 M3 号墓内出土同样器物，墓葬的棺椁形制与 M3、M5 的接近，只是大小不同，据此可以推断 M4 的时代当与 M3、M5 的时代大体相当。即西汉初期。

M5 是本次发掘的墓葬中规模最大的一座，也是唯一一座呈南北方向的墓葬。墓葬虽然早年被盗，但仍然出土了数量较多的器物。特别是椁室边箱出土一件漆圆盒（M5：18）出土 701 枚半两钱币，对推断这墓的时代提供了重要的旁证依据。出土半两钱币经过分类、统计和比对，可知有秦半两 375 枚，八铢半两 284 枚，四铢半两 40 枚。三类钱币中，四铢半两其始铸流行的年代晚于秦半两和八铢半两，据史书记载，四铢半两钱始铸于西汉文帝时期，延续至汉武帝时代。据此可以初步推断 M5 的年代当属西汉文帝时期，其下限年代不会晚于武帝时期。而是墓随葬陶器中的甑、釜、壶、瓮、罐类；铜器中的蒜头壶、钫、盘、釜；漆器的杯（卮）、樽、耳杯、盘、圆盒、壶以及木器中的木马、俎豆、臼形器、木璧等是随葬品组合亦是西汉初年土坑木椁墓随葬物品的常见配置，据此我们可以认为，M5 无论墓葬形制、出土随葬品组合还是半两钱币形制，均具有西汉初年时代特征。

M8 位于本次墓地发掘的中部偏西北。墓内出土随葬品中的陶鼓肩罐见于 M3、M5 二墓中，而广肩陶罐这类相同器物在 M6、M7 二墓内也有出土；M8 墓内出土铜器中的釜、鍪、铜镜、带钩，漆器中的器盖、圆盒等相同器物在 M3、M5、M6、M7 以及 M4 都分别有所出土，依据上述推测，M8 的时代亦当在西汉初期。

M11 因是在高山庙墓地以东数百米处属严道镇的青仁村，故不在墓葬总平面图范围。依据墓葬形制、出土器物观察与高山庙西汉土坑竖穴木椁墓一致，故一并列入。是墓出土陶器中的鼓腹罐、釜，铜器中的釜、铜镜等相同器物在 M5、M7、M8 等墓葬中都分别有所出土，墓葬形制、结构、棺椁与 M3、M5 等墓葬也是同一类型。依据上述推测，M11 的年代亦当在西汉初年。

M1，位于本次发掘的高山庙西汉墓地西端，是在公路改扩建施工过程中发现。当我们获知此信息后第一时间赶到施工现场，遗憾的是墓葬西端的足箱已经被挖掘机损毁，随葬的部分遗物也被挖损，如我们在已挖出的墓葬淤土内清理出的彩绘陶壶残片，经过清理和反复拼对将其修复。M1 通过发掘清理，墓圹木椁内的木棺棺底已严重移位并斜靠在木椁南壁椁箱板上，木棺已严重变形。据此现象，可以判断是墓早年已经被盗。尽管如此，M1 内还是出土有一定数量的器物，经过整理有陶器、铜器、铁器、漆器、木器等计 30 余件。出土器物中的陶器如陶壶在 M2 内有所出土，束颈陶罐见于 M5、M6、M7 三座墓内，直口罐见于 M7 内；漆器中圆盒、漆卮；木器中的木梳、木篦等在 M3、M5 内均有出土；出土的带钩、铜印章的形制、印文字体等都具有西汉初期的典型时代特征。因此推测，M1 的年代当在西汉初期。

通过上述比较可知，高山庙 10 座墓的年代已经比较清楚，十座墓葬中除 M9 砖室墓的年代属东汉时期外，其他 9 座墓葬的年代大体相当，俱属西汉初期阶段。层位关系表明 M6 年代晚于 M7，其他墓葬由于多数墓葬早年被盗，从器物组合、形制特点上十分准确地判定其他各墓孰早孰晚，尚存在一定困难，但 9 座墓葬的年代在西汉初年似当大体不误。

二　墓主的等级

高山庙墓地属西汉初期的 9 座墓葬中，各墓墓圹的规模，棺椁的大小以及随葬品数量的多少也是有一定差异的，或许表明 9 座墓葬的主人应属不同的社会阶层，墓葬主人生前似存在等级或社会地位高低和贫富的差异。从墓圹和棺椁形制观察，九座墓葬中有 2 座土坑竖穴墓，7 座土圹竖穴木椁墓，木椁墓中虽然均为一棺一椁，但从墓葬规模、随葬品组合、数量亦能判定墓主生前的地位和等级的差别。这里仅以高山庙 M5、M1、M3、M4 四座墓葬为例说明。西汉墓群中等级最高的墓葬应是 M5 的墓主，其墓葬无论是在墓葬规模、棺椁大小，还是随葬器物的规格、数量均居首位。墓葬虽然早年被盗，但仍然出土较多的铜器，如铜钫、蒜头壶、盘、釜、鍪、数百枚半两钱，铁剑、漆器和木器等均能体现墓主人的财富与社会地位。其次是 M1 的主人，其墓葬规模、棺椁大小、随葬器物的规格略次于 M5，其葬具使用的是髹漆木棺，出土品级较高的青铜剑和玉剑饰、铜扣漆器、漆彩绘陶壶、木博具棋局盘等，据此推测，M1 墓主人似为高山庙墓群中等级与地位居第二层级，M3 是 7 座木椁墓中没有被盗的墓葬之一，虽然其墓圹、棺椁规模较小，但出土随葬品数量较多，但没有出土品级较高的青铜剑（M1）、铁剑（M5），因此尽管出土其他随葬品与 M5 有许多相同之处，但其墓主人的身份、等级与地位应次于 M1、M5 两座墓主人。可能是高山庙墓群中经济上较为富有的阶层。M4 是 7 座木椁墓中墓葬规模、棺椁形制最小，出土随葬品数量最少，为日常的生活用品陶器，据以上诸因素推测，M4 主人似为高山庙墓群中处于社会一般阶层的平民百姓。

M3 是一座未被盗掘的木椁墓，木棺封闭完好，在木棺端头结合处有小的缝隙，棺内有积水渗出。考虑到棺内有遗骸保存的可能，我们在野外发掘工作结束迅即将木棺整体包装运回室内进行清理。揭开木棺棺盖后，有漫浸的淤泥覆盖至棺内四壁的中部偏下。淤泥之下是覆盖的茅草植物，应似为"茅香"的禾本科茅香属的一种芳香性植物，这种植物会散发出淡淡的香气，也就是"薰、蕙、茝之属"的植物。"薰"，《说文》讲"香草也"，《山海经·西山经》载"浮山有草焉，名曰薰"，《广雅》谓"蕙草也"，《楚辞·离骚》中曾多次提到，"杂申叔与菌桂兮，岂维纫夫蕙茝"，汉王逸注"蕙，茝皆香草，已谕贤者"。所以木棺内遗骸之上覆之以禾本科茅香属的植物功能，当是起到驱避遗骸腐朽之异味的作用。故《淮南子·说林》里记载有"腐鼠在坛，烧薰于宫"。亦可旁证。其下撒有一层朱砂，当是与遗体防腐有关。1975 年湖北荆州 168 号古尸身上包裹有朱砂[③]，1972 年湖南长沙西汉古尸辛追出土时浑身上下也全是红色的，而且从她身体渗出的棺液里检测到了大量的朱砂残留[④]。故木棺内遗骸上铺洒朱砂与上述两例使用朱砂的作用相同，这对于中国古代防腐术的调查研究有积极的意义。棺内同时铺洒有水稻米、高粱等粮食作物（图片），对棺内淤泥进行淘洗收集有木炭。木棺内用香茅、朱砂、木炭、粮食覆盖遗骸的现象，当与保存、防止和延缓遗骸腐烂有关，是不容置疑的。

三 墓内出土木璧、博具、钱币浅见

高山庙墓地土坑竖穴木椁墓均使用白膏泥填充墓圹、封护木椁，有的墓木椁上用竹席或桦树皮（M1、M3 等）覆盖，再在其上封填白膏泥。出土随葬器物中的木质六博具（M1∶19），木璧（M3∶8－1～8，M5∶9、14、22、71），木环和 M3、M5 出土的"圭形木片（似为木圭）"等木仿玉礼器的璧、环、圭器物在四川西汉初年木椁墓中出土随葬品中得以首次确认。璧、环、圭等器物作为中国先秦时期重要礼器传承数千年，在礼器文化中有着深远的影响。特别是璧的使用从远古的新石器时代延续至明清。《说文解字·玉部》关于璧的认知"璧，瑞玉环也"，《尔雅·释器》对璧的描述是"璧大六寸谓之宣。肉倍好，谓之璧"。邢昺进一步阐释疏曰"璧，亦玉器，子男所执者也。大六寸者名宣。因说璧之制，肉，边也；好，孔也"。而制璧之材质不仅仅是玉、石类，就现有的发现还有使用铜、金、琉璃、木、玳瑁等不同材质的璧。而关于璧的用途从文献记载查考有礼天说，《周礼·春官·大宗伯》："苍璧礼天"郑玄笺："礼神者，必像其类，璧环像天。"《隋书·礼制》："后齐制……圆丘则以苍璧束帛，正月上辛，祀昊天上帝于其上，以高祖神武皇帝配。"祭祀山川说，《山海经·南山经》曰："凡南次二山之首，白柜山至于漆吴之山，凡十七山，七千二百里。其神状皆龙身鸟首。其祠：毛用一璧瘗，济稬用稌。"又"……凡十山，二千九百五十里。其神状皆鸟身而龙首。其祠之礼：毛用一璋玉瘗，稬用稌米，一璧，白菅为席。"以及明堂享礼、试验信物、作神祇、兆丰熟、祈安平、作礼品、当衡权，或用作货币、服饰、建筑饰物，或敛尸、燔玉，或用作明器等竟有二十说之多。不过浙江余姚良渚文化反山高等级墓葬（M23）有用数量较多玉璧（三十四枚）、琮随葬被称之为"玉敛葬"则是史前用璧、琮敛尸的重要例证[⑤]，进入历史时期的古墓葬用璧，作为随葬明器，这里仅举三例。其一，20世纪70年代中后期湖北随县发掘的曾侯乙墓出土石璧四十八件，均置放于墓内边室[⑥]。其二，1972年湖南长沙西汉初期的马王堆一号墓，墓内出土竹笥上有"木白璧、生璧一笥"文字。经过清理出土木璧三十二件。包括素面十七件、涂金粉谷纹璧四件，涂银粉璧十一件，均放置于墓内边箱的竹笥内[⑦]。其三，广东南越王一号墓边箱中出土木璧，是为玉璧的替代品，同墓出土简文的遣策中有"木白璧生璧一笥"文字，即是指墓内随葬的木璧。关于"白璧"、"生璧"，发掘报告称所谓"白璧"、"生璧"疑指涂绘金银粉者。"白璧"也有可能是指涂银的谷纹璧，因此墓出土4件涂金粉的谷纹璧，恰与《周礼》中有"子执谷璧"记载一致，而谷纹璧寓意五谷丰登。"生璧"应是"牲璧"，生与牲同生同韵，古代生与牲可互为通假。《释文》有"鲁读生为牲"，《魏书》卷七上有"祀山川群神及兴云雨者，修饰祠堂，荐以牲璧"。因此，墓内随葬木璧就是供给死者阴间使用的献祭物。墓主所持有的这些璧或许与生前"祀天（通天）"、死后"升天"的观念有关[⑧]。故荥经高山庙西汉墓群中M3、M5出土木璧、木环、木圭（圭形木片）的作用当与上述墓葬使用木璧随葬的作用与功能基本相同。高山庙西汉初期墓葬出土木质璧、环、圭等随葬礼器虽然是首次得以确认，但并不是仅此一例，在2005年3月至6月四川渠县城坝遗址发掘的编号为M1的土坑木椁墓内出有名为"残木器"（M1：50）器物，从发表的图像资料质地、形制等特征观察，是为木璧无疑（只有图形，没有文字介绍）[⑨]。可以预见渠县城坝西汉时期的墓葬还会有木璧出土。2012年~2013年成都市金牛区天回镇发掘的老官山西汉土坑木椁墓中也出土约十件木璧[⑩]。

M1出土的木博具，是目前四川仅见的一件木质博具，经文保中心脱水处理后没有变形，保存完整。西汉时期的六博具，包括博局（棋盘）、棋、直食棋、筹码、骰及博具盒。因此，M1出土的木博具仅是六博具中的博具棋（局）盘，木棋盘上有十二曲道。1973年长沙马王堆3号西汉墓出土一套完整的漆盒装六博棋具，《文物》1974年6期发表的湖北江陵凤凰山8号西汉墓发掘简报，亦发表墓内出土一套完整的博具。而四川新津、成都和彭县，以及陕西、河南、山东等省的汉代画像石和画像砖上有关博戏的画像大量发现，上有投箸行棋的对博图像，所刻博具形式与考古发现基本相同。至魏晋时期，六博依然存在，甘肃嘉峪关魏晋壁画墓中绘有六博的图像，以后逐渐消逝。

M5、M6出土700余枚半两钱，二墓出土半两钱的种类相同，均为秦半两、八铢半两和四铢半两，尤其是M5内中出土漆圆盒中盛装有700余枚钱币中经初步查对，有秦半两、八铢半两、四铢半两三类。三类钱币制作有精、粗之分，粗糙的、形制大小不一的钱币数量占多数。"半两"二字字体大小不等，笔划有粗有细，厚薄不均，就是同一类钱币的重量、轻重悬殊，有的钱币上保留铸造时的浇口，毛边飞皮，凸状铸块等，可分若干种形制。依据《华阳国志》和《史记》中的有关记载，秦汉时的严道县有铜山，文帝时赐蜀郡南安人邓通严道铜山，铸半两钱，"邓氏钱，布天下"。严道铜山即在今荥经县宝峰乡宝子山，距离县城约15千米，当地文物管理所在此调查时曾在此地征集到半两钱币。实地踏勘，那里有铜矿蕴藏，有开采铜矿留下的矿洞坑道遗迹，冶炼铜矿后产生的矿渣堆积有数米厚。文献记载与实地遗存状况有吻合之处，故不排除 M5 随葬漆圆盒内的半两钱是为邓通时所铸半两钱的可能性，它的出土至少为寻找汉初文帝时邓通铸钱提供崭新的线索。

四　几点认识

1. 具有楚文化因素的墓地

荥经县古城村高山庙西汉土坑墓地，毗邻 20 世纪 70 年代后期发掘的曾家沟秦汉土坑木椁墓地⑪，两处墓地的墓葬形制均为土圹竖穴木椁墓，并在土圹四周涂抹约 5 厘米厚的白膏泥，再在底部和墓圹四周铺垫、镶嵌木板形成椁箱，而后再把木棺和随葬品置放入椁箱内，覆盖上椁顶盖板，用竹编席或桦树皮覆盖后再以白膏泥封护使其密闭，这种棺椁结构与埋葬方式是楚文化墓葬特征之一。高山庙墓葬出土的宽格楚式剑，漆圆盒、耳杯、樽、卮，木博具，彩绘木璧、木马、木俑等木胎漆器，曾家沟秦汉墓群也出土同类器物，在西汉时期的楚文化墓葬中也多有出土。曾家沟墓葬出土耳杯上有朱书"王邦"二字铭文，高山庙墓葬出土耳杯也有朱书"王黑"的铭文，高山庙 M1 出土一枚铜印，印文为"王当"，表明该墓葬的墓主人是为"王当"无疑。它是否暗示出曾家沟西汉墓地的部分墓葬与高山庙西汉墓地的部分墓葬是为"王"姓族群的家族墓地？高山庙墓地墓葬出土钱币中也有较多的"八铢半两"，在曾家沟秦汉墓内同样出土有"八铢半两"钱币。综合以上特征可以初步判定：高山庙西汉墓地与曾家沟秦汉墓群两处墓地，是文化性质相同的墓葬群。

荥经县古城村高山庙西汉土坑墓发现与清理，从墓葬形制、出土的各类器物所表现的特点看，其墓葬的时代应在西汉初年，从所处地点看，紧邻全国重点文物保护单位——严道古城遗址。这批墓葬的主人与严道古城之间有着密切的关系，或许就是秦汉时期严道城池的住民、族群之一。

2. 严道古城聚落考古新线索

史书中有关严道的记载是有据可查的。我们先从考古出土有"严道"二字铭文材料说起。陈直先生在《汉书新证》一书中指出："西安汉城遗址中出严道长、严道之印、严道橘园、严道橘丞、橘监等封泥最多。"吴幼潜编《封泥汇编》亦收有"严道长印、严道丞印、严道左尉"等封泥数枚。看来严道城池已有出土的秦汉封泥是为佐证之一。再看史书中有关严道城池的记载。较早的记载有《汉书·地理志》："（蜀郡）严道，邛崃山、邛水所出，东入青衣。"颜师古注引应劭曰："邛水出严道邛崃山，东入青衣。"指明严道县在邛崃山下邛水、青衣江之畔。《读史方舆纪要》载："邛崃关在雅州荥经县西八十里，以邛崃坂而名……故邛人筰人分界处也。"按邛崃山即荥经大关山，邛水即今荥经河。所以《史记正义》上讲"荥经即严道"说法是正确的。

现存严道古城遗址位于荥经县西 1.5 千米，地处中峻山下荥河南岸的第三阶地的平台上。东西长约 900 米，南北宽约 750 米，高出荥河约 40 米。东面为打鼓溪，西面为荥河陡坎，荥河环绕古城坪遗址流过，形成天然沟堑屏障城址西南方的高山与荥河之间的狭窄隘口是严道城池与外部联系的唯一通道。城池由主城和子城组成，主城平面呈方形，东西长 400 米，南北宽 375 米。版筑城墙，夯层厚 20～30 厘米。城墙夯土内夹杂有汉代陶罐、钵、筒瓦、板瓦的碎片。现存东北角墙高 3.5 米，宽 5.2 米；南墙高 2～3 米，宽 5～8 米。子城筑在主城西北的第二阶地的平台上，平面为长方形，东西长 300 米，南北宽 200～270 米。城墙亦为版筑夯成。现存东墙残高 1.2 米，宽 1.5 米。子城的年代与主城相当或略为稍晚。严道城池的选址以高山、河流深堑、隘口为天然屏障，城池东面是大片空旷的适宜农耕的土地。因此，严道城池是从春秋以降至战国秦汉时期通往西南边陲之上的要塞重镇。

关于住、守在严道城池的族群，有文献记载可查：《史记·西南夷传》："自嶲有东北，君长以什数，徙、筰都最大。"《史记》集解引徐广曰："徙在汉嘉"，汉嘉，即东汉顺帝二年（133 年）改青衣县为汉嘉县，今天的芦山县。《后汉书·南蛮西南夷传》："青衣道长令田……举土内属。"在《水经注》中载："青衣水出青衣县西蒙山"。注云："县故青衣羌国。"《华阳国志·南中志》记载"周赧王元年（前 314 年）秦惠王子通国为蜀侯，以陈壮为相，置巴郡，以张若为蜀守，乃移秦民万家以实之。"《史记货殖列传》记载："秦破赵，迁卓氏……致之临邛……"又同《传》"……贾滇蜀之民，富埒卓氏，俱居临邛。"以上记载表明先秦至东汉时期，是属"西南夷"范畴、南丝路上的要塞重镇严道城池一带居住生活青衣羌、邛、筰、徙等族群的人们。1984 年 2 月上海古籍书店出版吴幼潜编《封泥汇编》收录有"沈黎长印、沈黎太守章、青衣道令、汉青羌夷长印、徙右慰印、徙慰之印、临邛慰印"（原释"临慰邛印"）封泥，表明这些族群的存在并有不同等级社群组织与"令、长"。不仅如此，《史记正义》还载"盖封蜀郡严道具，因号严君，疾，名也"。这位"严君"名"疾也"的人物就是公元前 312 年秦取楚汉中而被封爵的秦惠文王的异母弟樗里疾（可见《史记·樗里疾甘茂列传》）。严道之"道"在这里的意义不仅是《汉书·百官公卿表》所解释的"县……有蛮夷曰道"的道，而且含有交通道路之道的意义。亦即说文对道字的释义：所行道也，一达谓之道。徐中舒先生在《论巴蜀文化》中指出："秦道之道，应该如蜀道之道，古代地旷人稀，惟道路是统治者必须维系的脉络，道上置邮置驿，一维持其统治权。"通过这条道路不仅带来中原的秦文化、三晋文化，南方的楚文化，同时战国秦汉时期，南方的楚国、秦国为加强对巴蜀地区的争夺统治，"乃移民万家以实之"。可见于《史记》、《蜀记》、《太平寰宇记》等史籍。后来的岷山庄王和庄𫏋王滇的事实均在严道源起。至秦灭巴蜀后的秦汉时期，严道与中央王朝往来十分频繁紧密，陈直《汉书新证》还指出："严道县在西汉时为罪人流放之地，史记淮南厉王徙蜀郡严道是也。严道有铜矿，《邓通传》所谓赐山铸钱是也。再加以有朱橘之贡献，太后之汤沐，聚荟集于此县，故官书往来，最为繁也。"概括阐明严道与中原的密切关系。以上所述表明，严道从先秦至秦汉，居住生活在此的人们不仅有当地不同种姓的"夷人"，还有中原和南方楚国的移民以及流放罪人等多种不同的族群，因此严道不但是通往西南边陲上的要塞重镇，亦是不同种姓、不同族群往来交流的聚散地，这在以严道城池为中心的聚落遗存考古中，已经显现。

围绕严道古城遗址及城址周边的考古调查和发掘工作先后进行了多次，在城址周边发现春秋战国至东汉的古墓葬群不下6处，已经清理不同时代墓葬百余座。这些墓葬的墓葬形制、出土器物，表现出不同的墓葬类型和多种文化特征，或许墓主人是为不同族群的显性表征。

严道是公元前316年秦灭巴蜀后，在蜀郡设的最早的置县之一。20世纪70年代后期以来，以严道古城遗址为中心，围绕其周边直线距离不出2千米的范围先后发现、发掘清理多批战国秦汉之际的墓葬，具有代表性的墓葬群有：1977年发掘的荥经古城坪秦汉墓葬[12]，曾家沟战国墓群第一、二次发掘[13]，1981年清理的烈太乡战国土坑墓[14]，1988年1月发掘的附城乡南罗坝村战国墓[15]，1984年12月至1985年1月发掘的荥经县城关镇同心村战国晚期墓葬[16]，1985年11月至1986年5月，在城关镇同心村再次发掘战国晚期土坑墓群[17]，上述墓葬群基本是以严道古城遗址为中心分布，该遗存是一处包含有古城址、古墓葬等不同遗迹、遗物的大型聚落遗存。这为研究这一不足4平方千米范围内不同时间的各类遗存间的相互关系，提供了聚落考古的基本条件。

3. 不同类型的墓葬表现出的不同文化现象

土坑墓木椁墓从墓葬形制、棺椁制度、随葬品种类及组合等情况观察，楚文化因素的现象较为突出，高山庙M3、M5出土数量较多的漆器、木器等生活用品，基本不见随葬兵器现象，与湖北江陵凤凰山8号墓、江陵168号西汉墓和湖南长沙马王堆西汉墓这些楚文化墓葬有相同的特点。土坑墓就墓圹形制、大小观察，无论墓圹大小，都有一个共同点，即墓圹均显得狭窄长方。与土坑木椁墓区别明显。从出土随葬品观察，陶器区别不大，铜器中生活类的铜容器如釜、鍪等相同，而土坑墓出土大量的铜兵器如柳叶形剑、戈、矛、巴蜀印章等不见于这里的土坑木椁墓内的随葬品。而木椁墓内基本不出铜兵器，出土大量的漆木器这与狭长方土坑是不同的。土坑墓中大型的一类有使用船棺做葬具，以上现象反映出土坑墓的主人可能与军事有关，文化现象则更多表现出的是"巴蜀文化"的因素，土坑墓内还出有一件"七年卢氏命韩崴"铭文铜戈，很显然是中原三晋中韩国兵器。表明中原文化已经进入这一地区。值得注意的是土坑墓内出土少量陶器，其底部有叶脉纹装饰，就器形、纹饰看，应是受西南地区金沙江、安宁河流域土坑墓和大石墓出土器物的影响。出土的铜泡饰、有柄铜镜等则是石棺葬和北方草原文化的因素。

高山庙西汉墓地的发掘，为以严道古城为中心的聚落考古积累新的资料，其周边分布着不同性质的墓葬群，表现出文化因素的多样性与复杂性，是以严道古城为中心聚落的历史传奇。这说明战国秦汉之际，严道城池不仅是巴蜀西南边地的一处政治、经济与军事中心，同时也是多元文化交融的中枢。

注　释

①四川省文物考古研究院、绵阳市博物馆：《绵阳双包山汉墓》，文物出版社2006年。

②湖北省博物馆：《云梦大坟头一号汉墓》，《文物资料丛刊》第4辑，文物出版社1981年。

③荆州市博物馆：《湖北江陵凤凰山一六八号汉墓发掘简报》，《文物》1975年第9期。

④湖南省博物馆：《长沙马王堆一号汉墓发掘简报》，文物出版社 1972 年。

⑤浙江省文物考古研究所：《浙江余杭反山良渚墓地发掘简报》，《余杭瑶山良渚文化祭坛遗址发掘简报》，《文物》1988 年第 1 期。

⑥湖北省博物馆：《曾侯乙墓》（上、下），文物出版社 1989 年。

⑦同④

⑧广州市文物管理委员会等：《西汉南越王墓》（上、下册），文物出版社 1991 年。

⑨四川省文物考古研究院、达州市文物管理所等：《四川渠县城坝遗址 2005 年发掘简报》，《四川文物》2006 年第 4 期；四川省文物考古研究院、渠县博物馆编：《城坝遗址出土文物·附录》，第 101 页，上海古籍出版社 2014 年。

⑩成都文物考古研究所等：《成都市天回镇老官山汉墓》，《考古》2014 年第 7 期（笔者在参观老官山汉墓资料整理时所见，资料现存成都文物考古研究所，笔者注）。

⑪、⑫荥经古墓发掘小组：《四川荥经古城坪秦汉墓葬》，《文物资料丛刊》第 4 辑，第 70 页，文物出版社 1981 年。

⑬赵殿增、陈显双、李晓鸥：《四川荥经曾家沟战国墓群第一、二次发掘》，《考古》1984 年第 12 期。

⑭李晓鸥、刘继铭：《西川荥经县烈太战国土坑墓清理简报》，《考古》1984 年第 7 期。

⑮荥经严道古城遗址博物馆：《四川荥经南罗坝村战国墓》，《考古学报》1994 年第 3 期。

⑯四川省文物管理委员会、荥经严道古城遗址博物馆：《四川荥经同心村巴蜀墓发掘简报》，《考古》1988 年第 1 期。

⑰四川省文物考古研究所、荥经严道古城遗址博物馆：《荥经县同心村巴蜀船棺葬发掘报告》，《四川考古报告集》，文物出版社 1998 年。

附 表

附表一 2010年荥经县古城村高山庙墓葬发掘登记表

墓号	墓向	墓葬形制	墓圹长、宽、深（米）	葬具长、宽、高（米）	葬式	头向	面向	随葬品	时代	备注
M1	270°	长方形土坑	5.1×2.7－2.6（残）	木椁：4.86×2.6＋1.24（残）木棺（残）：2.18×0.98＋0.68	不明	不明	不明	漆彩绘带盖陶壶2、鬃黑漆陶壶2、束颈罐1、直口罐1、撇口罐1、玉剑珌1、玉剑首1、铁斧1、铁小刀1、青铜剑1、错银带钩1、铜印章1、铜扣带盖漆樽1、漆耳杯1双、耳长盒2、漆圆盒1、漆圆盒盖底1、漆圆盒盖1、木梳1、木案1、箧1、木博具1、漆绘木块1、带棱木棍1、木杆1、扁方形木棍3	西汉	早年被盗
M2	270°	长方形土坑	墓口（残）：5.3×2.8－3.0 墓底：4.6×28－3.0	木椁（残）：4.46×2.62＋? 木棺：?	不明	不明	不明	广肩罐1、陶豆1、带盖陶壶1、陶网坠1、错银带钩2、铜鍪1、铜印1	西汉	早年被盗，盗洞直径1.38米。椁梓被毁，棺被毁。墓圹东西两端有生土二层台，长宽高：2.7×0.4＋0.4

续附表一

墓号	墓向	墓葬形制	墓圹长、宽、深（米）	葬具长、宽、高（米）	葬式	头向	面向	随葬品	时代	备注
M3	270°	长方形土坑	4.14×2.16－2.8	木椁：3.84×2.4＋1.56　木棺：2.56×0.9＋0.9	不明	不明 人牙碎屑	不明	溜肩陶罐1、斜肩陶罐1、陶盉1、单耳陶盉1、鼓肩陶罐1、铜蒜头壶1、铜盘1、双耳铜釜1、有柄铜釜1、铜整1、铜镜1、铜铃3、铜铫（明器）2、银带钩1、漆巵1、漆盘2、漆盒2、漆盒盖2、漆耳杯5、漆木条1、木俑2、木杭1、木匜形器1、竹签削1、木杵1、木臼形器1、木罾1、木壁8、木环4、木马4、木案足4、木器座1、门栓斗3、木门4、木纺轮形器3、轴状器2、木车轴头形器4、半圆形齿状木器1、木连接器1、凹边木器1、薄凹形木条1、有脊木条2、异形木片4、半"U"形缺口木片1、长方凹沿木片1、扁圆形木片1、长方凹圆形木棍4、短圆木棍3、半圆形凹槽木棍5、抹角弧背形木棍23、长方形木棍2、木构件2、涂朱木条1、未绘云气纹木条3、厚形木条1、凸弧面木条1、凸脊木条1、斜弧面木条1、弧面三角形木条1、有棱木条3、涂墨色木条1、长方形木条1、半圆形木构件2、涂朱砂圆片11、圆木片14、圆形木片7、长条形木片13、小圭形木片4、大圭形木片6、长方孔木片1、凹缺口木板3、大方形木片4、窄长条形木板1、彩绘长方形木片16、小方形木片9、小木块4、长方形木板6、厚型木板2、骨节状木条1、木楔子2、棺垫木1、木柱3、水稻米11克、高粱籽75克、木炭27克	西汉	未被盗。主要是釉质牙冠，经水洗筛选出。

续附表一

墓号	墓向	墓葬形制	墓扩长、宽、深（米）	葬具长、宽、高（米）	葬式	头向	面向	随葬品	时代	备注
M4	260°	长方形土坑	4.06×1.8–3.18	木椁：3.74×1.54+0.5（残）木棺：2.44×0.92+0.28（残）	不明	不明	不明	广肩陶罐 1、溜肩陶罐 1、陶豆 1、错银带钩 1	西汉	
M5	0°	长方形土坑	墓口：5.24×5–2.98–5 墓底：5.24×2.66–5.9	木椁：4.44×2.48+1.06（残）木棺：2.46×0.92+0.82（残）	不明	不明 人牙碎屑	不明	陶瓿 1、陶釜 1、鼓腹陶罐 2、折肩陶罐 1、束颈陶罐 1、陶壶底 3、陶盘 2、陶瓮 1、铜蒜头壶 1、铜盘 1、铜釜 1、铜钫 1、铜铃 2、铜……秦半两 375、八铢半两 284、四铢半两 40、银环首柄 1、铁剑 1、漆杯（卮）1、漆樽 1、漆盘 6、漆圆盒盖 2、漆圆盒底 1、漆圆盒 5、漆壶 1、漆耳杯 3、漆豆 1、木璧 5、木马 1、马头 1、车轮形器 3、木圆形饰片 1、厚型木板 2、宽长条形木板 1、小长方形木板 2、木门 1、大圭形木片 1、弧面长条形木片 1、条形木片 1、薄梯形长条木片 2、带纹饰长条木条 1、弧面三角形木条 3、凸弧面木条 1、有棱木条 2、微斜面木条 1、长方形木条 1、竹签刷 1、长圆木棍 1、竹筒 1、竹绳 2、竹签 5、高粱籽 6、果核残块 1、构树编织物 1、棕鞋 1	西汉	早年被盗 人牙釉质齿冠碎片出土于棺内淤泥，淘洗获取。
M6	265°	长方形土坑	4.4×2.02–1.9	无	不明	不明	不明	砸击石器 1、石斧形器 1、束颈陶罐 1、广肩陶罐 1、铜镜 1、秦半两 3、八铢半两 59、四铢半两 11	西汉	

续附表一

墓号	墓向	墓葬形制	墓扩长、宽、深（米）	葬具长、宽、高（米）	葬式	头向	面向	随葬品	时代	备注
M7	270°	长方形土坑	墓口：5.06 × 3.09－2.28 墓底：4.04 × 1.8－1.30	无	不明	不明	不明	广肩罐 2、束颈陶罐 1、直口陶罐 1、铜带钩 1、铜釜 1、铁锛 1	西汉	有生土二层台
M8	265°	长方形土坑	3.9×1.64－3.0	木椁：3.82 × 1.44 + 0.3（残）木棺：2.22 × 0.94 + 0.40（残）	不明	不明	不明	广肩陶罐 1、鼓腹陶罐 1、鼓肩陶罐 1、翻沿陶罐底 1、陶罐 2、陶鼎足 1、铜鍪 1、铜带钩 1、铜环 1、铜鍪座 1、铜镜 2、铜金器盖 1、器座 1、双耳长杯 1、漆圆盒 1、铜器座 1、漆器残器 1	西汉	
M9	270°	长方形土坑	3.6×2.62－0.28	不明	不明	不明	不明	陶罐底 1、陶鸡 1		
M11	90°	长方形土坑	墓口至底：3.8× 1.84－2.6 墓底：3.30 × 1.44	木椁：3.30 × 1.44 + 0.3（残）木棺：2.02×0.77 + 0.48				圆底陶罐 1、深腹陶罐 1、鼓腹陶罐 1、陶釜 1、铜釜 1、铜镜 1		
注	随葬品一栏器物名后的阿拉伯数字是器物数量或重量，M10 是一座清晚期用小青瓦围筑的墓葬，这里从略。									

附表二 1977年荥经曾家沟秦汉墓葬发掘登记表

墓号	墓向	墓葬形制	墓圹长、宽、深（米）	葬具长、宽、高（米）	葬式	头向	面向	随葬品	时代	备注
M1	259°	长方形土坑		木棺？	仰身直肢	东		漆圆盒1件，漆奁盒1件，耳杯9件，双耳长杯1件，漆扁壶1件，木梳1件，木篦1件，炭精发簪2件，铜釜1件，铜镜1件。	秦汉	没有公布。耳杯有"王邦"二字。
M2		长方形土坑	墓口：5.44×3.38－3.24 墓底：4.10×1.85－2.16	木椁：3.5×1.40+1.05 木棺：2.26×0.84+？	仰身直肢	东		漆圆盒1件，漆奁盒1件，耳杯9件，漆匕1件，漆耳杯盒1件，铜釜1件，铜罐1件，小漆盒1件，陶瓮1件，陶罐1件，八铢半两4枚。	秦汉	足箱长1.27，宽0.80米，高0.72米。葬式依据木棺推测（笔者注）
M3		长方形土坑		木椁，木棺 ？	不明	东		铜铃1件。	秦汉	没有公布
资料出处	荥经古墓发掘小组：《四川荥经古城坪秦汉墓葬》，《文物资料丛刊》4集第70页，文物出版社1981年。M1出土陶器2件，14件漆器，2件铜器，4枚八铢半两，4枚半两，木器2件，炭精器2件。M2出土陶器2件，铜器2件，漆精器2件，铜器27件，铜器6件。M3出土铜铃1件。三墓合计：陶器2件，漆器27件，铜器6件，炭精器2件。M1计20件原报告21件，M2计22件原报告19件，M3即1件。三墓共计43件。原报告41件。									

附表三 1981年荥经县烈太公社战国土坑墓葬发掘登记表

墓号	墓向	墓葬形制	墓圹长、宽、高（米）	葬具长、宽、高（米）	葬式	头向	面向	随葬品	时代	备注
M1	145°	长方形土坑	2.4×1.5－1.8	不明	不明	不明	不明	铜牌饰1件，铜泡19件，铜铃1件，铜印章8枚，铜削刀8件，铜盖弓帽2件，铜扣饰1件，铜环1件。	战国	陶器为残件，器形为罐形器，釜形器。铜牌饰实为有柄铜镜（《简报》描述，笔者注）
资料出处	李晓鸥、刘继铭《四川荥经县烈太战国土坑墓清理简报》，《考古》1984年第7期。									

附表四　1981年9月至1982年3月冢经曾家沟战国墓葬发掘登记表

墓号	墓向	墓葬形制长、宽、高（米）	墓圹长、宽、深（米）	葬具长、宽、高（米）	葬式	头向	面向	随葬品	时代	备注
M11	259°	长方形土坑	墓口 2.72×2－1.72 墓底 2.3×1.55	木棺 1.94×0.75＋0.62	仰身直肢	不明	不明	陶罐 1 件，陶釜 1 件，绳纹陶片，耳杯 2 件，木棒 1 件，竹绳，果核，人骨。	战国	墓圹、木棺数据，随葬品依据《简报》图六统计（笔者注）
M12	259°	长方形土坑	墓口：3.3×1.9－2.04 墓底：3.15×1.38	木椁：3.05×1.12＋0.78 木棺：2×0.75＋0.58	仰身直肢	不明	不明	陶罐 1 件，陶釜 1 件，陶片，玉器 1 件，耳杯 4 件，漆奁盒 1 件，双耳长盒 1 件，竹绳，瓠 1 件，撬棒 1 件，木杖 1 件，竹筒 1 件，头发。	战国	墓圹、木椁、木棺数据，随葬品数据依据《简报》图五统计（笔者注）
M13		长方形土坑	不明	有木椁、木棺	不明	不明	不明	陶罐 2 件，陶釜 1 件，铁斧 1 件。	战国	《简报》不见有墓圹、棺、椁的测量数据与线图公布，文中将 M13 归类为"一棺一椁"墓（笔者注）
M14		长方形土坑	不明	有椁无棺	不明	不明	不明	《简报》不见随葬品图、文，仅有"椁室西部放置随葬品"（笔者注）	战国	《简报》不见有墓圹、木椁测量数据预先图公布，随葬品仅见"椁室西部放置随葬品"图、文不见于《简报》（笔者注）

续附表四

墓号	墓向	墓葬形制 长、宽、高（米）	墓圹长、宽、深（米）	葬具长、宽、高（米）	葬式	头向	面向	随葬品	时代	备注
M15				有椁有棺		不明	不明	陶罐、陶刀、	战国	墓圹、木椁、木棺数据、图文，《简报》无刊布（笔者注）
M16	259°	长方形土坑	墓口至墓底 2.72×2－2.25 墓底 2.3×1.55	木棺 1.94×0.75＋0.62	仰身直肢	不明	不明	陶圜底罐 1 件，陶釜 1 件，陶罐 2 件，陶泥碎片，耳杯 2 件，双耳长杯 1 件，方竹漆圆盒 1 件，竹圆盒 1 件，漆片，小木片 1 件，篮 1 件，方形木块 1 件，木撬棒 2 件，竹绳 2 件，草铺垫 1 件，炭精发簪 1 件，铜印 1 件，果核 1 件，粮食。	战国	
资料出处	四川省文管会、雅安地区文化馆、荥经县文化馆：《四川荥经曾家沟战国墓群第一、二次发掘》，《考古》1984 年第 12 期。									

附表五　1984 年 12 月至 1985 年 1 月荥经同心村巴蜀墓葬发掘登记表

墓号	墓向	墓葬形制 长、宽、高（米）	墓圹长、宽、深（米）	葬具长、宽、高（米）	葬式	头向	面向	随葬品	时代	备注
M1		长方形土坑						陶豆 2 件、青铜剑 1 件、青铜矛 1 件、青铜戈 1 件、铜斤 1 件。	战国	墓圹无图文数据，随葬品依据《简报》图文统计（笔者注）
M2		长方形土坑						铜鍪 1 件、铜釜 1 件、青铜剑 1 件、铜铃 2 件、铜泡 4 件、铜扣饰 1 件、铜桥形饰 1 件。	战国	墓圹无图文数据，随葬品依据《简报》图文统计（笔者注）
M3		长方形土坑						陶盘 1 件、铜矛 2 件、铜凿 1 件、铜钺 1 件。	战国	墓圹无图文数据，随葬品依据《简报》图文统计（笔者注）
M5		长方形土坑	2.4×2.8−0.3					陶豆 4 件、陶盘 6 件、陶罐 4 件、残陶片、石刮削器 4 件、石尖状器 3 件、石斧形器 1 件、石铸形器 1 件、青铜剑 1 件、铜箭镞 2 件。	战国	随葬品依据《简报》图文统计（笔者注）

| 资料出处 | 四川省文物管理委员会、荥经严道古城遗址博物馆：《四川荥经同心村巴蜀墓发掘简报》，《考古》1988 年第 1 期。原《简报》介绍"土坑墓六座。（其中一座汉代土坑墓）。"墓葬按顺序编号应为 6 座，文内无 M4、M6 的图文资料（笔者注）。 |

附表六 1987 年 1 月四川荥经县同心村巴蜀墓葬清理发掘登记表

墓号	墓向	墓葬形制 长、宽、高（米）	墓圹长、宽、深（米）	葬具长、宽、高（米）	葬式	头向	面向	随葬品	时代	备注
M1		长方形土坑						青铜剑 1 件，青铜戈 1 件，铜斧 1 件，铜雕刀 1 件，铜敦 1 件，铜鍪 1 件。	战国	墓圹无图文数据，随葬品依据《简报》图文统计（笔者注）
M2	165°	长方形土坑	2.15×0.8－1.00					陶豆 5 件，陶小罐 3 件，陶平底罐 1 件，陶罐 1 件，陶釜 3 件，青铜剑 1 件，铜削 1 件，铜箭镞 3 件。	战国	随葬品依据《简报》图文统计（笔者注）
M3		长方形土坑						青铜剑 2 件，铜矛 1 件。	战国	墓圹无图文数据，随葬品依据《简报》图文统计（笔者注）
M4		长方形土坑						陶豆 2 件，陶釜 1 件，青铜矛 1 件。	战国	墓圹无图文数据，随葬品依据《简报》图文统计（笔者注）
资料出处		荥经严道古城遗址博物馆：《四川荥经同心村巴蜀墓发掘简报》，《考古》1996 年第 7 期。								

附表七　1988年1月汞经县附城乡南坝村战国墓葬发掘登记表

墓号	墓向	墓葬形制 长、宽、高（米）	墓圹长、宽、深（米）	葬具长、宽、高（米）	葬式	头向	面向	随葬品	时代	备注
M1	155°	长方形土坑	4.36（残）× 1.26-（南）0.92~（北）0.73		不明			陶豆36件、陶圈足罐8件、陶釜4件、陶盂1件、陶器盖1件、陶甑1件、陶罍1件、铜矛3件、铜剑3件、铜戈2件、铜斧5件、铜钺1件、铜凿1件、铜削1件、铜雕刀1件、铜斧1件、铜錾2件、铜釜2件、料珠2件。	战国	依据《报告》附表一统计（笔者注）
M2	146°	长方形土坑	2.00（残）× 0.96-0.37		不明			陶圆底罐2件、陶平底罐1件、陶釜5件、铜剑1件。	战国	依据《报告》附表一统计（笔者注）
M3	152°	长方形土坑	1.44（残）× 0.86-0.62		不明			陶圆底罐8件、陶平底罐5件、陶釜2件、陶盂1件、陶盆1件、铜镯1件。	战国	依据《报告》附表一统计（笔者注）
M4	135°	狭长型竖穴土坑	?×?-1.00					陶豆1件、陶圆底罐2件、陶釜5件、铜削1件、铜饰2件。	战国	依据《报告》附表一统计（笔者注）
M5	137°	狭长形竖穴土坑	?×?-0.91					陶豆5件、陶圆底罐6件、陶平底罐2件、陶釜5件、陶钵2件、陶盂2件、纺轮1件、骨印1件。	战国	依据《报告》附表一统计（笔者注）
M6	143°	狭长形竖穴土坑	?×?-0.94					陶豆9件、陶圆底罐8件、陶釜2件。	战国	依据《报告》附表一统计（笔者注）

续附表七

墓号	墓向	墓葬形制 长、宽、高（米）	墓扩长、宽、深（米）	葬具长、宽、高（米）	葬式	头向	面向	随葬品	时代	备注
M7	175°	狭长形竖穴土坑	3.00×（南）1.50~（北）0.86－0.50					陶豆6件、陶圆底罐7件、陶平底罐3件、陶盂6件、器盖1件。	战国	依据《报告》附表一统计（笔者注）
M8	270°	狭长形竖穴土坑	3.00×（东）1.00~（西）1.06－0.80					陶豆2件、陶圆底罐1件、陶盂1件、铜镯1件、料珠4粒。	战国	依据《报告》附表一统计（笔者注）
M9	147°	狭长形竖穴土坑	4.14×（南）1.14~（北）0.88－1.20					陶豆23件、高柄豆1件、陶圆底罐7件、陶釜6件、陶盖1件、陶盆1件、陶三联盏1件、陶盒1件、铜鍪1件、陶釜甑1件、铜斤1件、铜矛1件、铜削1件、铜釜1件、铜泡1件、铜镯2件、铜印1枚、铜镯4件。	战国	依据《报告》附表一统计（笔者注）
M10	168°	狭长形竖穴土坑	3.54×0.80－1.33					陶豆12件、陶圆底罐9件、陶釜8件、铜剑1件、陶盂2件、陶盆1件、铜戈1件、铜矛2件、铜斧1件、铜釜1件、铜鍪1件、料珠6粒。	战国	依据《报告》附表一统计（笔者注）
M11	154°	狭长形竖穴土坑	4.50×0.80－1.17					陶豆8件、陶圆底罐15件、陶釜8件、陶钵5件、陶盆1件、陶罍1件、铜釜1件、铜盆1件、铜鍪1件、铜镯4件。	战国	依据《报告》附表一统计（笔者注）

资料出处：荥经严道古城遗址博物馆：《四川荥经南罗坝村战国墓》附表：四川南罗坝村战国墓登记表，《考古学报》1994年第3期。

附表八　1985年11月至1986年5月荥经县同心村巴蜀船棺墓葬发掘登记表

墓号	墓向	墓葬形制 长、宽、高（米）	墓扩长、宽、深（米）	葬具长、宽、高（米）	葬式	头向	面向	随葬品	时代	备注
M1		长方形土坑	（残长）1.66×1.07-1.44		不明			陶器盖1件、铜釜3件、铜矛3件、铜戈2件、铜手镯1件、铜印1枚。	战国	依据《报告》附表一统计（笔者注）
M2		长方形土坑	1.4×1-1		不明			陶平底罐1件、陶豆1件	战国	依据《报告》附表一统计（笔者注）
M3		长方形土坑	0.7×0.6-1		不明			陶残片2包、铜手镯1件、铜章2枚	战国	依据《报告》附表一统计（笔者注）
M4	8°	狭长形竖穴土坑	5.72×1-1.23	船形棺	仰身直肢			陶平底罐1件、圆底罐2件、陶豆6件、陶釜6件、陶盆1件、陶钵1件。铁斧1件	战国	依据《报告》附表一统计（笔者注）
M5	355°	狭长形竖穴土坑	3.95×0.68-1.24		不明			陶平底罐1件、圆底罐3件、陶釜2件、双耳釜1件、陶豆5件、陶鍪1件、铜柄铁刀1件	战国	依据《报告》附表一统计（笔者注）
M6	18°	狭长形竖穴土坑	5.40×0.86-1.29		仰身直肢			陶瓮1件、平底罐1件、圆底罐2件、陶豆9件、陶釜7件、双耳釜1件、陶盆1件、陶鍪2件、铜戈1件、铜残片2、带钩1件、叉形镂空铃饰1件、印章4枚、环柄铁刀1件、铁斧1件、夹砂胎漆圆盒2件	战国	依据《报告》附表一统计（笔者注）
M7	359°	狭长形竖穴土坑	4.95×0.67-1.32	船形棺	仰身直肢			陶瓮1件、圆底罐3件、陶豆5件、陶盆1件、陶残片1包、铜釜1件、铜戈1件、铜鍪2件、印章1件、铜剑1件、带钩1枚、瓶形饰1件、环柄铁刀1件、铁斧1件	战国	依据《报告》附表一统计（笔者注）

续附表八

墓号	墓向	墓葬形制 长、宽、高（米）	墓圹长、宽、深（米）	葬具长、宽、高（米）	葬式	头向	面向	随葬品	时代	备注
M8	3°	狭长形竖穴土坑	4.66×0.80－1.35		不明			平底罐1件，陶豆5件，双耳陶釜1件，陶釜3件，铁斧1件，铁削1件	战国	依据《报告》附表一统计（笔者注）
M9	5°	狭长形竖穴土坑	5.70×0.84－1.50	船形棺	仰身直肢			平底罐2件，圈底罐1件，陶釜3件，陶盆1件，陶钵1件，铜戈1件，铜矛2件，铜剑1件，铜釜1件，铜铃1件，带钩1件，环柄铁刀1件，夹纻胎漆盒2件	战国	依据《报告》附表一统计（笔者注）
M10	353°	狭长形竖穴土坑	5.70×0.88－1.58	船形棺	仰身下肢相交			陶圜底罐3件，陶釜2件，陶豆15件，陶盆1件，陶器盖1件，铜釜1件，铜鍪1件，铜盆1件，铜手镯1件，铁斧1件，陶胎漆豆1件	战国	依据《报告》附表一统计（笔者注）
M11	13°	狭长形竖穴土坑	4.50×1.06－0.74		不明			陶圜底罐2件，陶釜5件，陶豆6件，铜手镯1件，铜鍪1件，残片1包，陶胎印章1枚	战国	依据《报告》附表一统计（笔者注）
M12	5°	狭长形竖穴土坑	4.17×0.66－1.01		不明			平底罐1件，陶瓮1件，陶豆5件，陶釜4件，陶盆1件，陶鍪1件，铁鍪1件	战国	依据《报告》附表一统计（笔者注）
M13	358°	狭长形竖穴土坑	5.50×0.75－1.57	船形棺	不明			平底罐5件，陶圜底罐1件，陶瓮1件，陶豆4件，陶釜2件，陶盆1件，陶钵1件，铜矛1件，铜带钩1件，铁削刀1件，铜耳铁鍪1件，铁斧1件，夹纻胎奁盒1件	战国	依据《报告》附表一统计（笔者注）
M14	355°	狭长形竖穴土坑	3.44×1－1.25	船形棺	不明			平底罐2件，陶瓮1件，陶豆2件，陶釜2件，陶鍪1件，陶钵1件，铜鍪1件	战国	依据《报告》附表一统计（笔者注）

续附表八

墓号	墓向	墓葬形制 长、宽、高（米）	墓圹长、宽、深（米）	葬具长、宽、高（米）	葬式	头向	面向	随葬品	时代	备注
M15	353°	狭长形竖穴土坑	3.65×0.78－1.32		不明			平底罐1件，陶釜1件，陶双耳釜1件，陶豆1件，陶钵1件，陶盆1件，残片1包，铜柄铁刀1件，	战国	依据《报告》附表一统计（笔者注）
M16	0°	狭长形竖穴土坑	6×1.17－1.30	船形棺	仰身直肢			陶圆底罐6件，陶豆4件，陶釜84件，陶双耳釜1件，陶瓿2件，铜釜1件，铜瓮2件；铜矛2件，铜剑1件，铜盆1件，铜鍪1件，铜箭镞1件，铜印章1件，铜带钩1件，铜削刀1件，铁矛2件。	战国	近墓口的填土中置陶瓮，墓底残留少许"人"字形的竹编痕。依据《报告》附表一统计（笔者注）
M17	355°	狭长形竖穴土坑	6.46×1.10－1.66	船形棺	仰身，左下肢直、右下肢屈			陶圆底罐5件，陶釜2件，陶双耳釜2件，陶豆17件，陶钵3件，铜釜1件，铜盆1件，铜斤1件，铜削刀1件，铜手镯2件，铜印章4枚，绿松石珠1粒	战国	依据《报告》附表一统计（笔者注）
M18	355°	狭长形竖穴土坑	5.45×0.90－0.70	船形棺	不明			陶圆底罐19件，陶豆2件，陶釜3件，陶钵1件，圆底钵1件，器盖1件，残片1包，铜釜1件，铜鍪1件，铜手镯2件，铜钺1件，铁削刀1，铜印7枚，陶胎成漆盏盖1件	战国	依据《报告》附表一统计（笔者注）
M19	354°	狭长形竖穴土坑	6.30×1.14－1.04	船形棺	不明			陶圆底罐4件，陶釜1件，陶罍1件，陶双耳釜2件，陶豆16件，陶钵1件，陶圆底钵1件，残片4包，铜剑1件，铜斤3件，铜矛1件，铜斤1件，铜鍪1件，铜箭镞1件，铜印章1件，铜筩2件，铜泡2件，鎏金饰1件，铜锛1件，铁削刀1件	战国	依据《报告》附表一统计（笔者注）

续附表八

墓号	墓向	墓葬形制长、宽、高（米）	墓圹长、宽、深（米）	葬具长、宽、高（米）	葬式	头向	面向	随葬品	时代	备注
M20	350°	狭长形竖穴土坑	5.38×0.84－0.77	船形棺	不明			陶圜底罐 2 件，陶釜 2 件，陶豆 20 件，陶圜底钵 1 件，器盖 1 件，残片 1 包，铜矛 2 件，铜剑 1 件，铜刀 1 件，铜斤 1 件，铜箭镞 1 件，铜釜 1 件，铜钵 1 件，铜整 9 件，铜带钩 1 件，铜瓶形饰 1 件，铁削刀 1 件，玉珠 1 粒	战国	依据《报告》附表一统计（笔者注）
M21A	6°	狭长形竖穴土坑	6.70×1.36－0.80	船形棺	不明			陶圜底罐 4 件，陶釜 2 件，陶豆 24 件，铜戈 5 件，铜剑 3 件，铜矛 4 件，铜凿 1 件，铜罍 1 件，铜甑 1 件，铜匜 1 件，铜釜 3 件，铜雕刀 1 件，双耳铜釜 1 件，铜整 2 件，铜钵 2 件，铜印章 4 枚，铜勺形器 2 件，铜泡 1 件，铜桥形饰 1 件，铁削刀 1 件，铜铃 1 件，夹纻胎漆耳杯 1 件	战国	依据《报告》附表一统计（笔者注）
M21B	6°	狭长形竖穴土坑	5×1－1.17	船形棺	不明			陶圜底罐 6 件，陶釜 1 件，陶豆 16 件，陶圜底钵 1 件，器盖 2 件，陶矛 1 件，铜剑 1 件，铜削刀 1 件，铜斧 1 件，铜釜 1 件，铜整 1 件，铜盆 1 件，玉环 1 件，铜手镯 1 件，铜印章 5 枚，管形料珠 3 粒	战国	依据《报告》附表一统计（笔者注）
M22	349°	狭长形竖穴土坑	2.50×0.80－0.40	船形棺	不明			陶圜底罐 1 件，陶釜 3 件，陶豆 6 件，陶圜底钵 1 件，残片 1 包，铜矛 1 件，铜斤 1 件，铜斧 1 件，铜釜 1 件，铜整 1 件，铜印章 2 枚	战国	
M23	344°	狭长形竖穴土坑	4.72×1.1－0.95	船形棺	不明			陶圜底罐 2 件，陶豆 23 件，陶钵 2 件。铜矛 1 件，铜削刀 1 件，铜整 2 件，铜斤 1 件，铜盆 2 件，铜手镯 4 件，铜瓶形饰 1 件，铜印章 1 枚，铜残片 1 包	战国	依据《报告》附表一统计（笔者注）

续附表八

墓号	墓向	墓葬形制 长、宽、高（米）	墓圹长、宽、深（米）	葬具长、宽、高（米）	葬式	头向	面向	随葬品	时代	备注
M24	344°	狭长形竖穴土坑	5.88×1.2−1.46	船形棺	不明			陶圆底罐 2 件、陶豆 4 件、陶钵 2 件、残片 26 件、铜剑 1 包、铜戈 1 件、铜矛 1 件、铜斧 1 件、铜戟 1 件、铜盆 1 件、铜印章 1 件、铜印章 4 枚。	战国	依据《报告》附表一统计（笔者注）
M25	10°	狭长形竖穴土坑	6×1.1−0.84	船形棺	不明			陶圆底罐 4 件、陶豆 21 件、陶釜 4 件、陶钵 1 件、铜斤 1 件、铜手镯 1 件、铜印章 1 件、铁削刀 1 件、陶胎漆奁盒 1 件。	战国	依据《报告》附表一统计（笔者注）
采集								铜剑 2 件、铜矛 1 件、铜斤 1 件、铜印章 1 件、铜印章 1 枚、数形珠 1 枚。	战国	依据《报告》附表一统计（笔者注）
资料出处		四川省文物考古研究所，荥经严道古城遗址博物馆《荥经县同心村巴蜀船棺葬发掘报告》，四川省文物考古研究所编《四川考古报告集》，文物出版社 1998 年。								

附表九　荥经曾家沟 21 号墓葬发掘登记表

墓号	墓向	墓葬形制 长、宽、高（米）	墓圹长、宽、深（米）	葬具长、宽、高（米）	葬式	头向	面向	随葬品	时代	备注
M21	155°	长方形土坑木椁	3.74~3.76×2.63~2.64−1.54	木椁：3.24×2+1.03 木棺：2.2×0.86+0.84				陶罐 2 件、陶圆底罐、陶圆底盒等碎片、漆扁壶 1 件、漆豆 1 件、漆圆盒 1 件、漆耳杯 4 件、漆剑 1 件；木杖 1 件、木镳棒 4 件；竹筒 1 件、竹绳、竹编物、铜印章 1 件、铜带钩 1 件。	战国	依据《报告》附表一统计（笔者注）
资料出处		四川省文物管理委员会、荥经县文化馆：《四川荥经曾家沟 21 号墓清理简报》，《文物》1989 年第 5 期。								

后　记

　　荥经高山庙西汉墓群发掘是 2010 年 1 月至 5 月配合雅安荥经 "5. 12" 灾后重建的抢救性考古发掘项目，报告发表了本次发掘清理的 10 座墓葬资料。本报告对资料的整理尽可能做到客观真实、完整全面和科学。为了较为全面地了解荥经高山庙西汉墓群与严道古城遗址的关系，报告还将历年来围绕严道古城遗址发掘的墓葬资料以附表的方式附于报告文后，方便学界以严道古城遗址为中心，对周围附近的古代遗存进行聚落考古的考古学观察和思考。

　　高山庙西汉墓地在发掘期间，四川省文物考古研究院高大伦院长、陈显丹副院长、周科华副院长、孙智彬队长，雅安市博物馆李炳中馆长、潘红兵书记先后到工地指导发掘工作。资料整理与报告撰写期间，高大伦院长、周科华副院长给予许多关心与帮助，提出一些很有学术价值的具体修改建议。荥经县博物馆高俊刚馆长、黄强副馆长在整理期间提供了力所能及的条件，使我们的器物清洗、修复等工作得以顺利完成。

　　先后参加荥经县古城村寺经坪高山庙墓地野外发掘和室内资料整理工作的有四川省文物考古研究院江聪、黄家全、黄家祥，雅安市博物馆代强，荥经县博物馆高俊刚、黄强、汪华等。考古领队为黄家祥。

　　报告中的器物修复、拓片由黄家全、黄家祥完成，绘图由黄家全完成，野外照片和器物照片由代强、江聪、高俊刚、黄尚斐拍摄。四川省文物考古研究院原文保中心韦荃主任、王冲等负责出土漆木器的现场提取、脱水保护。报告由黄家祥执笔。

　　本报告付梓之际，谨向关注、参与并给予大力支持和无私帮助的有关单位和个人表示由衷的感谢！由于编撰者的水平有限，报告中的不足之处在所难免，祈请同道方家不吝赐教。

编者

2017 年 12 月

图版

图版一　荥经县古城村寺经坪高山庙墓地位置示意（卫星图）

图版二　高山庙墓地在荥经县城位置示意

图版三　高山庙墓地外景局部（南向北摄）

图版四　古墓葬发现处（施工现场挖掘机处）

图版五　荥经2008年震后108国道改线工程中发现古墓现场

图版六　高大伦院长、马继贤教授、李炳中馆长在发掘现场指导

图版七　周科华副院长示范指导清理墓葬

图版八　雅安市博物馆潘红兵副馆长勘察现场

图版九　M1棺盖板覆盖的竹编篾席痕迹

图版一〇　M1棺外壁遗留下的
髹漆漆皮

图版一一　M1椁箱东南角出土
髹黑漆陶壶现状

图版一二　M1椁箱东南角漆圆
盒、双耳长盒出土时现状

图版一三 M1带剑鞘青铜剑横置于棺内一端出土现状

图版一四 专业人员提取M1棺内出土青铜剑

图版一五 M1椁箱内随葬铁斧出土时现状

图版一六　M1 压于棺木下的木胎铜扣漆卮

图版一七　移除棺木下的木胎铜扣漆卮

图版一八　M1压于棺下椁箱底的木博具

图版一九　M1椁箱东端挡板北部掏挖的凹槽（便于安装壁板）

图版二〇　M1清理后的椁箱与木棺现状（西向东摄）

图版二一　M1西端足箱已被施工毁损（东向西摄）

图版二二　M1棺已移位（棺底倾斜，似为早年被盗）

图版二三　漆彩绘陶壶盖（M1：1）

图版二四　漆彩绘陶壶内壁口沿纹饰（M1：1）

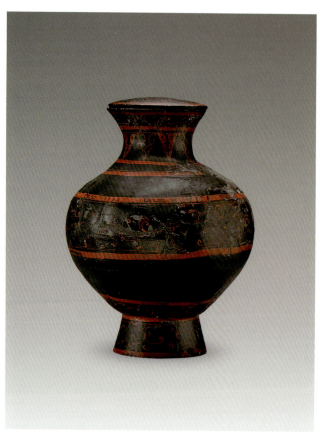

图版二五　漆彩绘陶壶（M1：1）

图版二六　漆彩绘陶壶（M1：21）

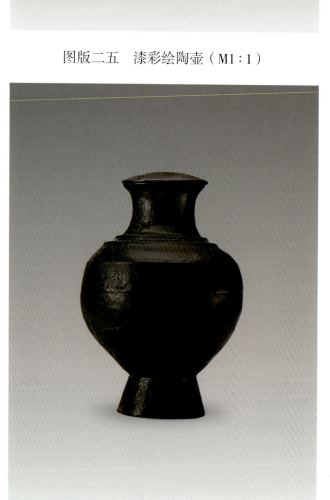

图版二七　髹黑漆陶壶（M1：10）

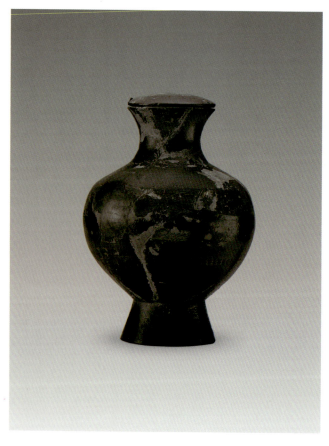

图版二八　髹黑漆陶壶（M1：20）

图版二九　玉剑珌（M1：13）

图版三〇　玉剑首端面（M1：14）

图版三一　铁斧（M1：9）

图版三二　铁小刀（M1：25）

图版三三　青铜剑（M1:6）

图版三五　铜印章（M1:4）

图版三六　铜印"王当"铭文（M1:4）

图版三四　错银铜带钩（M1:24）

图版三七　铜扣漆樽（M1：2）

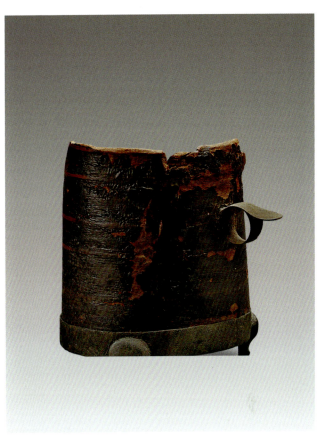

图版三八　铜扣漆樽指錾（M1：2）

图版三九　铜扣漆樽底（M1：2）

图版四〇　漆耳杯（M1：3）

图版四一　漆双耳长盒（M1∶8）

图版四二　漆圆盒（M1∶7）

图版四三　漆圆盒底（M1∶16）

图版四四　漆圆盒盖（M1∶17）

图版四五　木六博具（M1：19）

图版四六　漆绘木板（M1：11）

图版四七　木案面A（M1：18）

图版四八　木案面B（M1：18）

图版四九　木杵（M1：29）

图版五一　带棱木棍（M1：15）

图版五〇　方孔木板（M1：12）

图版五二　扁方形木棍（M1：26~28）

图版五三　M2清理后现状（西向东摄）

图版五四　M2残存的椁箱底板和部分箱板（南向北摄）

图版五五　M2椁箱内出土已残损的陶器现状

图版五六　M2椁箱内残存的漆器痕

图版五七　广肩陶罐（M2：1）

图版五八　陶豆（M2：5）

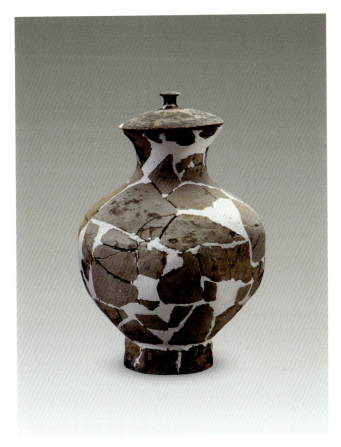

图版五九　带盖陶壶（M2：7）

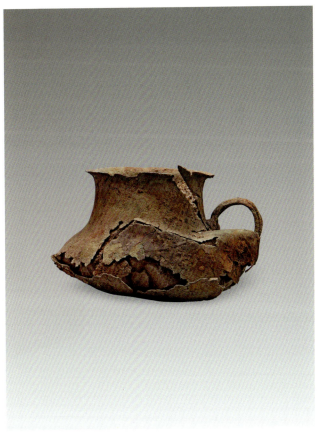

图版六〇　铜鍪（M2：6）

图版六一　错银铜带钩（M2：3）

图版六二　错银铜带钩（M2：4）

图版六三　铜印（M2：2）

图版六四　M3椁箱盖板上覆盖的竹编蒉席

图版六五　残存的椁箱盖板

图版六六　M3椁箱北壁出土木璧、漆盒、漆盘等

图版六七　M3椁箱出土耳杯、漆圆盒等

图版六八　M3椁箱出土木璧、木车模型的车轮等木构件

图版六九　M3椁箱出土木璧、纺轮形器等

图版七〇　M3椁箱东北部出土铜釜、铜盘、木马等

图版七一　M3椁箱东北角出土漆卮、铜釜、木车模型残片等

图版七二　M3椁箱东南角出土铜蒜头壶、漆耳杯、漆圆盒、彩绘木璧等

图版七三　M3椁箱内出土铜铃、木案足等

图版七四　M3椁箱西北壁处出土铜釜、陶罐

图版七五　M3椁箱西北部出土木胎彩绘漆壶

图版七六　M3椁箱南侧出土木臼、木杵、铜铃等

图版七七　准备揭开M3棺盖现场

图版七八　棺盖揭去后木棺内现状

图版七九　棺内覆盖于遗骸最上面的香薰植物（疑似蕙兰）

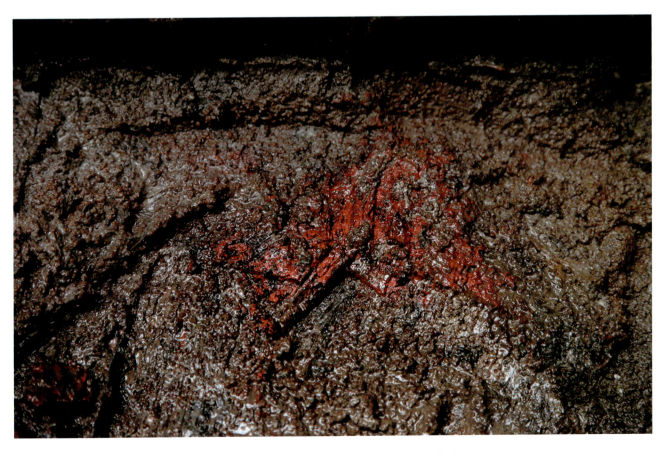

图版八〇　棺内香薰植物之下的一层朱砂

图版八一　棺内布撒的粮食作物

图版八二　棺内中部出土银带钩

图版八三　木棺转角处的榫卯结构

图版八四　木棺端挡头

图版八五　木棺挡凸榫与棺壁穿孔的榫卯结构

图版八六　棺内堆积清理后现状

图版八七　溜肩陶罐（M3：30）

图版八八　斜肩陶罐（M3：91）

图版八九　陶釜（M3：100）

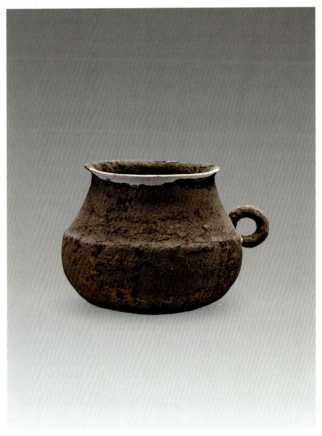

图版九〇　单耳陶鍪（M3：106）

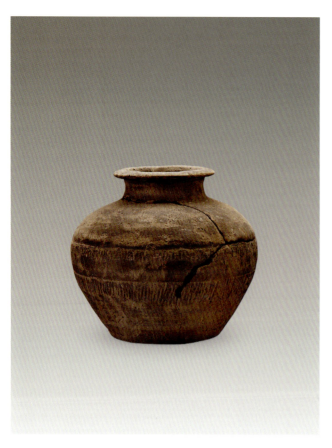

图版九一　鼓肩陶罐（M3∶107）

图版九二　铜蒜头壶（M3∶1）

图版九三　铜盘（M3∶34）

图版九四　双耳铜釜（M3∶31）

图版九五　有柄铜釜（M3：85）

图版九六　铜鍪（M3：88）

图版九七　铜镜（M3：12-3）

图版九八　铜铃（M3：78、M3：14）

图版九九　铜铃（M3：110）

图版一〇一　银带钩（M3：115）

图版一〇〇　铜锣（明器）（M3：152、151）

图版一〇二　漆卮（M3：50）

图版一○三　漆盘（M3：28）

图版一○四　漆盘（M3：29）

图版一○五　漆盒（M3：12）

图版一○六　漆盒内装器物（M3：12）

图版一〇七　漆盒（M3：32）

图版一〇八　漆盒盖（M3：26）

图版一〇九　漆壶（M3：90）

图版一一〇　漆壶（M3：89）

图版——— 漆耳杯（M3：5）

图版——二 漆耳杯（M3：112）

图版——三 漆耳杯（M3：111）

图版——四 漆耳杯（M3：113）

图版一一五　漆耳杯（M3∶114）

图版一一六　木俑（M3∶146）

图版一一七　木俑（M3∶161）

图版一一八　木梳（M3∶12-1）

图版一一九　木篦（M3∶12-2）

图版一二〇　竹签刷（M3∶12-4）

图版一二一　木猪（M3∶182）

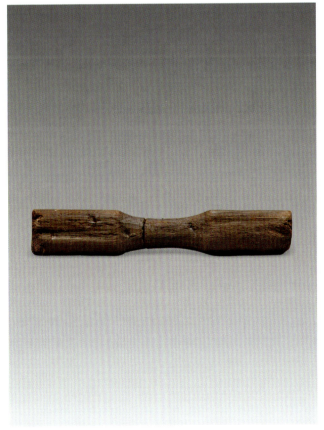

图版一二二　木杵（M3∶109）

图版一二三　木臼形器（M3：108）

图版一二四　木璧（M3：8-1）

图版一二五　木璧（M3：8-3）

图版一二六　木璧（M3：8-4）

图版一二七　木璧（M3：8-5）

图版一二八　木璧（M3：8-6）

图版一二九　木璧（M3：8-7）

图版一三〇　木环（M3：15-1）

图版一三一　木马（M3：33）

图版一三二　木马（M3：156）

图版一三三　木马（M3：166）

图版一三四　木马尾、足（M3：166）

图版一三五　木马（M3：171）

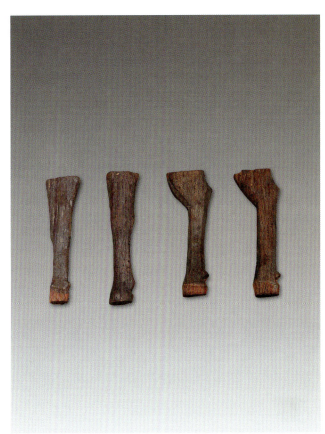

图版一三六　木马足（M3：171）

图版一三七　木案足（M3：13）

图版一三八　木器座（M3：178）

图版一三九　门栓斗（M3：20）

图版一四〇　门栓斗（M3：123）

图版一四一　木门（M3：160-1、M3：160-2）

图版一四二　木纺轮形器
（M3：99-3、M3：99-2、M3：99-1）

图版一四三　轴状器（M3：17）

图版一四五　木车轴头形器
（M3：16、M3：18、M3：19）

图版一四四　轴状器（M3：143）

图版一四六　木车轴头形器（M3：172）

图版一四七　半圆形齿状木器（M3：135）

图版一四八　木连接器（M3：134）

图版一四九　木柄形构件（M3：153）

图版一五〇　凹边沿木片（M3：27）

图版一五一　凹边沿木片（M3：168）

图版一五二　凹边沿木片（M3：145）

图版一五三　薄凹形木条（M3：169）

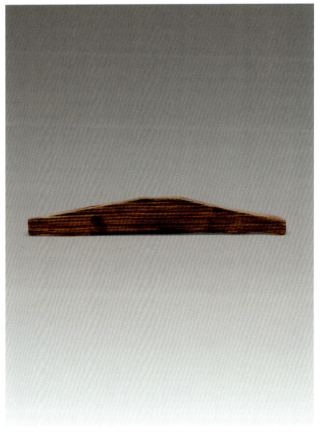

图版一五四　有脊木条（M3：180）

图版一五五　有脊木条（M3：181）

图版一五六　半"U"形缺口木片（M3：139）

图版一五七　长方形凹沿木片（M3：7、M3：23）

图版一五八　扁圆形木棍（M3：101、M3：56）

图版一五九　圆形木棍
（M3：87-1、M3：87-2、M3：118）

图版一六〇　半圆形凹槽木棍5件（M3：183）

图版一六一　抹角弧背形木棍（M3：41、M3：10）

图版一六二　抹角弧背木棍（M3：37、M3：43）

图版一六三　抹角弧背木棍（M3∶132、M3∶38）

图版一六四　抹角弧背形木棍
（M3∶131、M3∶87-5等）

图版一六五　涂朱砂木条（M3∶87-3）、朱绘云
气纹木条（M3∶102）

图版一六六　厚形木条（M3∶49）

图版一六七　凸弧面木条（M3：62）

图版一六八　斜面三角形木条（M3：94）

图版一六九　有棱木条（M3：126）

图版一七〇　涂朱砂圆片11件（M3：44）

图版一七一　圆木片（M3：77）

图版一七三　长条形木片
（M3：42、M3：53、M3：67、M3：72）

图版一七二　筒瓦形木片7件

图版一七四　小圭形木片（M3：65）

图版一七五　小圭形木片（M3：76）

图版一七七　大圭形木片（M3：58）

图版一七六　小圭形木片（M3：136）

图版一七八　大圭形木片（M3：93）

图版一七九　大圭形木片（M3：159）

图版一八〇　长方孔木片（M3：167）

图版一八一　凹缺口木片（M3：54）

图版一八二　缺口木片（M3：158）

图版一八三　缺口木片（M3：133）

图版一八四　窄长条形木板（M3：55）

图版一八五　窄长条形木板（M3：154）

图版一八六　大方形木片（M3：84）

图版一八七　大方形木片（M3：186）

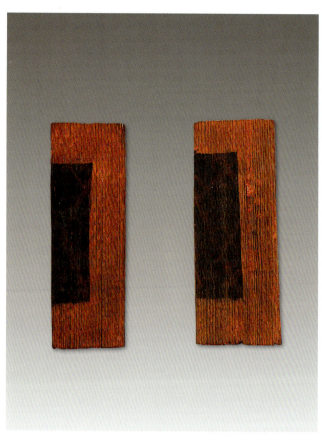

图版一八八　交叉线圆圈纹木片（M3：2、M3：4）

图版一八九　彩绘长方形木片（M3：60）

图版一九〇　小长方形木片（M3：35）

图版一九一　小长方形木片（M3：48）

图版一九二　小长方形木片
（M3：45、M3：66、M3：81等）

图版一九三　小木块（M3：21、M3：22）

图版一九四　小木块（M3：147、M3：148）

图版一九五　长方形木板2件（M3：63）

图版一九六　长方形木板（M3：155）

图版一九七　厚型木板（M3：9）

图版一九八　厚型木板（M3：185）

图版一九九　木楔子2件（M3：128）

图版二〇〇　棺垫木（M3：98）

图版二〇一　木桩3件（M3：175、M3：176、M3：177）

图版二〇二　水稻米（M3：187）

图版二〇三　高粱（M3：189）

图版二〇四　木炭（M3：188）

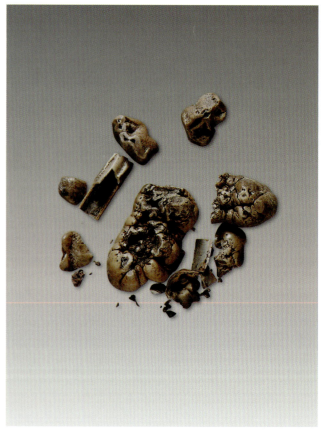

图版二〇五　人牙碎屑（M3：190）

图版二〇六　M4清理后现状（东向西摄）

图版二〇七　M3与M4墓葬相对位置（东向西摄）

图版二〇八　M4椁箱东北角随葬陶器

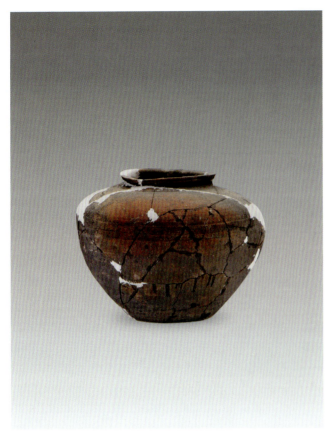

图版二〇九　广肩陶罐（M4：4）

图版二一〇　溜肩陶罐（M4：3）

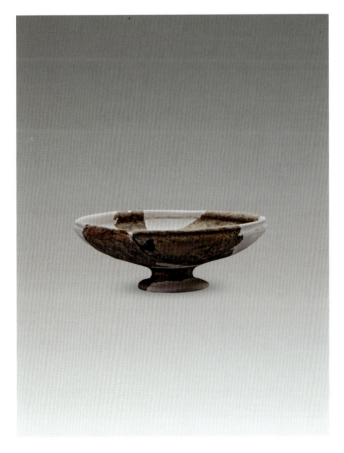

图版二一一　陶豆（M4：2）

图版二一二　错银铜带钩（M4：1）

图版二一三　M5墓圹、棺、椁、边厢的相对位置（南向北摄）

图版二一四　M5椁箱顶板外覆盖的竹篾席残留

图版二一五　M5椁箱内分隔边厢地梁与支撑盖板的圆形木柱（西向东摄）

图版二一六　M5墓圹内木棺西侧支撑椁箱或边箱盖板的圆形木柱（西向东摄）

图版二一八　M5边厢地梁燕尾槽、扣榫衔接现状

图版二一七　M5边厢地梁上放置的二圆
形立柱

图版二一九　M5边厢内出土铜盘、陶器

图版二二〇　M5边厢内铜釜、铜盘、铜钫、陶器等出土时相对位置

图版二二一　M5边厢出土带髹黑漆剑鞘的铁剑

图版二二二　M5边厢内出土铜钫、铜釜

图版二二三　M5出土漆器残痕

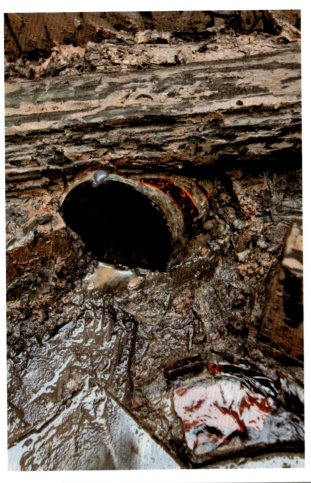

图版二二四　M5边厢内压在木棺底边沿的漆厄

图版二二五　M5漂移在棺木下的竹笥等器物

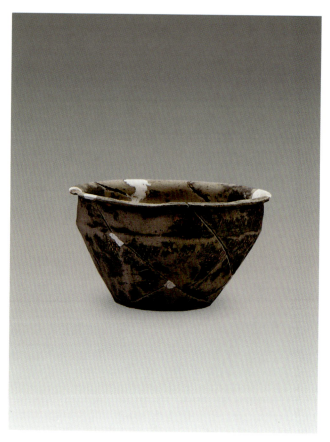

图版二二六　陶瓿（M5：32）

图版二二七　陶釜（M5：26）

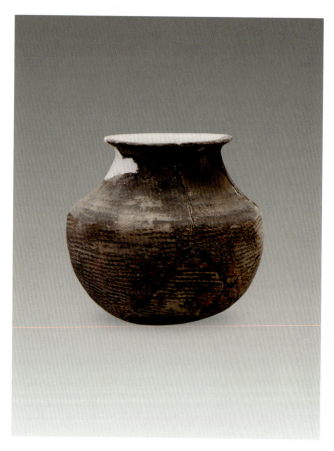

图版二二八　鼓腹罐（M5：17）

图版二二九　折肩罐（M5：1）

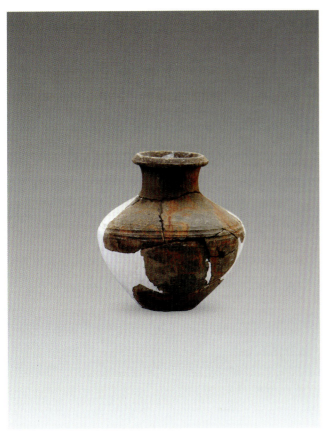

图版二三○　陶壶（M5：30）

图版二三一　陶壶（M5：31）

图版二三二　陶瓮（M5：24）

图版二三三　陶瓮局部（M5：24）

图版二三四　铜钫（M5：5）

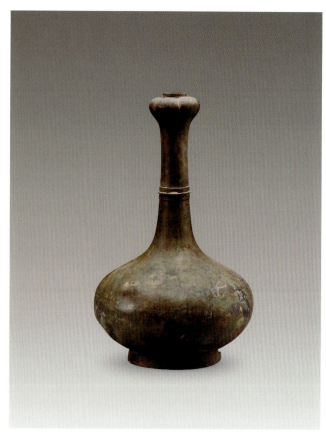

图版二三五　铜蒜头壶（M5：15）

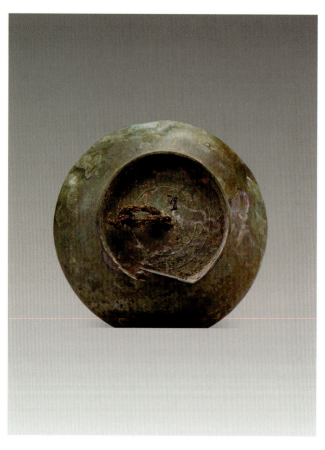

图版二三六　铜蒜头壶底环耳与棕绳（M5：15）

图版二三七　铜盘（M5：3）

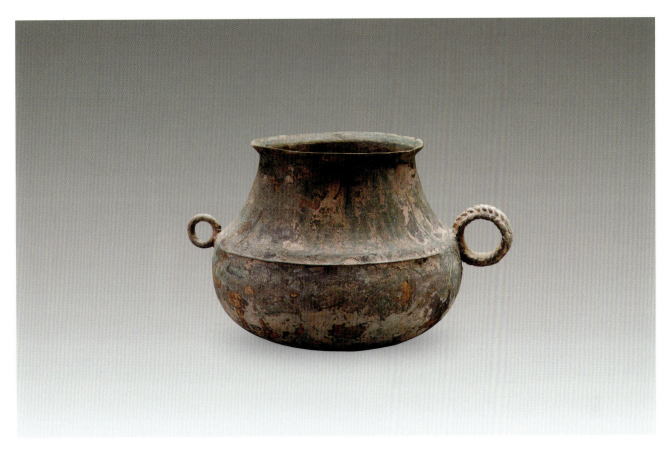

图版二三八　铜鍪（M5∶4）

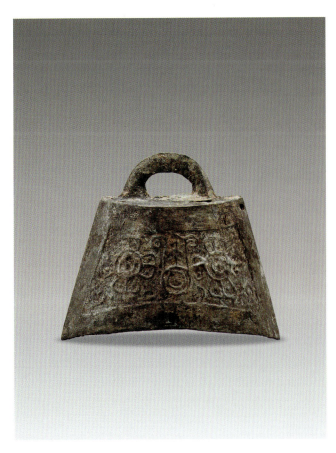

图版二三九　铜铃（M5∶61）

图版二四〇　铜铃（M5∶62）

图版二四一　M5出土秦半两（背面）

图版二四二　M5出土秦半两（正面）

图版二四三　M5出土八铢半两（正面）　　　　图版二四四　M5出土八铢半两（正面）

图版二四五　M5出土八铢半两（正面）

图版二四六　银环首柄（M5：69）

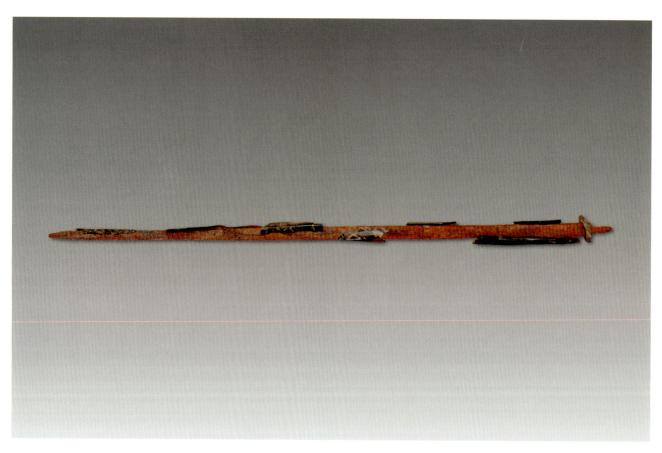

图版二四七　铁剑（M5：67）

图版二四八　漆樽（M5：7）

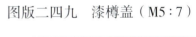

图版二四九　漆樽盖（M5：7）

图版二五〇　漆盘（M5：8）

图版二五一　漆盘（M5：60）

图版二五二　漆盘（M5：63）

图版二五三　漆盘外沿刻字"黑"（M5：63）

图版二五四　漆圆盒（M5：12）

图版二五五　漆圆盒刻铭"市府"（M5：12）

图版二五六　漆圆盒（M5∶18）

图版二五七　漆圆盒内盛装的半两钱币（M5∶18）

图版二五八　漆圆盒（M5∶20）

图版二五九　漆圆盒（M5∶23）

图版二六〇　漆圆盒盖（M5：70）

图版二六一　漆圆盒底（M5：10）

图版二六二　木璧（M5：9）

图版二六三　木璧（M5：14）

图版二六四　木璧（M5：22）

图版二六五　木璧（M5：71）

图版二六六　木马（M5：33）

图版二六七　木马足（M5：33）

图版二六八　木马（M5：34）

图版二六九　木马足（M5：34）

图版二七〇　木马头（M5：76）

图版二七一　木臼形器（M5：11）

图版二七二　俎豆（M5：72）

图版二七四　车轮形器（M5：47）

图版二七三　车轮形器（M5：35）

图版二七五　车轮形器（M5：56）

图版二七六　宽长条形木板（M5：45）

图版二七七　小长方形木板（M5：41）

图版二七八　木门（M5：40）

图版二七九　大圭形木片（M5∶36）

图版二八○　带纹饰长条木片（M5∶59-1）

图版二八一　带纹饰长条木片（M5∶59-2）

图版二八二　竹筒（M5：65-1）

图版二八三　竹绳（M5：65-2）

图版二八四　M5边厢出土竹签（M5：78）

图版二八五　树皮编织物（M5：25）

图版二八六　棕编鞋（M5：66）

图版二八七　高粱（M5：78）

图版二八八 果核（李子）（M5：79）

图版二八九 人牙碎屑（M5：80）

图版二九〇　M8清理后现状（西向东摄）

图版二九一　M8足箱随葬的双耳长盒（残）

图版二九二　M8足箱随葬陶器等

图版二九三　M8足箱随葬铜环、铜带钩

图版二九四　M8足箱随葬铜扣木器残件

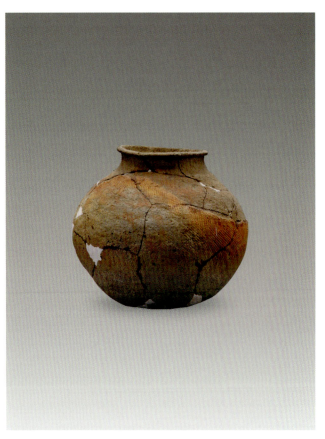

图版二九五　鼓腹陶罐（M8：14）

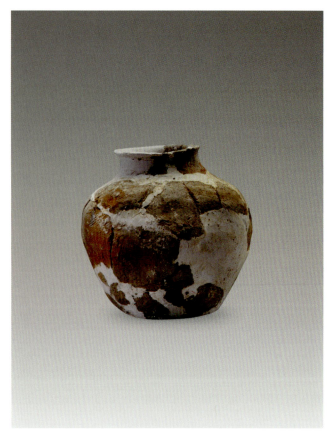

图版二九六　鼓肩陶罐（M8：11）

图版二九七　陶罐底（M8：12）

图版二九八　陶鼎足（M8：15）

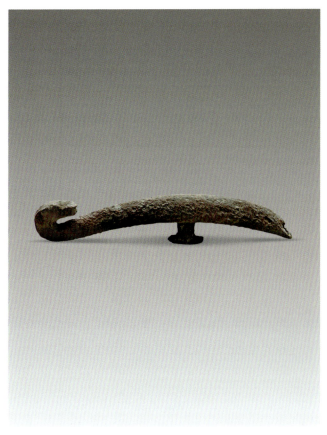

图版二九九　铜带钩（M8：1）

图版三〇〇　铜镜（M8：3）

图版三〇一　铜镜（M8：10）

图版三〇二　铜环（M8：2）

图版三〇三　铜器座（M8：7）

图版三〇四　器盖（M8：8）

图版三〇五　双耳长杯（M8：5）

图版三〇六　高山庙M11西汉墓地发掘现场（局部）

图版三〇七　清理施工中暴露出的墓葬（M11，青仁村）

图版三〇八　M11足箱内随葬器物（青仁村）

图版三〇九　圜底陶罐（M11：1）

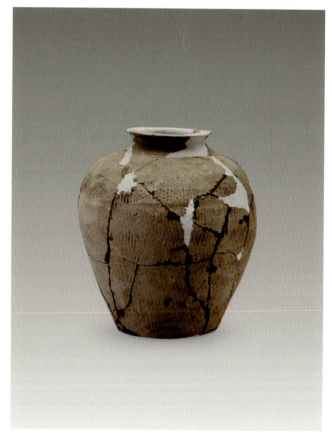

图版三一〇　深腹陶罐（M11：2）

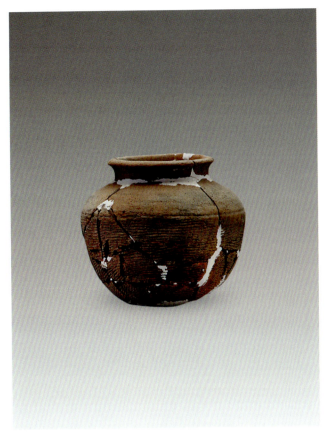

图版三一一　鼓腹陶罐（M11：3）

图版三一二　陶釜（M11：4）

图版三一三　铜镜（M11：6）

图版三一四　M6出土陶器、漆器痕

图版三一五　M6出土铜釜、铜镜、钱币

图版三一六　砸击石器（M6∶7）

图版三一七　石锛形器（M6∶6）

图版三一八　广肩陶罐（M6∶1）

图版三一九　铜釜（M6∶3）

图版三二○　铜镜（M6：4）

图版三二一　M6出土八铢半两铜钱

图版三二二　M7墓葬清理后现状（东向西摄）

图版三二三　M7出土铜釜、铁鐏残片

图版三二四　M7出土漆器残痕

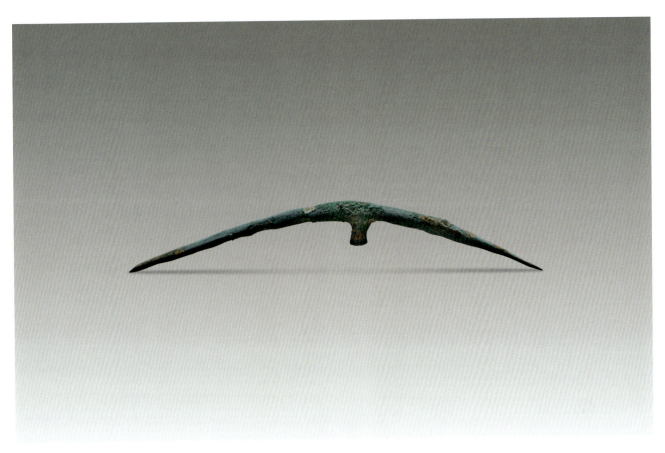

图版三二五　铜带钩（M7：1）

图版三二六　M9清理后现状（西南向东北摄）

图版三二七　陶罐底（M9:1）

图版三二八　陶鸡（M9:2）